GARGANTUA

RABELAIS

.... TEXTE

Translation en français moderne
de l'édition originale de 1534-1535
par **Madeleine Lazard** (**« Aux lecteurs »** et **prologue**),
agrégée de l'Université, docteure ès Lettres
et **Maurice Rat** (chapitres 1 à 58),
linguiste français émérite

Notes, questionnaires et dossiers
par **Laurence Teper**,
agrégée de Lettres modernes

hachette

Sommaire

❶ Avant de lire l'œuvre

L'essentiel sur l'auteur	6
L'œuvre en un coup d'œil	8
Situer l'œuvre	10

❷ *Gargantua* (texte intégral)

Aux lecteurs	13
Prologue de l'auteur	14
Chapitre 1	19
Chapitre 2	22
Chapitre 3	27
Chapitre 4	31
Chapitre 5	33
Chapitre 6	39
Chapitre 7	43
Chapitre 8	47
Chapitre 9	52
Chapitre 10	55
Chapitre 11*	61
Chapitre 12*	65

* Chapitres au programme des séries technologiques.

ISBN : 978-2-01-716705-1
© Hachette Livre 2022, 58 rue Jean-Bleuzen, 92170 Vanves.
www.parascolaire.hachette-education.com
Tous droits de traduction, de reproduction et d'adaptation réservés pour tous pays.

Chapitre 13*	69
Chapitre 14*	75
☑ **Se préparer à l'oral du Bac**	78
Chapitre 15*	80
Chapitre 16*	83
Chapitre 17*	87
Chapitre 18*	90
☑ **Se préparer à l'oral du Bac**	92
Chapitre 19*	94
Chapitre 20*	97
Chapitre 21*	101
Chapitre 22*	105
Chapitre 23*	111
☑ **Se préparer à l'oral du Bac**	121
Chapitre 24*	123
Chapitre 25	127
Chapitre 26	131
Chapitre 27	135
Chapitre 28	141
Chapitre 29	145
Chapitre 30	147
Chapitre 31	149
Chapitre 32	153
Chapitre 33	157
Chapitre 34	164
Chapitre 35	167
Chapitre 36	170
Chapitre 37	174
Chapitre 38	177
Chapitre 39	181
Chapitre 40	186
Chapitre 41	190
Chapitre 42	193
Chapitre 43	196
Chapitre 44	200
☑ **Se préparer à l'oral du Bac**	204
Chapitre 45	206
Chapitre 46	210

Chapitre 47	214
Chapitre 48	218
Chapitre 49	222
Chapitre 50	224
Chapitre 51	229
Chapitre 52	233
Chapitre 53	236
Chapitre 54	239
Chapitre 55	244
Chapitre 56	247
Chapitre 57	251
☑ Se préparer à l'oral du Bac	254
Chapitre 58	257

❸ L'essentiel sur l'œuvre

Structure et résumé de l'œuvre	264
Biographie de l'auteur	266
Contexte historique et culturel	269
Genèse et réception de l'œuvre	272
Genre de l'œuvre	275
Personnages de l'œuvre	281
L'œuvre et son contexte en images	284

❹ Parcours : « Rire et savoir » (voie générale)

Thèmes de l'œuvre en lien avec le parcours

› Thème 1 : Le rire, considéré comme un obstacle au savoir	288
Citations-clés	289
› Thème 2 : Le rire au service du savoir	290
Citations-clés	291

Groupement de textes

❶ Montaigne, *Essais*	292
❷ Molière, *Le Malade imaginaire*	293
❸ Voltaire, *Micromégas*	295
❹ Jean-Jacques Rousseau, *Lettre à d'Alembert sur les spectacles*	297
❺ Umberto Eco, *Le Nom de la rose*	299

⑤ Parcours : « La bonne éducation » (voie technologique)

Thème de l'œuvre en lien avec le parcours
> Thème : Qu'est-ce qu'une « bonne éducation » ? 302
>   Citations-clés 303

Groupement de textes
① Montaigne, *Essais* 304
② Jean-Jacques Rousseau, *Émile ou De l'éducation* 305
③ Victor Hugo, *Les Contemplations* 306
④ Michel Serres, « Éduquer au XXIe siècle » 308

➡ **L'épreuve écrite**

Voie générale
Méthode du commentaire de texte 314
› Sujet de commentaire corrigé 315
Méthode de la dissertation 317
› Sujet de dissertation 1 corrigé 318
› Sujet de dissertation 2 corrigé 320

Voie technologique
Méthode du commentaire de texte 322
› Sujet de commentaire corrigé 323
Méthode de la contraction de texte 325
› Sujet de contraction corrigé 326
Méthode de l'essai 327
› Sujet d'essai corrigé 328

➡ **L'épreuve orale**
Méthode de l'épreuve 330
› Sujet corrigé 331

Dossier pédagogique téléchargeable gratuitement sur :
www.enseignants.hachette-education.com

L'ESSENTIEL SUR L'AUTEUR

Portrait de François Rabelais

François Rabelais
(1483 ou 1494-1553)

▶ Tour à tour moine, médecin et homme de lettres, Rabelais est un érudit humaniste de la Renaissance.

▶ Son œuvre hors norme relève de tous les genres, mélange tous les savoirs et se caractérise par une très grande inventivité langagière.

▶ Constamment attaqué par la Sorbonne pour ses idées pédagogiques et religieuses, il sera protégé par des hommes puissants, dont le roi François Ier.

ŒUVRES-CLÉS

- ***Pantagruel*** (1532) raconte les aventures du fils du géant Gargantua, tourne en ridicule les autorités traditionnelles et joue déjà avec le langage.
- ***Gargantua*** (1534/35) incarne l'humanisme à travers le héros éponyme, développe une nouvelle conception de l'éducation et critique les horreurs et la bêtise de la guerre.
- Le ***Tiers Livre*** (1546) rassemble les géants des livres précédents et pose la question de la possibilité ou non de la certitude.
- Le ***Quart Livre*** (1552) s'inscrit dans l'actualité de l'époque et imagine le voyage de Pantagruel vers d'autres mondes.
- Le ***Cinquième Livre*** (1564), ouvrage posthume, peut-être pas complètement l'œuvre de Rabelais, critique le catholicisme et la justice.

Rabelais en 10 dates

1483 ou 1494	Naissance de François Rabelais près de Chinon, en Touraine, où son père est avocat.
1520	**Moine en Vendée. Entreprend des études littéraires, apprend le grec et correspond avec des humanistes comme Guillaume Budé.**
1524	À présent moine bénédictin, devient le précepteur du neveu de Geoffroy d'Estissac, homme d'Église humaniste qui sera son mécène et son protecteur.
1528 -1530	**Séjour à Paris. Commence des études de médecine, quitte l'ordre des bénédictins et devient prêtre séculier.**
1532	Devient médecin à l'hôtel-Dieu de Lyon. Fréquente l'humaniste Étienne Dolet, correspond avec Érasme, édite des ouvrages médicaux et publie *Pantagruel* sous pseudonyme.
1534 ou 1535	**Malgré la condamnation par la Sorbonne de *Pantagruel*, publie *Gargantua*. Part pour l'Italie avec l'ecclésiastique et diplomate français Jean du Bellay. Effectuera plusieurs séjours à Rome au cours de sa vie.**
1537	Exerce et enseigne la médecine à Montpellier et à Lyon, où il pratique la dissection d'un homme en public.
1542	Nouvelle édition de *Gargantua-Pantagruel* expurgée des moqueries contre les hommes d'Église. L'œuvre sera censurée par la Sorbonne un an plus tard.
1546	Se réfugie à Metz après la parution du *Tiers Livre*, également condamné par la Sorbonne.
1553	**Meurt à Paris après avoir publié le *Quart Livre* et subi des attaques de la part de Calvin.**

L'ŒUVRE EN UN COUP D'ŒIL

M D. XXXVII.

Gargantua

Dates de publication : 1534 ou 1535 – 1542 (édition définitive et édulcorée)

Sous-titre : *La Vie très horrifique du grand Gargantua, père de Pantagruel, jadis composée par M. Alcofribas abstracteur de quintessence – Livre plein de pantagruélisme*

Genre : roman (chronique, conte, farce)

Tonalités dominantes : comique, parodique, burlesque, utopique, satirique, philosophique

Mouvement littéraire : humanisme

Frontispice de *Gargantua*, édition de 1537.

PRÉSENTATION

Gargantua relève à la fois de l'épopée parodique, du roman de formation, de la leçon politique et de l'utopie. Rabelais y raconte, de manière burlesque, la vie et les aventures du géant Gargantua, père de Pantagruel, héros de son tout premier roman. Sa richesse langagière inédite et sa fantaisie en font une œuvre énigmatique qui résiste aux interprétations simplistes.

THÈMES TRAITÉS

▶ Une nouvelle conception de l'éducation

Gargantua suit l'éducation du héros éponyme de la naissance à l'âge adulte. D'abord mal éduqué par des théologiens archaïques, le géant reçoit, ensuite, un enseignement humaniste qui en fait un homme accompli. À la fin du roman, l'abbaye de Thélème propose un modèle d'éducation idéale selon Rabelais.

▶ Un hommage à la joie de vivre

Rabelais place le rire au cœur de son roman. Cet éloge de la vie heureuse passe par une réhabilitation du corps dans ses fonctions les plus naturelles, par le goût de la bonne chère et par la défense d'une liberté bien conçue.

▶ La critique de la guerre

Avec le conflit qui oppose le tyran Picrochole au père de Gargantua, Rabelais dénonce les guerres de conquête et délivre une leçon politique : à l'image des géants, un roi chrétien doit se montrer reconnaissant envers ses serviteurs et clément à l'égard des vaincus.

POUR COMPRENDRE L'ŒUVRE

▶ Le « pantagruélisme »

Le mot, qui figure dans le sous-titre, est construit sur le nom de Pantagruel, fils de Gargantua. Il définit la philosophie de vie des deux héros : *« une certaine gaieté d'esprit pleine de mépris pour les coups du sort »* (*Quart Livre*, prologue) et le désir encyclopédique de rassembler tous les savoirs.

▶ Un roman inscrit dans son temps

Gargantua et son père incarnent l'humanisme, qui se développe dans toute l'Europe au XVIe siècle, et l'évangélisme, courant chrétien critiquant les abus de l'Église et encourageant la lecture directe des textes sacrés. La critique de la guerre est une allusion aux conquêtes de Charles Quint.

▶ Une période fondamentale pour la langue française

L'œuvre de Rabelais s'inscrit dans une période de débats intenses sur le français. En 1539, par l'ordonnance de Villers-Cotterêts, François Ier impose le français dans l'administration et la juridiction.

LES CRITIQUES

« Rabelais surtout est incompréhensible : son livre est une énigme, quoi qu'on veuille dire, inexplicable ; c'est une chimère […] ; c'est un monstrueux assemblage, d'une morale fine et ingénieuse, et d'une sale corruption. »
La Bruyère, *Caractères*, « Des ouvrages de l'esprit », 1688.

« Son génie est unique, exceptionnel ; c'est peut-être le seul dans l'histoire des littératures du monde […]. Rabelais est unique parce qu'il est, à lui seul, l'expression d'un siècle, d'une époque. »
Gustave Flaubert, *Rabelais*,
écrit vers 1838-1842, publication posthume.

SITUER L'ŒUVRE

INFLUENCES

Épopée
- *La Chanson de Roland*, fin du XIe siècle : la plus ancienne et célèbre des chansons de geste.

Utopie
- Thomas More, *Utopia*, 1516 : imagine et décrit une société idéale fondée sur la paix et le partage.

Fantaisie et satire
- Anonyme, *La Farce de Maître Pathelin*, vers 1456-1465 : chef-d'œuvre de la farce médiévale, 1re comédie en langue française.
- Érasme, *Éloge de la folie*, 1509-1511 : fiction satirique dans laquelle la déesse Folie critique les défauts des hommes.

AU MÊME MOMENT

La première moitié du XVIe siècle est marquée par la rivalité entre le roi de France et Charles Quint, et par la montée des luttes religieuses.

Figures de l'humanisme
- Érasme, *Essai sur le libre arbitre*, 1524 : cherche à concilier la foi chrétienne et la liberté humaine.
- Baldassare Castiglione, *Le Courtisan*, 1528-1537 : définit un idéal d'homme social, chevaleresque et humaniste.

Gargantua (1534 ou 1535) de Rabelais

Réflexion sur l'éducation
- Érasme, *De l'éducation des enfants*, 1529 : dénonce l'enseignement médiéval.

Poésie, langue française
- Du Bellay, *Défense et Illustration de la langue française*, 1549.

PROLONGEMENTS

Sur l'éducation
- Montaigne, *Essais*, livre I, 26, 1580 : idéal d'éducation humaniste.
- Rousseau, *Émile ou De l'éducation*, 1762 : traité d'éducation.

Utopie burlesque et philosophique
- Cyrano de Bergerac, *L'Autre Monde ou les États et Empires de la Lune et du Soleil*, 1657.

Encore des géants
- Charles Perrault, *Les Contes de ma mère l'Oye*, 1697, « Le Petit Poucet » : un enfant s'oppose à un ogre géant.
- Jonathan Swift, *Les Voyages de Gulliver*, 1721-1726.
- Voltaire, *Micromégas*, 1752 : conte philosophique, raconte le voyage de géants extraterrestres sur Terre.

RABELAIS

La vie très horrifique du grand Gargantua, père de Pantagruel

jadis composée par M. Alcofribas abstracteur de quintessence

livre plein de pantagruélisme

Frontispice de l'édition de 1854 de *Gargantua* et *Pantagruel*.
En compagnie d'écrivains anciens et modernes, Rabelais présente son deuxième roman. Gravure de Gustave Doré (1832-1883).

Aux lecteurs

1 Amis lecteurs, qui lisez ce livre,
   Dépouillez-vous de toute passion
   Et ne soyez pas scandalisés en le lisant :
   Il ne contient ni mal ni perverse intention.
5 Il est vrai qu'il y a peu de perfection
   À y trouver, si ce n'est en matière de rire.
   Mon cœur ne peut choisir d'autre sujet
   Quand je vois la peine qui vous mine et consume.
   Il vaut mieux traiter du rire que des larmes
10 Parce que le rire est le propre de l'homme[1].

Note
1. **le rire est le propre de l'homme** : citation issue de l'ouvrage *Les Parties des animaux* du philosophe grec Aristote (IVe s. av. J.-C.).

Prologue de l'auteur

Buveurs très illustres, et vous vérolés[1] très précieux (car c'est à vous, non à d'autres, que sont dédiés mes écrits). Alcibiade[2], quand il loue, dans le dialogue de Platon[3] intitulé *le Banquet*, son précepteur Socrate, sans conteste prince des philosophes, le déclare, entre autres propos, semblable aux Silènes[4]. Les Silènes étaient jadis de petites boîtes, comme nous en voyons à présent dans les boutiques des apothicaires[5], peintes par-dessus de figures plaisantes et frivoles : harpies, satyres, oisons bridés, lièvres cornus, canes bâtées, boucs volants, cerfs attelés, et autres peintures telles, imaginées à plaisir pour exciter le monde à rire (tel était Silène[6], maître du bon Bacchus) ; mais au-dedans, l'on gardait de précieuses essences : baume, ambre gris, amome, musc, civette, pierreries et autres choses

---

Notes

1. vérolés : atteints d'une maladie sexuellement transmissible qui laisse des cicatrices.
2. Alcibiade : stratège et général athénien du Vᵉ siècle av. J.-C.
3. Platon : philosophe grec (Vᵉ-IVᵉ s. av. J.-C.), père de la philosophie occidentale. Il fut l'élève de Socrate (Vᵉ s. av. J.-C.), l'un des fondateurs de la philosophie, dont il retranscrit la doctrine dans ses nombreux dialogues philosophiques.
4. Silènes : désigne, ici, des statuettes ou boîtes fendues qu'on pouvait ouvrir en deux. Fermées, elles offraient une figure risible et ridicule ; ouvertes, elles montraient une figure divine.
5. apothicaires : pharmaciens.
6. Silène : ici, père adoptif du dieu Dionysos.

précieuses. C'est ainsi, disait-il, qu'était Socrate, parce qu'en considérant son extérieur, et en le jugeant sur l'apparence, on n'en aurait pas donné une pelure d'oignon, tant son corps était laid et son maintien ridicule : le nez pointu, un regard de taureau, un visage de fou, simple de manière, grossièrement vêtu, pauvre de biens, malheureux en amour, inapte à toutes les fonctions publiques, toujours riant, toujours défiant chacun à boire, toujours raillant, toujours dissimulant son divin savoir. Mais en ouvrant cette boîte, vous y auriez trouvé une céleste et inappréciable drogue : intelligence plus qu'humaine, extraordinaire vertu, courage invincible, sobriété[1] sans égale, indiscutable constance, certitude parfaite, mépris incroyable de tout ce pourquoi les humains veillent, courent, travaillent, naviguent et bataillent.

À quoi tend, selon vous, ce prélude et coup d'essai ? C'est que vous, mes bons disciples, et quelques autres fous désœuvrés, en lisant les titres joyeux de certains livres de notre invention, *Gargantua*, *Pantagruel*, *Fessepinte*, *La Dignité des braguettes*, *Des pois au lard accompagnés d'un commentaire*[2], etc., vous estimez trop facilement qu'on y traite seulement de railleries, de bagatelles et mensonges joyeux, puisque l'enseigne extérieure (c'est-à-dire le titre), si l'on ne cherche pas plus loin, offre ordinairement matière à dérision ou à plaisanterie. Mais il ne faut pas juger si légèrement les œuvres des hommes. Vous dites bien vous-mêmes que l'habit ne fait pas le moine[3] ; et tel est vêtu d'habit monacal, qui au-dedans n'est rien moins que moine, et tel est vêtu d'une cape espagnole qui n'a rien à voir avec l'Espagne. C'est pourquoi il faut ouvrir le livre et peser soigneusement ce qui y est exposé. Vous connaîtrez alors que l'essence contenue au-dedans est de bien autre valeur que ne le

---

Notes

1. **sobriété** : fait de manger et de boire avec modération.
2. Dans cette liste de livres, seuls *Gargantua* et *Pantagruel* sont réels.
3. **l'habit ne fait pas le moine** : proverbe médiéval signifiant qu'il ne faut pas se fier aux apparences car elles peuvent être trompeuses.

promettait la boîte, c'est-à-dire que les matières ici traitées ne sont pas aussi frivoles que le titre ci-dessus le laissait entendre.

Et, en supposant qu'au sens littéral[1] vous trouviez matières assez joyeuses, en accord avec le titre, il ne faut pas s'en tenir là, comme pour le chant des Sirènes, mais interpréter dans un sens plus élevé ce que peut-être vous croyez dit de gaieté de cœur.

Avez-vous jamais débouché des bouteilles? Mâtin[2]! Rappelez-vous l'allure que vous aviez. Et avez-vous jamais vu un chien rencontrant un os à moelle? C'est, comme le dit Platon au *Livre II* de la *République*, la bête du monde la plus philosophe. Si vous en avez vu un, vous avez pu noter avec quelle dévotion il le guette, avec quel soin il le garde, avec quelle ferveur il le tient, avec quelle habileté il l'entame, avec quelle passion il le brise, et avec quel zèle il le suce. Qu'est-ce qui le pousse à faire cela? Qu'espère-t-il de son travail? À quel bien prétend-il? Rien de plus qu'un peu de moelle. Il est vrai que ce peu est plus délicieux que le beaucoup de toutes autres choses, parce que la moelle est un aliment élaboré par perfection naturelle, comme le dit Galien[3] (*Livre III* des *Facultés naturelles* et *Livre XI* de l'*Usage des parties du corps*).

À l'exemple de notre chien, il vous convient d'être sages pour flairer, sentir et apprécier ces beaux livres de haute graisse, d'être légers à l'approche et hardis à l'attaque; puis, par une soigneuse lecture et de fréquentes réflexions, rompre l'os et sucer la substantifique moelle, c'est-à-dire ce que je signifie par ces allégories[4] à la manière de Pythagore[5], dans l'espoir assuré de devenir avisés et sages à ladite lecture; car en celle-ci vous trouverez un tout autre goût, et une science plus

---

Notes

1. **sens littéral** : sens premier, sens strict.
2. **Mâtin** : chien de garde (ici, interjection exprimant la surprise).
3. **Galien** : médecin grec du IIe siècle ap. J.-C.
4. **allégories** : représentations concrètes et vivantes d'une notion abstraite; symboles.
5. **Pythagore** : philosophe et scientifique grec du VIe siècle av. J.-C.

secrète, laquelle vous révélera de bien grandes connaissances sacrées et des mystères horrifiques, tant en ce qui concerne notre religion que la situation politique et la vie économique.

Croyez-vous de bonne foi qu'Homère, écrivant *l'Iliade* et *l'Odyssée*, ait jamais songé aux allégories rapetassées par Plutarque[1], Héraclide du Pont[2], Eustathe[3], Phornute[4], et à ce que leur a volé Politien[5] ? Si vous le croyez, vous n'approchez ni des pieds ni des mains de mon opinion, qui décrète que celles-ci ont été peu songées par Homère, que par Ovide en ses *Métamorphoses* les sacrements de l'Évangile, lesquels un Frère Lubin[6], vrai croque-lardon, s'est efforcé de démontrer, si d'aventure il rencontrait gens aussi fous que lui, et, comme dit le proverbe, « couvercle digne du chaudron ».

Si vous ne le croyez pas, pour quelle raison n'en feriez-vous pas autant de ces joyeuses et nouvelles chroniques, alors qu'en les dictant, je n'y pensais pas plus que vous qui peut-être buviez comme moi ? Car, pour composer ce livre seigneurial, je n'ai jamais perdu ni employé plus de temps que celui qui était consacré à réparer mes forces, c'est-à-dire à boire et à manger. C'est d'ailleurs le bon moment pour écrire sur ces hautes matières et sur ces profondes connaissances, comme savaient bien le faire Homère, parangon de tous les philologues, et Ennius[7], père des poètes latins, ainsi qu'en témoigne Horace[8], quoiqu'un malotru ait dit que ses charmes sentaient plus le vin que l'huile.

Autant en dit un turlupin de mes livres ; mais bien pour lui !

Notes

1. **Plutarque** : philosophe et penseur romain des Ier-IIe siècles ap. J.-C.
2. **Héraclide du Pont** : philosophe grec du IVe siècle av. J.-C.
3. **Eustathe** : érudit et théologien byzantin du XIIe siècle.
4. **Phornute** (Lucius Annaeus Cornutus) : philosophe romain du Ier siècle ap. J.-C.
5. **Politien** : humaniste italien, figure importante de la Renaissance italienne au XVe siècle.
6. **Frère Lubin** : figure populaire du moine stupide.
7. **Ennius** : poète épique romain des IIIe-IIe siècles av. J.-C.
8. **Horace** : poète latin du Ier siècle av. J.-C.

L'odeur du vin est, oh combien! plus friande, riante, priante, plus céleste et délicieuse que celle de l'huile! Et je prendrai autant à gloire qu'on dise de moi que j'ai plus dépensé en vin qu'en huile, que fit Démosthène[1] quand on disait de lui qu'il dépensait plus en huile qu'en vin. À moi n'est qu'honneur et gloire d'être dit et réputé bon gars et bon compagnon, et en ce nom je suis bien venu en toutes bonnes compagnies de Pantagruélistes. À Démosthène il fut reproché par un esprit chagrin que ses *Oraisons* sentaient comme la serpillière d'un ordurier et sale huilier.

Pourtant, interprétez tous mes faits et mes dits en très bonne part; ayez en révérence le cerveau caséiforme[2] qui vous repaît de ces belles billevesées, et, selon votre possible, tenez-moi toujours pour joyeux.

Or, ébaudissez-vous, mes amours, et gaîment lisez le reste, tout à l'aise du corps et au profit des reins! Mais écoutez, vits[3] d'ânes — que *le maulubec vous trousque*[4] *!* — qu'il vous souvienne de boire à moi à la pareille, et je vous ferai raison tout à l'heure.

Notes

1. **Démosthène** : homme d'État athénien du IVe siècle av. J.-C.
2. **caséiforme** : en forme de fromage, considéré à l'époque comme la nourriture des fous.
3. **vits** : pénis.
4. **que** *le maulubec vous trousque* : que l'ulcère vous rende boiteux.

CHAPITRE 1

DE LA GÉNÉALOGIE ET DE L'ANTIQUITÉ DE GARGANTUA[1]

Je vous remets à la *Grande Chronique Pantagruéline*[2] de reconnaître la généalogie et l'antiquité dont nous est venu Gargantua.

En celle-ci, vous entendrez plus au long comment les géants naquirent en ce monde, et comment d'eux, par lignes directes, sortit Gargantua, père de Pantagruel ; et il ne vous fâchera pas si, pour le présent, je m'en déporte, bien que la chose soit telle que, tant plus serait commémorée, tant plus elle plairait à Vos Seigneuries : comme vous avez l'autorité de Platon[3], dans le *Philèbe* et dans *Gorgias*, et de Flaccus[4], qui dit être d'aucuns propos — tels que ceux-ci sans doute — qui plus sont délectables quand plus souvent sont redits.

Plût à Dieu qu'un chacun sût aussi certainement sa généalogie depuis l'arche de Noé jusqu'à cet âge !

Notes

1. Dans ce chapitre, Rabelais se moque du goût des historiens médiévaux pour la généalogie.
2. *Grande Chronique Pantagruéline* : allusion au premier roman de Rabelais, *Pantagruel*, chap. 1.
3. Platon : voir note 3, p. 14. *Philèbe* et *Gorgias* sont deux de ses dialogues.
4. Flaccus : administrateur romain de l'Égypte (Ier s. ap. J.-C.).

15 Je pense que plusieurs sont aujourd'hui empereurs, rois, ducs et papes en la terre, lesquels sont descendus de quelques porteurs de rogatons[1] et de hottes[2], comme au rebours[3] plusieurs sont gueux de l'hospice, souffreteux et misérables, lesquels sont descendus de sang et ligne de grands rois et empereurs,
20 attendu l'admirable transport des règnes et empires : des Assyriens aux Mèdes, des Macédoniens aux Romains, des Mèdes aux Perses, des Romains aux Grecs, des Perses aux Macédoniens, des Grecs aux Français.

Et, pour vous donner à entendre de moi qui parle, je crois
25 que je suis descendu de quelque riche roi ou prince du temps jadis, car oncques[4] ne vîtes-vous homme qui eût plus grande affection d'être roi et riche que moi, afin de faire grand'chère[5], pas ne travailler, point ne me soucier et bien enrichir mes amis et tous gens de bien et de savoir. Mais, sur ce point, je me
30 réconforte qu'en l'autre monde je le serai, voire plus grand qu'à présent je ne l'oserais souhaiter. Vous, en telle ou meilleure pensée, réconfortez votre malheur et buvez frais, si faire se peut.

Retournant à nos moutons, je vous dis que, par don souve-
35 rain des cieux, nous ont été conservées l'antiquité et la généalogie de Gargantua, plus entière que nulle autre, excepté celle du Messie, dont je ne parle, car il ne m'appartient pas ; d'ailleurs les diables — ce sont les calomniateurs et cafards — s'y opposent.

40 Et elle fut trouvée par Jean Audeau[6], en un pré qu'il avait près de l'Arceau Gualeau, au-dessous de l'Olive, tirant à Narsay, duquel faisant curer les fossés, les piocheurs touchèrent de leurs houes un grand tombeau de bronze, immensément long,

---

Notes

1. **rogatons** : objets sans valeur ; restes d'un repas.
2. **hottes** : hottes de vendanges.
3. **au rebours** : inversement.
4. **oncques** : jamais.
5. **faire grand'chère** : bien manger, bien se nourrir.
6. **Jean Audeau** : personnage inconnu.

Gargantua

car oncques n'en trouvèrent le bout parce qu'il entrait trop
avant aux écluses de la Vienne[1].

En l'ouvrant, en certain lieu marqué au-dessus d'un gobelet, à l'entour duquel était écrit en lettres étrusques[2] :

HIC BIBITUR[3]

ils trouvèrent neuf flacons en tel ordre qu'on assied les quilles en Gascogne[4], desquels celui qui était au milieu couvrait un gros, grand, gris, joli, petit, moisi livret, plus, mais non mieux sentant que roses.

En celui-ci fut la dite généalogie trouvée, écrite au long de lettres chancelleresques[5], non en papier, non en parchemin, non en cire, mais en écorce d'ormeau, tant toutefois usées par vétusté qu'à peine en pouvait-on trois reconnaître de rang.

Bien qu'indigne, j'y fus appelé, et, à grand renfort de besicles[6], pratiquant l'art par lequel on peut lire les lettres non apparentes, comme l'enseigne Aristote, je la translatai, ainsi que vous pourrez, en pantagruélisant, c'est-à-dire buvant à mon gré en lisant les exploits horrifiques[7] de Pantagruel.

À la fin du livre était un petit traité intitulé : *les Fanfreluches antidotées*. Les rats et blattes, ou, afin que je ne mente, autres malignes bêtes, avaient brouté le commencement ; j'ai ci-dessous ajouté le reste par révérence de l'antiquaille.

Notes

1. Les noms de lieux cités dans ce paragraphe sont situés dans la région de Chinon.
2. Le peuple étrusque a vécu dans la péninsule Italienne du IXe au Ier siècle av. J.-C.
3. *Hic bibitur* (latin) : ici, l'on boit.
4. Allusion à un jeu dans lequel les quilles sont alignées sur 3 lignes de 3 et forment un carré autour d'une quille seule.
5. **chancelleresques** : émanant de l'ambassade papale.
6. **besicles** : ancêtres des lunettes.
7. **horrifiques** : extraordinaires.

CHAPITRE 2

LES FANFRELUCHES ANTIDOTÉES TROUVÉES EN UN MONUMENT ANTIQUE[1]

1   ai ?[2] enu le grand dompteur des Cimbres[3],
    V   sant par l'air, de peur de la rosée.
         sa venue on a rempli les timbres,
         beurre frais, tombant par une housée.
5   uquel quand fut la grand'mère arrosée,
    Cria tout haut : « Herrs, par grâce, pêchez-le ;
    Car sa barbe est presque tout embousée,
    Ou pour le moins tenez-lui une échelle.

    D'aucuns disaient que lécher sa pantoufle[4]
10 Était meilleur que gagner les pardons ;
    Mais il survint un affecté maroufle,

Notes

1. Ce chapitre est difficile à interpréter. On peut le rapprocher de l'énigme finale (voir chap. 58, p. 257) ; on peut aussi y voir des allusions à des événements contemporains de Rabelais (attitude de Charles Quint, Réforme religieuse, notamment) ; on peut également penser qu'il s'agit d'un jeu poétique. « *Franfreluches antidotées* » signifie « ornements pourvus d'antipoison ».
2. Le texte manquant veut donner l'illusion d'un manuscrit mangé par les rats.
3. **Cimbres** : peuple germanique vaincu par les Romains à la fin du IIe siècle av. J.-C.
4. **pantoufle** : allusion au pape.

Gargantua

Sorti du creux où l'on pêche aux gardons,
Qui dit : « Messieurs, pour Dieu nous en gardons !
L'anguille y est et en cet étau musse ;
15 Là trouverez — si de près regardons —
Une grand'tare au fond de son aumusse[1]. »

Quand fut au point de lire le chapitre,
On n'y trouva que les cornes d'un veau :
« Je sens le fond, disait-il, de ma mitre
20 Si froid qu'autour me morfond le cerveau. »
On l'échauffa d'un parfum de naveau
Et fut content de se tenir aux âtres,
Pourvu qu'on fît un limonier nouveau
À tant de gens qui sont acariâtres[2].

25 Leur propos fut du trou de saint Patrice[3],
De Gibraltar[4] et de mille autres trous :
S'on les pourrait réduire à cicatrice
Par tel moyen que plus n'eussent la toux,
Vu qu'il semblait impertinent à tous
30 Les voir ainsi à chaque cent bayer ;
Si d'aventure ils étaient à point clous,
On les pourrait pour otage bailler.

En cet arrêt le corbeau fut pelé
Par Hercule[5], qui venait de Libye :
35 « Quoi ! dit Minos[6], que n'y suis-je appelé ?
Excepté moi, tout le monde on convie ;

Notes

1. **aumusse** : fourrure ornant certains vêtements ecclésiastiques.
2. **acariâtres** : ici, fous.
3. **trou de saint Patrice** : endroit situé dans une île irlandaise et considéré comme l'entrée du Purgatoire.
4. **Gibraltar** : territoire situé au sud de la péninsule Ibérique.
5. **Hercule de Libye** : descendant de Noé qui aurait civilisé la Gaule.
6. **Minos** : roi légendaire de Crète et juge des Enfers.

Et puis l'on veut que passe mon envie
À les fournir d'huîtres et de grenouilles !
Je donne au diable au cas où de ma vie
Prenne à merci leur vente de quenouilles ! »

Pour les mater survint Q. B. qui clope,
Au sauf-conduit des gentils sansonnets.
Le tamiseur, cousin du grand Cyclope,
Les massacre. Chacun mouche son nez.
En ce guéret peu de bougres sont nés
Qu'on n'ait bernés sur le moulin à tan.
Courez-y tous et l'alarme sonnez :
Plus y aurez que n'y eûtes antan.

Bien peu après, l'oiseau de Jupiter[1]
Délibéra parier pour le pire ;
Mais, les voyant tant fort se dépiter,
Craignit qu'on mît ras, jus, vas, mat l'empire,
Et mieux aima le feu du ciel empire
Au tronc ravir où l'on vend les sorets[2]
Que air serein, contre qui l'on conspire,
Assujettir aux dits des Massorets[3].

Le tout conclu fut à pointe affilée,
Malgré Até[4], la cuisse héronnière[5],
Que là s'assit, voyant Penthésilée[6]
Sur ses vieux ans prise pour cressonnière.
Chacun criait : « Vilaine charbonnière,
T'appartient-il te trouver par chemin ?

---

1. oiseau de Jupiter : aigle (on peut y voir une allusion à Charles Quint).
2. sorets : harengs.
3. Massorets : parmi les Hébreux, interprètes de la Bible.
4. Até : déesse grecque de la Dispute, de l'Égarement, de l'Erreur.
5. cuisse héronnière : cuisse mince comme celle d'un héron.
6. Penthésilée : reine des Amazones.

Gargantua

Tu l'enlevas, la romaine bannière
Qu'on avait faite au trait du parchemin ! »

65 Ne fût Junon[1], que dessous l'arc céleste
Avec son duc tendait à la pipée,
On lui eût fait un tour si très moleste
Que de tous points elle eût été fripée.
L'accord fut tel que de cette lippée
70 Elle en aurait deux œufs de Proserpine[2],
Et, si jamais elle y était grippée,
On la lierait au mont de l'aubépine.

Sept mois après — ôtez-en vingt et deux —
Cil qui jadis annihila Carthage[3]
75 Courtoisement se mit au milieu d'eux,
Les requérant d'avoir son héritage,
Ou bien qu'on fît justement le partage
Selon la loi que l'on tire au rivet[4],
Distribuant un tatin[5] du potage
80 À ses faquins qui firent le brevet.

Mais l'an viendra, marqué d'un arc turquois,
De v. fuseaux et trois culs de marmite,
Auquel le dos d'un roi trop peu courtois,
Poivré sera sous un habit d'ermite.
85 Oh ! la pitié ! Pour une chattemite,
Laisserez-vous engouffrer tant d'arpents ?

Notes

1. Junon : déesse romaine, reine des dieux.
2. Proserpine : divinité romaine, reine des Enfers.
3. Cil (celui) qui jadis annihila Carthage : il s'agit du général romain Scipion l'Africain qui détruit Carthage en 146 av. J.-C.
4. tire au rivet : prend équitablement des deux côtés.
5. un tatin : un peu.

Cessez, cessez ! ce masque nul n'imite ;
Retirez-vous du frère des serpents[1].

Cet an passé, lui qui est régnera
Paisiblement avec ses bons amis.
Ni brusqu' ni smach[2] lors ne dominera ;
Tout bon vouloir aura son compromis,
Et le soulas[3], qui jadis fut promis
Aux gens du ciel viendra en son beffroi ;
Lors les haras, qui étaient étommis
Triompheront en royal palefroi.

Et durera ce temps de passe-passe
Jusques à tant que Mars[4] ait les empas.
Puis en viendra un qui tous autres passe,
Délicieux, plaisant, beau sans compas.
Levez vos cœurs, tendez à ce repas,
Tous mes féaux ; car tel est trépassé,
Qui pour tout bien ne retournerait pas,
Tant sera lors clamé le temps passé.

Finalement celui qui fut de cire
Sera logé au gond du Jacquemart[5].
Plus ne sera réclamé : « Cire, Cire »,
Le brimbaleur qui tient le coquemart[6].
Euh ! qui pourrait saisir son braquemart[7] ?
Tôt seraient nets les tintouins cabus,
Et pourrait-on, à fil de poulemart[8],
Tout bafouer le magasin d'abus.

Notes

1. **frère des serpents** : le Diable.
2. **Ni brusqu' ni smach** : ni violence ni affront.
3. **soulas** : plaisir.
4. **Mars** : dieu romain de la Guerre. L'expression signifie « jusqu'à la paix ».
5. **Jacquemart** : statuette indiquant l'heure.
6. **coquemart** : bouilloire.
7. **braquemart** : désigne à la fois une épée et le sexe masculin.
8. **poulemart** : ficelle, corde.

CHAPITRE 3

COMMENT GARGANTUA FUT ONZE MOIS PORTÉ DANS LE VENTRE DE SA MÈRE

Grandgousier était bon gaillard en son temps, aimant à boire net[1] autant qu'homme qui pour lors fût au monde, et il mangeait volontiers salé[2].

À cette fin, il avait ordinairement bonne munition de jambons de Mayence[3] et de Bayonne, force langues de bœuf fumées, abondance d'andouilles en la saison et de bœuf salé à la moutarde, renfort de boutargues, provision de saucisses, non de Bologne[4], car il craignait le bacon de Lombard[5], mais de Bigorre, de Longaulnay, de la Brenne et du Rouergue[6].

En son âge viril il épousa Gargamelle, fille du roi des Parpaillots, belle gouge et de bonne trogne ; et ils faisaient, eux deux, souvent ensemble la bête à deux dos, joyeusement se frottant leur lard, tant qu'elle engrossa d'un beau fils, et le porta jusqu'au onzième mois.

Car autant, voire davantage, peuvent les femmes leur ventre porter, surtout quand c'est quelque chef-d'œuvre et un per-

---

Notes

1. boire net : vider son verre d'un seul trait.
2. Ce qui est salé donne soif...
3. Mayence : ville allemande.
4. Bologne : ville italienne.
5. bacon de Lombard : plat empoisonné.
6. Bayonne [...] Rouergue : liste de lieux situés en France.

sonnage qui doive en son temps faire de grandes prouesses, comme Homère dit que l'enfant dont Neptune[1] engrossa la nymphe[2] naquit l'an après révolu : ce fut le douzième mois. Car, comme dit Aulu-Gelle[3], *Liv. III*, ce long temps convenait à la majesté de Neptune, afin que l'enfant fût formé à la perfection. Avec une pareille raison, Jupiter fit durer quarante-huit heures la nuit qu'il coucha avec Alcmène, car en moins de temps n'eût-il pu forger Hercule[4], qui nettoya le monde de monstres et tyrans.

Messieurs les anciens Pantagruélistes ont confirmé ce que je dis, et ont déclaré non seulement possible, mais aussi légitime, l'enfant né de la femme le onzième mois après la mort de son mari.

Hippocrate, liv. *de Alimento*, Pline, liv. VII, chap. V, Plaute dans *Cistellaria*, Marcus Varron en la satire intitulée *le Testament*, alléguant l'autorité d'Aristote à ce propos, Censorinus, liv. *de Die natali*, Aristote, liv. VII, chap. III et IV, *de Natura animalium*, Aulu-Gelle, liv. III, chap. XVI, Servius, en *les Églogues* expliquant ce vers de Virgile[5] : *Matri longa decem*, etc., et mille autres fous, dont le nombre a été accru par les légistes : *ff. de suis et legit. l. Intestato,* § *fin, et in Authent. de Restitut., et ea quæ parit in undecimo mense*. Par surcroît en ont barbouillé leur robidilardique loi Gallus, *ff. de lib. et posthu., et l. septimo, ff. de Stat, homi.*, et quelques autres, que pour le présent je n'ose dire ; moyennant lesquelles lois les femmes veuves peuvent franchement jouer du serre-croupière à tous défis et tous risques deux mois après le trépas de leurs maris.

Notes

1. Neptune : dieu romain des Eaux vives.
2. nymphe : divinité féminine de la mythologie gréco-romaine (il s'agit, ici, de Tyro qui donna naissance à des jumeaux, Pélias et Nélée).
3. Aulu-Gelle : grammairien latin (IIe s. ap. J.-C.), auteur des *Nuits attiques*, ouvrage savant en 20 livres.
4. Jupiter (roi des dieux dans la mythologie romaine) séduisit Alcmène, épouse d'Amphitryon, et eut avec elle un fils (Héraclès/Hercule).
5. Cette énumération disparate d'auteurs grecs et latins permet à Rabelais de se moquer d'une forme d'érudition.

Je vous prie, par grâce, vous autres mes bons garnements, si vous en trouvez qui vaillent le débraguetter, montez dessus et amenez-les-moi. Car, si au troisième mois elles engrossent, leur fruit sera héritier du défunt, et, la grossesse connue, qu'elles poussent hardiment outre, et vogue la galère, puisque la panse est pleine ! Comme Julie[1], fille de l'empereur Auguste, ne s'abandonnait à ses tambourineurs que quand elle se sentait grosse, à la manière que le navire ne reçoit son pilote qu'il ne soit d'abord calfaté et chargé.

Et si personne les blâme de se faire rataconniculer[2] ainsi sur leur grossesse, vu que les bêtes sur leurs ventrées n'endurent jamais le mâle masculant, elles répondront que ce sont des bêtes, mais qu'elles sont femmes, bien entendant les beaux et joyeux menus droits de superfétation[3], comme jadis répondit Populie, selon le rapport de Macrobe[4], liv. II des *Saturnales*.

Si le diable ne veut pas qu'elles engrossent, il faudra tordre le douzil[5], et bouche close.

Notes

1. Julie, fille d'Auguste (premier empereur romain, Iᵉʳ s. av. et ap. J.-C.), était connue pour ses mœurs dissolues.
2. **rataconniculer** : néologisme de Rabelais créé sur le verbe *rataconner*, qui signifie « raccommoder ».
3. **superfétation** : grossesse s'ajoutant à une autre grossesse.
4. **Macrobe** : écrivain et philosophe latin des IVᵉ-Vᵉ siècles.
5. **douzil** : fausset, petite cheville permettant de boucher le trou fait dans un tonneau.

« Les tripes furent copieuses, comme vous l'entendez,
et elles étaient si friandes que chacun en léchait ses doigts. »
Illustration de Gustave Doré, 1873.

CHAPITRE 4

COMMENT GARGAMELLE, ÉTANT GROSSE[1] DE GARGANTUA, MANGEA UNE GRANDE QUANTITÉ DE TRIPES[2]

1   L'occasion et la manière dont Gargamelle enfanta fut telle, et, si vous ne le croyez, que le fondement[3] vous échappe !

Le fondement lui échappait une après-dînée, le troisième jour de février, pour avoir trop mangé de gaudebillaux. Les gaudebillaux sont de grasses tripes de coiraux. Les coiraux sont des bœufs engraissés à la crèche et aux prés guimaux. Les prés guimaux sont ceux qui portent de l'herbe deux fois l'an. De ces gras bœufs ils en avaient fait tuer trois cent soixante-sept mille quatorze pour être salés au mardi gras, afin qu'à la primevère ils eussent des bœufs de saison à tas pour, au commencement des repas, faire commémoration[4] de salures[5] et mieux entrer en vin.

Notes

1. grosse : enceinte.
2. tripes : boyaux et estomacs d'animaux comestibles. Il s'agit, ici, de tripes de bœuf engraissé.
3. fondement : mot polysémique désignant à la fois le point de départ, la base, mais aussi l'anus.

4. commémoration : prière en l'honneur d'un saint dans un office qui a une autre fonction.
5. salures : salaisons, nourritures conservées grâce au sel.

Les tripes furent copieuses, comme vous l'entendez, et elles étaient si friandes que chacun en léchait ses doigts. Mais la grande diablerie à quatre personnages était bien en ce qu'il n'était possible de longuement les conserver, car elles se fussent pourries, ce qui semblait indécent. D'où il fut conclu qu'ils les bâfreraient sans rien en perdre.

À ce faire ils convièrent tous les citadins de Cinais, de Seuilly, de la Roche-Clermaud, de Vaugaudry, sans laisser en arrière le Coudray — Montpensier, le Gué de Vède[1] et autres voisins, tous bons buveurs, bons compagnons et beaux joueurs de quille-là[2]. Le bonhomme Grandgousier y prenait un plaisir bien grand et commandait que tout allât par écuelles. Il disait toutefois à sa femme qu'elle en mangeât le moins possible, vu qu'elle approchait de son terme et que cette tripaille n'était pas viande bien louable : « Celui-ci, disait-il, a grande envie de mâcher de la merde, qui de celle-ci le sac mange. » Nonobstant ces remontrances, elle en mangea seize muids[3], deux tonneaux et six pots. Ô belle matière fécale qui devait boursoufler en elle !

Après dîner, tous allèrent pêle-mêle à la Saulaie[4], et là sur l'herbe drue, ils dansèrent au son des joyeux flageolets et des douces cornemuses, tant s'ébaudissant que c'était un passe-temps céleste de les voir ainsi rigoler.

Notes
1. Tous ces lieux sont proches de là où habitait la famille de Rabelais, *La Devinière*, près de Chinon.
2. **quille-là** : allusion à l'activité sexuelle.
3. **muids** : ancienne mesure de capacité.
4. **la Saulaie** : plantation de saules près de *La Devinière*.

CHAPITRE 5

LES PROPOS DE BIEN-IVRES[1]

1 Puis ils entrèrent en propos de collationner[2] en même lieu. Lors flacons d'aller, jambons de trotter, gobelets de voler, brocs de tinter.

« Tire.
5 — Baille.
— Tourne.
— Brouille.
— Boute à moi sans eau ; ainsi, mon ami.
— Fouette-moi ce verre galamment.
10 — Verse-moi du clairet, verre pleurant[3].
— Trêve de soif !
— Ha ! fausse fièvre, ne t'en iras-tu pas[4] ?
— Par ma foi ! ma commère, je ne peux entrer en boisson.
— Vous êtes morfondue, m'amie ?
15 — Voire.
— Ventre-saint-Quenet, parlons de boire.
— Je ne bois qu'à mes heures, comme la mule du pape.

Notes

1. Ce chapitre est constitué d'une longue suite de propos et de plaisanteries de gens ayant trop bu (« bien-ivres » désigne les bons ivrognes).

2. **collationner** : prendre un goûter.
3. **pleurant** : ici, débordant.
4. Allusion aux vertus thérapeutiques du vin.

— Je ne bois qu'en mon bréviaire, comme un beau père gardien.

— Qui fut le premier, la soif ou la beuverie ?

— La soif ; car qui eût bu sans soif durant le temps d'innocence ?

— La beuverie, car *privatio præsupponit habitum*[1]. Je suis clerc : *Fecundi calices quem non fecere disertum ?*[2]

— Nous autres, innocents, nous ne buvons que trop sans soif.

— Moi, pêcheurs, non sans soif, et sinon présente, du moins future, la prévenant comme vous l'entendez. Je bois pour la soif à venir.

— Je bois éternellement. Ce m'est éternité de beuverie et beuverie d'éternité.

— Chantons, buvons ; entonnons un motet[3].

— Où est mon entonnoir ?

— Quoi ? Je ne bois que par procuration.

— Mouillez-vous pour sécher, ou séchez-vous pour mouiller ?

— Je n'entends point la théorie ; de la pratique je m'aide quelque peu.

— Hâte !

— Je mouille, j'humecte, je bois et tout, de peur de mourir.

— Buvez toujours, vous ne mourrez jamais.

— Si je ne bois, je suis à sec : me voilà mort. Mon âme s'enfuira en quelque grenouillère[4]. En sec jamais l'âme n'habite.

— Sommeliers, ô créateurs de nouvelles formes, rendez-moi de non-buvant buvant.

— Pérennité d'arrosement par ces nerveux et secs boyaux.

Notes

1. *privatio* [...] *habitum* (latin) : « la privation suppose l'habitude ».
2. *Fecundi* [...] *disertum* (latin) : « quel est celui qu'une coupe bien remplie n'a pas rendu éloquent ? » (Horace, *Épîtres*).
3. motet : chant d'église à plusieurs voix.
4. grenouillère : marécage empli de grenouilles.

— Pour néant, boit, qui ne s'en sent.

— Ceci entre dans les veines, la pissotière n'y aura rien.

— Je laverais volontiers les tripes de ce veau que j'ai ce matin habillé.

— J'ai bien garni mon estomac.

— Si le papier de mes cédules[1] buvait aussi bien que je fais, mes créditeurs auraient bien leur vin quand on viendrait à l'échéance.

— Cette main vous gâte le nez.

— Oh! combien d'autres y entreront avant que celui-ci en sorte!

— Boire à si petit gué, c'est pour rompre son poitrail.

— Ceci s'appelle "pipée à flacons".

— Quelle différence y a-t-il entre bouteille et flacon?

— Grande, car la bouteille est fermée avec un bouchon et le flacon avec une vis.

— De belles!

— *Nos pères burent bien et vidèrent les pots!*

— C'est bien chié chanté. Buvons!

— Voulez-vous rien mander à la rivière?

— Je ne bois pas plus qu'une éponge.

— Je bois comme un templier.

— Et moi, *tanquam sponsus*[2].

— Et moi, *sicut terra sine aqua*[3].

— Un synonyme de *jambon*?

— C'est un compulsoire[4] de buvettes, c'est un poulain[5]. Par le poulain on descend le vin en cave, par le jambon en l'estomac.

Notes

1. **cédules** : papiers officiels établissant une dette.
2. *tanquam sponsus* (latin) : « comme un époux » (extrait d'un vers du livre des *Psaumes* dans la Bible).
3. *sicut terra sine aqua* (latin) : « comme une terre sans eau » (aussi extrait des *Psaumes*).
4. **compulsoire** : document juridique.
5. **poulain** : échelle permettant de descendre les tonneaux dans une cave.

— Or çà, à boire, boire çà! Il n'y a point de surcharge. *Respice personam, pone pro duos : bus non est in usu*[1].

— Si je montais aussi bien comme j'avale, je serais il y a belle lurette haut en l'air.

— *Ainsi se fit Jacques Cœur*[2] *riche.*

— *Ainsi profitent bois en friche.*

— *Ainsi a conquis Bacchus l'Inde*[3].

— *Ainsi philosophie Mélinde*[4].

— Petite pluie abat grand vent; longues buvettes rompent le tonnerre.

— Mais si ma couille pissait une telle urine, la voudriez-vous bien sucer?

— Je le retiens après.

— Page, baille; je t'insinue ma nomination à mon tour.

— *Hume, Guillot !*

Encore y en a-t-il un pot !

— Je me porte pour appelant de soif comme d'abus. Page, relève mon appel en forme.

— Cette rognure[5] !

— J'avais coutume, jadis, de boire tout; maintenant je n'y laisse rien.

— Ne nous hâtons pas et amassons bien tout.

— Voici tripes de jeu et gaudebillaux de relance de ce bœuf roux à la raie noire. Oh! pour Dieu, étrillons-le à profit de ménage.

— Buvez, ou je vous…

— Non, non!

— Buvez, je vous en prie.

Notes

1. *Respice [...] usu* (latin) : « regarde à qui tu verses, mets-en pour deux : je ne veux pas conjuguer *boire* au passé ».
2. *Jacques Cœur* : marchand français du XVe siècle, connu pour sa richesse.
3. Allusion à l'expédition du dieu romain du Vin, Bacchus, qui fit la conquête de l'Inde.
4. Allusion à l'escale de Vasco de Gama, en 1498, dans cette ville côtière d'Afrique.
5. **rognure** : reste.

— Les passereaux ne mangent que si on leur tape la queue. Je ne bois que si l'on me flatte.

— *Lagona edatera*[1].

— Il n'y a de recoin en tout mon corps où ce vin-ci ne furette la soif.

— Celui-ci me la fouette bien.

— Celui-ci me la bannira tout à fait.

— Cornons ici, à son de flacons et bouteilles, que quiconque aura perdu la soif n'ait à la chercher céans. Longs clystères de beuverie l'ont fait vider hors le logis.

— Le grand dieu fit les planètes, et nous faisons les plats nets.

— J'ai la parole de Dieu en bouche : "*Sitio*[2] !"

— La pierre dite *asbestos*[3] n'est pas plus inextinguible que la soif de ma paternité.

— "L'appétit vient en mangeant", disait Angest[4] au Mans; la soif s'en va en buvant.

— Remède contre la soif?

— Il est contraire à celui qui est contre la morsure d'un chien : courez toujours après le chien, jamais il ne vous mordra; buvez toujours avant la soif, et jamais elle ne vous adviendra.

— Je vous y prends, je vous réveille. Sommelier éternel, garde-nous du somme. Argus[5] avait cent yeux pour voir; il faut cent mains à un sommelier, comme avait Briarée[6], pour infatigablement verser.

— Mouillons, hé! il fait beau sécher.

Notes

1. *Lagona edatera* (basque) : « compagnons, à boire ».
2. *Sitio* (latin) : « j'ai soif » (il s'agit d'une des dernières paroles du Christ sur la Croix).
3. *asbestos* (latin) : amiante.
4. Jérôme de Angest (souvent orthographié *Hangest*; 1480-1538) : évêque du Mans.
5. Argus : monstre pourvu d'une centaine d'yeux.
6. Briarée : ancêtre de Pantagruel, géant pourvu de cent mains.

— Du blanc. Verse tout, verse de par le diable ! Verse deçà, tout plein. La langue me pèle.

— *Lans, tringue*[1] !

— À toi, copain, de bon cœur, de bon cœur !

— Là, là, là, c'est bâfré, cela.

— *O lacryma Christi*[2] ! C'est de la Devinière, c'est du vin pineau.

— Ô le gentil vin blanc ! et par mon âme, ce n'est que vin de taffetas !

— Hein ! hein ! Il est à une oreille, bien drapé et de bonne laine.

— Mon compagnon, courage !

— Pour ce jeu, nous ne volerons pas, car j'ai fait une levée.

— *Ex hoc in hoc*[3]. Il n'y a point d'enchantements : chacun de vous l'a vu. J'y suis maître passé.

— À brum, à brum[4] ! Je suis prêtre Macé.

— Oh ! les buveurs ! Oh ! les altérés !

— Page, mon ami, emplis ici le vin et couronne le vin, je te prie.

— À la cardinale !

— *Natura abhorret vacuum*[5]. Diriez-vous qu'une mouche y eût bu ?

— À la mode de Bretagne !

— Net, net, à ce piot.

— Avalez, ce sont des herbes. »

Notes

1. *Lans, tringue* (germanique) : « compagnon, trinque ».
2. *O lacryma Christi* (latin) : nom d'un vin italien.
3. *Ex hoc in hoc* (latin) : « de ceci en cela » (extrait des *Psaumes*).
4. *À brum, à brum* : hum, hum.
5. *Natura abhorret vacuum* (latin) : « la nature a horreur du vide ».

CHAPITRE 6

COMMENT GARGANTUA NAQUIT DE FAÇON BIEN ÉTRANGE

Eux tenant ces menus propos de beuverie, Gargamelle commença à se porter mal du bas ; alors Grandgousier se leva de dessus l'herbe et il la réconfortait honnêtement, pensant que c'était mal d'enfant[1] et lui disant qu'elle était là herbée[2] sous la Saulaie, et que bientôt elle ferait pieds neufs[3]. Aussi lui convenait-il de prendre courage à nouveau, au nouvel avènement de son poupon, et, encore que la douleur lui fût quelque peu en fâcherie, toutefois qu'elle serait brève, et la joie qui tôt succéderait lui enlèverait tout cet ennui, en sorte qu'il ne lui en resterait seulement la souvenance.

« Je le prouve, disait-il. Notre Sauveur dit en l'Évangile *Joannis, XVI* : "La femme qui est à l'heure de son enfantement a de la tristesse, mais lorsqu'elle a enfanté, elle n'a souvenir aucun de son angoisse." »

---

1. pensant que c'était mal d'enfant : pensant qu'il s'agissait des douleurs de l'accouchement.

2. herbée : étendue dans l'herbe.

3. elle ferait pieds neufs : elle donnerait naissance à deux nouveaux petits pieds.

— Ha! dit-elle, vous dites bien, et j'aime beaucoup mieux ouïr tels propos de l'Évangile, et mieux je m'en trouve que d'ouïr la vie de sainte Marguerite[1] ou quelque autre cafarderie.

— Courage de brebis[2]! disait-il. Dépêchez-vous de celui-ci, et bientôt nous en faisons un autre.

— Ha! dit-elle, vous en parlez bien à votre aise, vous autres hommes! Bien, de par Dieu, je m'efforcerai, puisqu'il vous plaît. Mais plût à Dieu que vous l'eussiez coupé!

— Quoi? dit Grandgousier.

— Ha! dit-elle, que vous êtes bonhomme! Vous l'entendez bien.

— Mon membre? dit-il. Sang des chèvres[3]! Si bon vous semble, faites apporter un couteau.

— Ha! dit-elle, à Dieu ne plaise! Dieu me le pardonne, je ne le dis pas de bon cœur, et, pour ma parole, n'en faites ni plus ni moins. Mais j'aurai fort à faire aujourd'hui, si Dieu ne m'aide, et tout par votre membre, que vous fussiez bien aise!

— Courage! courage! dit-il. Ne vous souciez du reste, et laissez faire aux quatre bœufs de devant[4]. Je m'en vais boire encore quelque coup. Si, cependant, il vous survenait quelque mal, je me tiendrai auprès : mettant vos mains en porte-voix, je me rendrai à vous. »

Peu de temps après, elle commença à soupirer, lamenter et crier. Soudain vinrent à tas[5] sages-femmes de tous côtés ; et, la tâtant par le bas, elles trouvèrent quelques morceaux de peau d'assez mauvais goût, et pensaient que ce fût l'enfant. Mais c'était le fondement qui lui échappait à la mollification de l'intestin droit — lequel vous appelez « le boyau culier » —

Notes

1. **ouïr la vie de sainte Marguerite** : à l'époque, on pensait que lire la vie de cette sainte aidait à accoucher.
2. **Courage de brebis** : formule ironique car les brebis passent pour peureuses.
3. **Sang des chèvres** : juron.
4. **laissez faire aux quatre bœufs de devant** : expression pour dire que le plus gros est accompli, qu'il faut laisser les bœufs qui tirent l'attelage faire leur travail.
5. **à tas** : en foule.

Gargantua

pour avoir trop mangé de tripes, comme nous l'avons déclaré ci-dessus.

Aussi une vilaine vieille de la compagnie, laquelle avait réputation d'être grand médecin et qui était venue là de Brisepaille d'auprès Saint-Genou[1] soixante ans auparavant, lui fit un astringent si horrible que tous ses muscles du cul furent si obstrués et resserrés qu'à grand peine avec les dents vous les eussiez élargis — ce qui est chose bien horrible à penser : de même que le diable, à la messe de saint Martin, écrivant le caquet de deux galantes, à belles dents allongea son parchemin[2].

Par cet inconvénient furent au-dessus relâchés les cotylédons[3] de la matrice[4], par lesquels sursauta l'enfant et entra en la veine creuse, et, gravissant par le diaphragme jusqu'au-dessus des épaules, où la dite veine se sépare en deux, il prit son chemin à gauche et sortit par l'oreille gauche[5].

Sitôt qu'il fut né, il ne cria pas comme les autres enfants : « Mies ! mies ! » Mais, à haute voix, il s'écriait : « À boire ! à boire ! » comme s'il invitait tout le monde à boire, si bien qu'il fut ouï de tout le pays de Beusse et de Bibarais[6].

Je me doute que vous ne croyez assurément cette étrange nativité. Si vous ne le croyez pas, je ne m'en soucie, mais un homme de bien, un homme de bon sens, croit toujours ce qu'on lui dit et qu'il trouve par écrit. Est-ce contre notre loi, notre foi, notre raison, contre la Sainte Écriture ? Pour ma part, je ne trouve rien d'écrit aux Bibles saintes qui soit contre cela. Mais si le vouloir de Dieu eût été tel, diriez-vous qu'Il ne l'eût pu faire ? Ha ! pour grâce, n'emberlificotez jamais vos

---

Notes

1. Brisepaille et Saint-Genou sont des lieux réels situés dans l'Indre.
2. Légende populaire selon laquelle le Diable, voulant noter les propos de deux bonnes femmes, remplit son parchemin, voulut l'allonger avec les dents et alla se cogner la tête contre un pilier.
3. **cotylédons** : parties du placenta.
4. **matrice** : utérus.
5. Allusion à une légende populaire selon laquelle le Christ aurait été conçu par l'oreille de la Vierge et serait né par là également.
6. Beusse et Bibarais sont des lieux situés près de *La Devinière*.

esprits de ces vaines pensées, car je vous dis qu'à Dieu rien n'est impossible, et, s'Il voulait, les femmes auraient dorénavant ainsi leurs enfants par l'oreille.

Bacchus ne fut-il pas engendré par la cuisse de Jupiter[1] ?

Croquemouche, de la pantoufle de sa nourrice[2] ?

Minerve ne naquit-elle pas du cerveau, par l'oreille de Jupiter[3] ?

Adonis, par l'écorce d'un arbre de myrrhe[4] ?

Castor et Pollux, de la coque d'un œuf pondu et éclos par Léda[5] ?

Mais vous seriez bien davantage ébahis et étonnés si je vous exposais présentement tout le chapitre de Pline[6], où il parle des enfantements étranges et contre nature, et toutefois je ne suis pas menteur aussi assuré qu'il a été. Lisez le septième livre de sa *Naturelle Histoire*, chap. III, et ne m'en tarabustez plus l'entendement.

Notes

1. Dans la mythologie, Jupiter, après la mort de Sémélé, prit l'embryon et le cousit dans sa propre cuisse.
2. Cette légende est inconnue.
3. Selon la mythologie, Minerve (déesse romaine) sortit du cerveau de Jupiter.
4. Allusion à la métamorphose de Myrrha en un arbre dont naquit, ensuite, Adonis.
5. D'après la mythologie, Castor est né d'un œuf issu de l'accouplement de Léda avec son mari Tyndare, tandis que Pollux est né d'un œuf fruit de son accouplement avec Jupiter transformé en cygne.
6. **Pline** (l'Ancien) : écrivain romain (Ier s. ap. J.-C.), auteur d'une importante *Histoire naturelle* en 37 volumes.

CHAPITRE 7

COMMENT SON NOM FUT IMPOSÉ À GARGANTUA ET COMMENT IL HUMAIT LE PIOT[1]

1   Le bonhomme Grandgousier, buvant et rigolant avec les autres, entendit le cri horrible que son fils avait fait en entrant à la lumière de ce monde, quand il bramait demandant : « À boire ! à boire ! à boire ! », dont il dit : « QUE GRAND TU AS ! »
5   — suppléez[2] : le gosier.

   Ce qu'oyant[3], les assistants dirent que vraiment il devait avoir pour cela le nom de GARGANTUA[4] puisque telle avait été la première parole de son père à sa naissance, à l'imitation et à l'exemple des anciens Hébreux[5]. À quoi fut condescendu par
10   celui-là, et ce qui plut très bien à sa mère. Et, pour l'apaiser, ils lui donnèrent à boire à tire-larigot, et il fut porté sur les fonts[6] et là baptisé, comme est la coutume des bons chrétiens[7].

Notes

1. **humait le piot** : buvait le vin.
2. **suppléez** : ajoutez.
3. **Ce qu'oyant** : en entendant cela.
4. **Gargantua** : surnom qui, depuis le XVe siècle, désigne un goinfre.
5. Allusion à l'Évangile selon Luc (I, 60) dans lequel Zacharie, devenu muet après une vision, retrouve la parole pour donner un nom à son fils.
6. **fonts** : bassin placé sur l'autel pour le baptême.
7. Critique de Rabelais contre l'anabaptisme, qui refusait la valeur du baptême à la naissance et prônait un baptême conscient et volontaire.

Et lui furent ordonnées dix-sept mille neuf cent treize vaches de Pontille et de Bréhémont[1], pour l'allaiter ordinairement. Car de trouver nourrice suffisante ce n'était pas possible en tout le pays, vu la grande quantité de lait requis pour l'alimenter, bien que certains docteurs scotistes[2] aient affirmé que sa mère l'allaita et qu'elle pouvait traire de ses mamelles quatorze cent deux pipes[3] neuf potées de lait à chaque fois : ce qui n'est pas vraisemblable ; et a été la proposition déclarée mamellement scandaleuse, offensante pour les pieuses oreilles, et sentant de loin l'hérésie.

En cet état il passa jusques à un an et dix mois, temps auquel, par le conseil des médecins, on commença à le porter, et il lui fut fait une belle charrette à bœufs par l'invention de Jean Deniau[4]. On le promenait dans cette voiture par-ci par-là, joyeusement, et il le faisait bon voir, car il portait bonne trogne[5] et avait presque dix-huit mentons, et ne criait que bien peu. Mais il se conchiait[6] à toutes heures, car il était merveilleusement flegmatique des fesses, tant de sa complexion[7] naturelle que de la disposition accidentelle qui lui était advenue pour trop humer de purée septembrale[8]. Et il n'en humait goutte sans cause : car s'il advenait qu'il fût dépité, courroucé, fâché ou marri, s'il trépignait, s'il pleurait, s'il criait, on lui apportait à boire, on le remettait en nature, et soudain il demeurait coi[9] et joyeux.

Une de ses gouvernantes m'a dit, jurant par sa foi, que de ce faire il était si coutumier qu'au seul son des pintes et des flacons il entrait en extase, comme s'il goûtait les joies du

---

Notes

1. Pontille et Bréhémont sont des lieux réels situés dans les alentours de Chinon.
2. **docteurs scotistes** : théologiens proches de Duns Scot, théologien et philosophe écossais des XIIIe-XIVe siècles. Les humanistes, dont Rabelais, se moquaient de l'obscurité de leur doctrine.
3. **pipes** : récipients pour liquides.
4. **Jean Deniau** : personnage inconnu.
5. **trogne** : visage, tête.
6. **se conchiait** : se souillait d'excréments.
7. **complexion** : constitution, nature.
8. **humer de purée septembrale** : boire du vin.
9. **coi** : tranquille, silencieux.

paradis. En sorte que, considérant cette complexion divine, pour le réjouir au matin, elles faisaient devant lui sonner des verres avec un couteau ou des flacons avec leur bouchon ou des pintes avec leur couvercle, auquel son il s'égayait, il tressaillait, et lui-même se berçait en dodelinant de la tête, monocordisant[1] des doigts et barytonnant[2] du cul.

---

[1]. **monocordisant** : jouant du monocorde, instrument de musique à une seule corde.

[2]. **barytonnant** : faisant des pets au son grave, comme un baryton.

Gargantua au berceau.
Gravure d'Alfred Robida, 1885-1886.

CHAPITRE 8

COMMENT ON VÊTIT GARGANTUA

1   Lui étant à cet âge, son père ordonna qu'on lui fît un habillement de sa livrée[1], laquelle était blanc et bleu. De fait on y besogna, et ils furent faits, taillés et cousus à la mode, qui pour lors courait[2].

5   Par les anciennes chartes[3], qui sont en la Chambre des Comptes à Montsoreau, je trouve qu'il fut vêtu de la façon qui s'ensuit :

Pour sa chemise furent levées neuf cents aunes[4] de toile de Châtellerault, et deux cents pour les goussets[5] en façon de carreaux, lesquels on mit sous les aisselles. Et elle n'était point froncée, car la fronçure des chemises n'a été inventée que depuis que les lingères, lorsque la pointe de leur aiguille était rompue, ont commencé à besogner du cul[6].

Notes

1. livrée : vêtements spécifiques à la famille d'un seigneur.
2. à la mode, qui pour lors courait : à la mode de l'époque.
3. Par les anciennes chartes : dans les anciennes archives.
4. aunes : ancienne mesure de longueur valant un peu plus de 1 m l'unité.
5. goussets : petites bourses ou petites poches.
6. Jeu de mots sur le « *cul* », qui désigne aussi la partie la plus large d'une aiguille à coudre.

Pour son pourpoint[1] furent levées huit cent treize aunes de satin blanc, et pour les aiguillettes[2] quinze cent neuf peaux et demie de chiens. Lors commença le monde à attacher les chausses[3] au pourpoint, et non le pourpoint aux chausses, car c'est chose contre nature, comme amplement l'a déclaré Occam[4] sur les *Exponibles* de M. Hautechaussade[5].

Pour ses chausses furent levées onze cent cinq aunes un tiers d'étamine[6] blanche, et elles furent déchiquetées en forme de colonnes, striées et crénelées par le derrière, afin de n'échauffer les reins. Et il flottait, par dedans de la déchiqueture, autant de damas bleu que besoin était. Et notez qu'il avait de très belles grègues[7] et bien proportionnées au reste de sa stature.

[Pour la braguette furent levées seize aunes un quart de ce même drap, et fut la forme de celle-ci comme un arc-boutant, bien attaché joyeusement à deux belles boucles d'or, que prenaient deux crochets d'émail, à chacun desquels était enchâssée une grosse émeraude de la grosseur d'une pomme d'orange : car, ainsi que dit Orphée, *libro De Lapidibus*[8], et Pline, *libro ultimo*, elle a une vertu érective et réconfortative du membre naturel. La saillie de la braguette était de la longueur d'une canne, déchiquetée comme les chausses, avec le damas bleu flottant comme devant. Mais, voyant la belle bordure de canetille[9] et les plaisants entrelacs d'orfèvrerie garnis de fins diamants, fins rubis, fines turquoises, fines émeraudes et perles persiques, vous l'eussiez comparée à une belle corne d'abondance, telle que vous voyez aux antiquailles et telle que

---

Notes

1. **pourpoint** : partie du vêtement d'un homme couvrant le torse.
2. **aiguillettes** : cordons.
3. **chausses** : culotte attachée à la ceinture et descendant jusqu'aux genoux.
4. **Occam** (Guillaume d'Ockham) : philosophe et théologien anglais scolastique des XIIIe-XIVe siècles.
5. Rabelais invente cet auteur mais évoque une partie courante des traités de logique de l'époque.
6. **étamine** : étoffe légère.
7. **grègues** : jambes.
8. Texte faussement attribué à Orphée (poète et musicien héros de la mythologie grecque).
9. **canetille** : fil d'or ou d'argent.

donna Rhéa[1] aux deux nymphes Adrasté et Ida, nourrices de Jupiter — toujours galante, succulente, ressudante[2], toujours verdoyante, toujours fleurissante, toujours fructifiante, pleine d'humeurs[3], pleine de fleurs, pleine de fruits, pleine de toutes délices. J'avoue Dieu[4], s'il la faisait bon voir! Mais je vous en exposerai bien davantage au livre que j'ai fait *De la Dignité des Braguettes*. En tout cas, je vous avertis que, si elle était longue et bien souple, elle était aussi bien garnie au-dedans et bien ravitaillée, car elle ne ressemblait en rien aux hypocrites braguettes d'un tas de muguets, qui ne sont pleines que de vent, au grand dommage du sexe féminin.]

Pour ses souliers furent levées quatre cent six aunes de velours bien cramoisi[5], et elles furent déchiquetées mignonnement par lignes parallèles jointes en cylindres uniformes. Pour leur semelage furent employées onze cents peaux de vaches brunes, taillées en queue de merlu.

Pour sa saie[6] furent levées dix-huit cents aunes de velours bleu teint en graine d'écarlate, brodé à l'entour de belles branches de vigne et par le milieu de pintes en canetilles d'argent, enchevêtrées de verges d'or avec force perles, marquant par là qu'il serait un bon vide-pintes en son temps.

Sa ceinture fut de trois cents aunes et demie de serge de soie, moitié blanche et moitié bleue, — ou je suis bien abusé.

Son épée ne fut de Valence ni son poignard de Saragosse, car son père haïssait tous ces hidalgos ivrognés, marranisés[7] comme diables. Mais il eut la belle épée de bois et le poignard

---

Notes

1. **Rhéa** : mère de Jupiter. D'après la mythologie, les nymphes Adrasté et Ida nourrirent Jupiter du lait d'une chèvre dont il cassa une corne – la corne d'abondance – qu'il offrit à ses nourrices pour qu'elles la remplissent de toutes sortes de boissons.
2. **ressudante** : juteuse.
3. **humeurs** : liqueurs.
4. **J'avoue Dieu** : Dieu merci.
5. **cramoisi** : rouge foncé qui tire sur le violet.
6. **saie** : vêtement à manches porté sur le pourpoint.
7. **marranisés** : rénégats.

de cuir bouilli, peints et dorés comme un chacun le souhaiterait.

Sa bourse fut faite de la couille d'un éléphant que lui donna Herr Pracontal[1], proconsul de Libye.

Pour sa robe furent levées neuf mille six cents aunes moins deux tiers de velours bleu comme ci-dessus, tout faufilé d'or en figure diagonale, dont par juste perspective sortait une couleur innommée, telle que vous voyez aux cous des tourterelles, qui réjouissait merveilleusement les yeux des spectateurs.

Pour son bonnet furent levées trois cent deux aunes un quart de velours blanc, et fut sa forme large et ronde à la capacité de la tête : car son père disait que ces bonnets à la Marrabaise[2], faits comme une croûte de pâté, porteraient quelque jour malheur à leurs tondus.

Pour son plumet, il portait une belle grande plume bleue prise d'un onocrotale[3] du pays de l'Hircanie[4] sauvage, bien mignonnement pendant sur l'oreille droite.

Pour sa cocarde, il avait, en une platine d'or pesant soixante-huit marcs[5], une figure d'émail congruent, en laquelle était dessiné un corps humain ayant deux têtes, virées l'une vers l'autre, quatre bras, quatre pieds et deux culs, telle que dit Platon *in Symposio* avoir été l'humaine nature à son commencement mystique[6]; et autour était écrit en lettres ioniques : *ΑΓΑΠΗ ΟΥ ΖΗΤΕΙ ΤΑ ΕΑΥΤΗΣ*[7].

Pour porter au cou, il eut une chaîne d'or pesant vingt-cinq mille soixante-trois marcs d'or, faite en forme de grosses baies,

---

Notes

1. **Pracontal** : allusion à un corsaire au service de François Ier.
2. **à la Marrabaise** : à la mode mauresque.
3. **onocrotale** : pélican.
4. **Hircanie** : région d'Asie centrale.
5. **marcs** : le marc est une ancienne mesure de poids.

6. Dans son dialogue du *Banquet* le philosophe Platon évoque le mythe de l'androgyne original.

7. *ΑΓΑΠΗ ΟΥ ΖΗΤΕΙ ΤΑ ΕΑΥΤΗΣ* (grec) : « la charité ne cherche pas son propre avantage ».

entre lesquelles étaient en œuvre de gros jaspes¹ verts, sculptés et taillés en dragons, tout environnés de rais et étincelles, comme les portait jadis le roi Nécepsos², et elle descendait jusqu'à la bouche du haut ventre, dont toute sa vie il eut le fonctionnement tel que savent les médecins grecs.

Pour ses gants furent mises en œuvre seize peaux de lutins, et trois de loups-garous pour leur broderie; et ils lui furent faits de cette manière par l'ordonnance des cabalistes³ de Saint-Louand⁴.

Pour ses anneaux, que son père voulut qu'il portât pour renouveler le signe antique de sa noblesse, il eut au doigt index de sa main gauche une escarboucle grosse comme un œuf d'autruche, enchâssée en or pur d'Orient bien mignonnement. Au doigt médial il eut un anneau fait des quatre métaux ensemble, en la plus merveilleuse façon que jamais fût vue, sans que l'acier froissa l'or, sans que l'argent foulât le cuivre : le tout fut fait par le capitaine Chappuys⁵ et par Alcofribas⁶, son bon facteur. Au doigt médial de la main droite, il eut un anneau fait en forme de spirale auquel étaient enchâssés un rubis en perfection, un diamant en pointe et une émeraude de Physon⁷, de prix inestimable : car Hans Carvel, grand lapidaire du roi de Mélinde, les estimait à la valeur de soixante-neuf millions huit cent quatre-vingt-quatorze mille dix-huit moutons à la grande laine; autant l'estimèrent les Fourques d'Augsbourg.

Notes

1. **jaspes** : pierres précieuses auxquelles on prêtait des vertus thérapeutiques digestives ou gynécologiques.
2. **Nécepsos** : pharaon égyptien du VIIᵉ siècle av. J.-C.
3. **cabalistes** : interprètes juifs des textes sacrés.
4. **Saint-Louand** : village de la région de Chinon.
5. **Chappuys** : allusion à un ami de Rabelais.
6. **Alcofribas** : pseudonyme de Rabelais.
7. **Physon** : fleuve du paradis terrestre (*Genèse*) empli de matériaux précieux.

CHAPITRE 9

LES COULEURS ET LIVRÉE DE GARGANTUA[1]

1   Les couleurs de Gargantua furent blanc et bleu, comme ci-dessus vous l'avez pu lire, et par elles son père voulait qu'on entendît que ce lui était une joie céleste : car le blanc lui signifiait joie, plaisir, délices et réjouissances, et le bleu choses
5   célestes.

J'entends bien qu'en lisant ces mots, vous vous moquez du vieux buveur et tenez l'exposition des couleurs par trop grossière et approximative ; et vous dites que blanc signifie foi et bleu fermeté. Mais, sans vous émouvoir, courroucer, échauffer
10   ni altérer — car le temps est dangereux — répondez-moi si bon vous semble. D'autre contrainte je n'userai envers vous ni d'autres, quels qu'ils soient ; seulement je vous dirai un mot de la bouteille.

— Qui vous meut ? Qui vous point ? Qui vous dit que blanc
15   signifie foi et bleu fermeté ? Un piètre livre, dites-vous, qui se vend par les colporteurs et porte-balles[2], sous le titre : *Le Blason des Couleurs*[3]. Qui l'a fait ? Quel qu'il soit, il a été prudent en ce qu'il n'y a point mis son nom. Mais, au reste, je ne sais

---

Notes
1. Ce chapitre s'inscrit dans un débat de l'époque sur la signification des couleurs.
2. **porte-balles** : colporteurs.
3. Livre publié au milieu du XVe siècle.

quoi d'abord en lui je dois admirer, ou son outrecuidance ou sa bêtise : son outrecuidance, qui, sans raison, sans cause et sans apparence, a osé prescrire de son autorité privée quelles choses seraient dénotées par les couleurs, ce qui est l'usage des tyrans, qui veulent que leur arbitraire tienne lieu de raison, non des sages et savants qui, par raisons manifestes, contentent les lecteurs ; sa bêtise, qui a estimé que, sans autres démonstrations et arguments valables, le monde réglerait ses devises par ses impositions[1] de noms badaudes[2].

Du fait — comme dit le proverbe : « À cul de foirard[3] toujours abonde merde » — il a trouvé quelque reste de niaiserie du temps des hauts bonnets[4], lesquels ont eu foi en ses écrits, et, selon eux, ont taillé leurs apophtegmes[5] et dits[6], en ont enchevêtré leurs mulets, brodé leurs gants, frangé leurs lits, peint leurs enseignes, composé des chansons, et, qui pis est, fait des impostures et de lâches tours clandestinement parmi les pudiques matrones.

En pareilles ténèbres sont compris ces glorieux de cour et transporteurs de noms, lesquels, voulant en leurs devises signifier *espoir*, font dessiner une *sphère*, des *pennes* d'oiseaux pour *peines*, de *l'ancolie* pour *mélancolie, la lune bicorne* pour *vivre en croissant,* un *banc rompu* pour *banqueroute, non* et un *halecret* pour *non durabit*, un *lit sans ciel* pour un *licencié*, qui sont des homonymies si ineptes, si fades, si rustiques et barbares que l'on devrait attacher une queue de renard au collet et faire un masque de bouse de vache à chacun de ceux qui en voudraient dorénavant user en France, après la restauration des bonnes lettres.[7]

Notes

1. **impositions** : ici, attributions.
2. **badaudes** : sottes.
3. **foirard** : qui a la diarrhée, qui échoue.
4. **du temps des hauts bonnets** : expression qui évoque les modes passées.
5. **apophtegmes** : maximes, sentences.
6. **dits** : propos.
7. Ce paragraphe et le suivant reposent sur la proximité de prononciation de mots ou expressions. Rabelais refuse cette conception de la signification des mots.

Par mêmes raisons — si « raisons » je les dois nommer et non « rêveries[1] » — ferais-je peindre un *panier* dénotant qu'on me fait *peiner* ; et un *pot à moutarde*, que c'est mon cœur à qui *moult tarde* ; et un *pot à pisser*, c'est un *official* ; et *le fond de mes chausses*, c'est un *vaisseau de pets* ; et ma *braguette*, c'est le *greffe des arrêts* ; et un *étron de chien*, c'est un *tronc de céans* où gît l'amour de ma mie.

Bien autrement faisaient en temps jadis les sages d'Égypte, quand ils écrivaient par lettres qu'ils appelaient « hiéroglyphes », lesquelles nul n'entendait[2] qui n'entendît, et un chacun entendait qui entendît[3] la vertu, propriété et nature des choses par elles figurées, dont Orus Apollon[4] a en grec composé deux livres, et Polyphile *Au Songe d'Amour*[5] en a davantage exposé. En France vous en avez quelque tronçon en la devise de M. l'Amiral[6], que porta, le premier, Octavien Auguste[7].

Mais plus outre ne fera voile mon esquif entre ces gouffres et gués mal plaisants[8] : je retourne faire escale au port d'où je suis sorti. J'ai bon espoir d'en écrire quelque jour plus amplement et de montrer, tant par raisons philosophiques que par autorités reçues et approuvées de toute ancienneté, quelles et combien de couleurs sont en la nature, et ce qui, par chacune, peut être désigné — Si Dieu me sauve le moule du bonnet[9] : c'est le pot au vin, comme disait ma mère-grand.

Notes

1. rêveries : ici, avec une connotation péjorative, chimères, folies.
2. n'entendait : ne comprenait.
3. chacun entendait qui entendît : chacun comprenait pourvu qu'il comprenne.
4. Orus Apollon (Horus Apollo) : grammairien grec du Ve siècle, auteur d'un traité sur les hiéroglyphes.
5. *Au Songe d'Amour* (ou *Le Songe de Polyphile*) : roman italien du XVe siècle, mêlant plusieurs langues.
6. Allusion à un amiral proche de François Ier.
7. Cette devise du premier empereur romain était : « hâte-toi lentement ».
8. plus outre [...] plaisants : je n'irai pas plus loin sur ces terrains glissants.
9. le moule du bonnet : métaphore qui désigne la tête, de même que l'expression « le pot au vin ».

Gargantua

CHAPITRE 10

DE CE QUI EST SIGNIFIÉ PAR LES COULEURS BLANC ET BLEU

1   Le blanc donc signifie joie, soulas et liesse[1], et le signifie non à tort, mais à bon droit et juste titre. Ce que vous pourrez vérifier, si, mises à part vos préférences, vous voulez entendre ce que présentement je vous exposerai.

5   Aristote[2] dit que, supposant deux choses contraires en leur espèce, comme le bien et le mal, la vertu et le vice, le froid et le chaud, le blanc et le noir, la volupté et la douleur, la joie et le deuil, et ainsi d'autres, si vous les accouplez en telle façon qu'un contraire d'une espèce convienne raisonnablement à
10 l'un contraire d'une autre, il est conséquent que l'autre s'assortisse avec l'autre résidu. Exemple : *vertu* et *vice* sont contraires en une espèce ; aussi sont *bien* et *mal ;* si l'un des contraires de la première espèce convient à l'un de la seconde comme *vertu* et *bien*, car il est su que *vertu* est bonne, ainsi feront les deux
15 résidus qui sont *mal* et *vice*, car *vice* est mauvais.

Notes

1. soulas et liesse : plaisir et grande joie souvent collective.
2. Aristote : philosophe grec (IVᵉ s. av. J.-C.), auteur d'une œuvre très importante et qui eut une influence considérable sur la philosophie occidentale. Rabelais fait, ici, référence à ses traités de logique (*Topiques*).

Cette règle de logique entendue, prenez ces deux contraires : *joie* et *tristesse*, puis ces deux : *blanc* et *noir*, car ils sont contraires physiquement ; si ainsi donc *noir* signifie *deuil*, à bon droit *blanc* signifie *joie*.

Et cette signification n'est pas instituée par la volonté d'un homme, mais reçue par ce consentement de tout le monde, que les philosophes nomment *jus gentium*[1], droit universel valable pour toutes contrées.

Comme vous savez assez que tous peuples, toutes nations — j'excepte les antiques Syracusains et quelques Argiens[2] qui avaient l'âme de travers — toutes langues, voulant extérieurement montrer leur tristesse portent habit de noir, et que tout deuil est fait par noir. Lequel consentement noireux[3] n'est pas fait sans que la nature n'en donne quelque argument et raison, laquelle chacun peut soudain par soi-même comprendre sans autrement être instruit de personne, et que nous appelons « droit naturel ».

Par le blanc, avec même induction de nature, tout le monde a entendu joie, liesse, soulas, plaisir et délectation.

Au temps passé, les Thraces[4] et Crétois[5] marquaient les jours bien fortunés et joyeux de pierres blanches, les tristes et infortunés de noires.

La nuit n'est-elle pas funeste, triste et mélancolique ? Elle est noire et obscure par privation. La clarté ne réjouit-elle pas toute la nature ? Elle est blanche plus que chose qui soit. Pour ce prouver, je vous pourrais renvoyer un livre[6] de Lau-

---

Notes

1. *jus gentium* (latin) : « droit des peuples » (notion juridique désignant les principes admis par l'ensemble des peuples).
2. Les Syracusains et les Argiens sont des peuples qui portaient des vêtements de deuil blancs.
3. noireux : concernant le noir.
4. Thraces : peuple présent dans les Balkans du IIIe millénaire au IIe siècle av. J.-C.
5. Crétois : peuple de la Crète.
6. Pour [...] livre : pour prouver cela, je pourrais vous renvoyer au livre.

rent Valla[1] contre Bartole[2] ; mais le témoignage évangélique vous contentera : en Matthieu[3], chapitre XVII, il est dit qu'à la transfiguration de Notre Seigneur, *vestimenta ejus facta sunt alba sicut lux*, « ses vêtements furent faits blancs comme la lumière », par laquelle blancheur lumineuse[4] il donnait à entendre à ses trois apôtres l'idée et la figure des joies éternelles : car par la clarté sont tous humains réjouis, comme vous avez le dit d'une vieille qui n'avait dents en gueule, encore disait-elle : « *Bona lux !* »[5] Et Tobie[6], chapitre V, quand il eut perdu la vue, lorsque Raphaël[7] le salua, répondit : « Quelle joie pourrais-je avoir, moi qui point ne vois la lumière du ciel ? » En telle couleur témoignèrent les anges la joie de tout l'univers à la Résurrection du Sauveur, *Jean*[8], *XX*, et à son Ascension, *Actes*[9], *I*. De semblable parure vit saint Jean l'Évangéliste, *Apocalypse IV et VII*[10], les fidèles vêtus en la céleste et béatifiée Jérusalem.

Lisez les histoires antiques, tant grecques que romaines, vous trouverez que la ville d'Albe, premier modèle de Rome, fut et construite et appelée à la rencontre d'une truie blanche.

Vous trouverez que, si à aucun, après avoir eu sur les ennemis victoire, il était décrété qu'il entrât à Rome en état triomphant, il y entrait sur un char tiré par des chevaux blancs ; de même celui qui y entrait en ovation : car par autre signe ni couleur on ne pouvait plus certainement exprimer la joie de leur venue que par la blancheur.

Notes

1. **Laurent Valla** : humaniste italien du XVe siècle.
2. **Bartole** (Bartolus de Saxoferrato) : spécialiste italien du droit du XIVe siècle, moqué par les humanistes de la Renaissance.
3. Rabelais renvoie à l'Évangile selon Matthieu.
4. **par laquelle blancheur lumineuse** : blancheur lumineuse par laquelle.
5. Référence à l'*Éloge de la folie* d'Érasme.
6. Référence au *Livre de Tobie* de l'Ancien Testament.
7. Personnage du *Livre de Tobie* ; il s'agit d'un ange.
8. Évangile selon Jean.
9. *Actes des apôtres* dans Le Nouveau Testament.
10. *Apocalypse*, dans Le Nouveau Testament.

Vous trouverez que Périclès[1], duc des Athéniens, voulut que cette partie de ses gens d'armes, auxquels par le sort étaient advenues les fèves blanches[2], passât toute la journée en joie, soulas et repos, cependant que ceux de l'autre partie batailleraient.

Je pourrais vous exposer mille autres exemples et passages à ce propos, mais ce n'est ici le lieu.

Moyennant cette explication vous pouvez résoudre un problème, qu'Alexandre d'Aphrodisias[3] a jugé insoluble : « Pourquoi le lion, qui de son seul cri et rugissement épouvante tous les animaux, craint-il et révère-t-il seulement le coq blanc ? » Car, ainsi que dit Proclus[4], *lib. De Sacrificio et Magia*, c'est parce que la présence de la vertu du Soleil, qui est l'organe et propulsion de toute lumière terrestre et sidérale, est plus symbolisante et séante au coq blanc, tant pour cette couleur que pour sa propriété et ordre spécifique, qu'au lion. Il dit de plus qu'en forme léonine[5] ont été souvent vus des diables, lesquels à la présence d'un coq blanc soudainement ont disparu.

C'est la cause pour laquelle *Galli*[6] — ce sont les Français, ainsi appelés parce qu'ils sont blancs naturellement comme du lait, que les Grecs nomment *gala* — volontiers portent les plumes blanches sur leurs bonnets : car par nature ils sont joyeux, candides, gracieux et bien aimés, et pour leur symbole et enseigne ils ont la fleur plus que nulle autre blanche : c'est le lis.

Si vous demandez comment, par la couleur blanche, Nature nous induit à entendre joie et liesse, je vous réponds que l'analogie en conformité est telle. Car, comme le blanc extérieu-

---

Notes

1. Périclès : homme d'État athénien (Ve s. av. J.-C.), personnage clé de l'apogée d'Athènes.
2. Manière de tirer au sort.
3. Alexandre d'Aphrodisias : philosophe grec (IIe s. ap. J.-C.) qui a beaucoup commenté Aristote.
4. Proclus : philosophe grec (Ve s. ap. J.-C.).
5. léonine : relative au lion.
6. *Galli* : les Gaulois.

rement divise et disperse la vue, dissolvant manifestement les esprits visuels, selon l'opinion d'Aristote en ses *Problèmes*, et les perspectives — et vous le voyez par expérience quand vous passez les monts couverts de neige, en sorte que vous vous plaignez de ne pouvoir bien regarder, ainsi que Xénophon[1] l'expose amplement, *lib. X De usu partium* —; tout ainsi le cœur par joie excellente est intérieurement épars[2] et souffre une dissolution manifeste des esprits vitaux, laquelle peut être si accrue que le cœur demeurerait spolié de son entretien, et que par conséquent la vie serait éteinte par cette joie débordante, comme dit Galien. *Méthod., lib. XII, De locis affectis, lib. V*, et *De symptomaton causis, lib. II*, et comme au temps passé témoignent Marc Tulle[3], *lib. I. Quæstio Tuscul.*, Verrius[4], Aristote, Tite-Live[5], qu'il est advenu, après la bataille de Cannes, Pline, *lib. VII, chap. XXXII, et LIII*, Aulu-Gelle, *lib. III, XV et autres*, à Diagoras de Rhodes[6], Chilon[7], Sophocle[8], Denys, tyran de Sicile[9], Philippide, Polycrate[10], Philistion[11], Marcus Juventus[12] et autres qui moururent de joie, et comme dit Avicenne[13], *in II canone et lib. De viribus cordis*, à propos de safran, lequel réjouit tant le cœur qu'il le dépouille de vie, si on en prend en dose excessive, par dissolution et dilatation superflue. Ici voyez Alexandre d'Aphrodisias, *lib. primo Problematum, c. XIX*. C.Q.F.D.

Notes

1. **Xénophon** : philosophe et militaire grec (Vᵉ-IVᵉ s. av. J.-C.).
2. **épars** : dispersé.
3. **Marc Tulle** (Cicéron) : homme d'État et écrivain romain (Iᵉʳ s. av. J.-C.).
4. **Verrius** : savant et grammairien romain (Iᵉʳ s. av. et ap. J.-C.).
5. **Tite-Live** : historien latin (Iᵉʳ s. av. J.-C.).
6. **Diagoras de Rhodes** : athlète grec de l'Antiquité.
7. **Chilon** : un des premiers philosophes grecs (VIᵉ s. av. J.-C.).
8. **Sophocle** : célèbre dramaturge grec (Vᵉ s. av. J.-C.).
9. **Denys, tyran de Sicile** : dirigeant grec (Vᵉ-IVᵉ s. av. J.-C.).
10. **Polycrate** : jeune vierge ayant permis la victoire de ses concitoyens.
11. **Philippide et Philistion** : poètes comiques grecs.
12. **Marcus Juventus** : homme politique romain (IIᵉ s. av. J.-C.).
13. **Avicenne** : philosophe et médecin persan des Xᵉ-XIᵉ siècles.

Mais quoi! j'entre plus avant en cette matière que je me le proposais au commencement. Ici donc je calerai mes voiles, remettant le reste au livre achevé tout à fait sur ce sujet, et dirai en un mot que le bleu signifie aisément le ciel et les choses
120 célestes, par les mêmes symboles que le blanc signifiait joie et plaisir.

CHAPITRE 11

DE L'ADOLESCENCE[1] DE GARGANTUA

Gargantua, depuis trois jusqu'à cinq ans, fut nourri et instruit en toute discipline convenable par le commandement de son père, et il passa ce temps comme les petits enfants du pays : c'est-à-dire à boire, manger et dormir ; à manger, dormir et boire ; à dormir, boire et manger.

Toujours il se vautrait par[2] les fanges, se noircissait le nez, se barbouillait le visage, éculait ses souliers, bayait souvent aux mouches, et courant volontiers après les parpaillots[3], dont son père tenait l'empire.

Il pissait sur ses souliers, il chiait en sa chemise, il se mouchait à ses manches, il morvait dedans sa soupe, et patrouillait par tous lieux, et buvait en sa pantoufle, et se frottait ordinairement le ventre d'un panier. Il aiguisait ses dents d'un sabot, lavait ses mains de potage, se peignait d'un gobelet, s'asseyait entre deux selles, le cul à terre, se couvrait d'un sac mouillé, buvait en mangeant sa soupe, mangeait sa fouace[4] sans pain,

---

Notes
1. **adolescence** : ici, petite enfance.
2. **se vautrait par** : se couchait en se roulant dans.
3. **parpaillots** : papillons ; désigne aussi les protestants calvinistes.
4. **fouace** : galette.

mordait en riant, riait en mordant, souvent crachait au bassin[1], pétait de graisse, pissait contre le soleil[2], se cachait en l'eau pour la pluie, battait à froid[3], songeait creux, faisait le sucré[4], écorchait le renard[5], disait la patenôtre du singe[6], retournait à ses moutons, tournait les truies au foin[7], battait le chien devant le lion[8], mettait la charrette devant les bœufs, se grattait où il ne lui démangeait point, tirait les vers du nez, trop embrassait et peu étreignait, mangeait son pain blanc le premier[9], ferrait les cigales[10], se chatouillait pour se faire rire, se ruait très bien en cuisine, faisait gerbe de paille aux dieux[11], faisait chanter *Magnificat* à matines[12] et le trouvait bien à propos, mangeait choux et chiait poirée[13], connaissait mouches en lait[14], faisait perdre les pieds[15] aux mouches, barbouillait le parchemin, gagnait au pied[16], tirait au chevrotin[17], comptait sans son hôte, battait les buissons sans prendre les oisillons, croyait que nues fussent poêle d'airain et que vessies fussent lanternes[18], tirait d'un sac deux moutures, faisait l'âne pour avoir du son, de son poing faisait un maillet, prenait les grues du premier saut, voulait que maille à maille on fît les haubers, de cheval donné

Notes

1. **crachait au bassin** : au sens figuré, donnait de mauvais gré de l'argent lors de la quête.
2. **pissait contre le soleil** : au sens figuré, outrageait des gens puissants.
3. **battait à froid** : ne faisait pas les choses au bon moment.
4. **faisait le sucré** : était obséquieux.
5. **écorchait le renard** : vomissait.
6. **disait la patenôtre du singe** : parlait entre ses dents.
7. **tournait les truies au foin** : changeait brusquement de propos.
8. **battait le chien devant le lion** : punissait quelqu'un de modeste devant quelqu'un de puissant tout en visant le puissant.
9. **mangeait son pain blanc le premier** : ne se souciait pas de l'avenir.
10. **ferrait les cigales** : tentait l'impossible.
11. **faisait gerbe de paille aux dieux** : trompait les dieux.
12. ***Magnificat* à matines** : le *Magnificat* se chante à la messe du soir.
13. **poirée** : légume proche des bettes.
14. **connaissait mouches en lait** : repérait les mouches dans le lait.
15. **faisait perdre les pieds** : rendait folles.
16. **gagnait au pied** : s'enfuyait.
17. **tirait au chevrotin** : buvait beaucoup.
18. **croyait que nues fussent poêle d'airain et que vessies fussent lanternes** : se trompaient par crédulité.

toujours regardait en la gueule¹, sautait du coq à l'âne, mettait entre deux vertes une mûre, faisait de la terre le fossé², gardait la lune des loups³, si les nues tombaient espérait prendre les alouettes⁴, faisait de nécessité vertu, faisait de tel pain soupe, se souciait aussi peu des rasés que des tondus, tous les matins écorchait le renard.

Les petits chiens de son père mangeaient en son écuelle ; lui de même mangeait avec eux. Il leur mordait les oreilles, ils lui grafignaient le nez ; il leur soufflait au cul, ils lui léchaient les badigoinces⁵.

Et savez-vous, mes gars ? Que le mal du tonneau vous tourmente ! Ce petit paillard toujours bâtonnait ses gouvernantes c'en⁶ dessus dessous, c'en devant derrière, harri bourriquet⁷ ! Et déjà il commençait à exercer sa braguette, laquelle, chaque jour, ses gouvernantes ornaient de beaux rubans, de belles fleurs, de beaux flocs⁸ ; et elles perdaient leur temps à la faire revenir entre leurs mains, comme un rouleau d'emplâtre, puis s'esclaffaient de rire quand elle levait les oreilles, comme si le jeu leur eût plu.

L'une la nommait « ma petite dille⁹ », l'autre « ma pine¹⁰ », l'autre « ma branche de corail », l'autre « mon bondon¹¹, mon bouchon, mon vilebrequin¹², mon piston, ma tarière¹³, ma

---

Notes

1. **de cheval donné toujours regardait en la gueule** : pour vérifier son âge (proverbe qui signifie qu'on ne juge pas les cadeaux que l'on reçoit).
2. **faisait de la terre le fossé** : au lieu d'en faire un talus.
3. **gardait la lune des loups** : la lune rend les loups inoffensifs.
4. Proverbe de l'époque indiquant une hypothèse absurde.
5. **badigoinces** : lèvres.
6. **c'en** : à comprendre comme « sens ».
7. **harri bourriquet** : « hue, petit âne ».
8. **flocs** : pompons, sortes de guirlandes.
9. **dille** : fausset, petite tige de bois servant à boucher un trou dans un tonneau.
10. **pine** : épine, aiguille.
11. **bondon** : bouchon d'un tonneau.
12. **vilebrequin** : outil qui sert à percer des trous.
13. **tarière** : instrument servant à percer des trous.

pendeloque[1], mon rude ébat roide et bas, mon dressoir, ma petite andouille vermeille, ma petite couille bredouille » :

« Elle est à moi, disait l'une.

— C'est la mienne, disait l'autre.

— Moi, disait l'autre, n'y aurai-je rien ? Par ma foi, je la couperai donc.

— Ha ! couper ! disait l'autre, vous lui feriez mal, madame ; coupez-vous la chose aux enfants ? Il serait Monsieur sans queue. »

Et, pour s'ébattre[2] comme les petits enfants du pays, elles lui firent un beau virolet[3] des ailes d'un moulin à vent du Mirebalais[4].

---

1. pendeloque : pendentif.
2. s'ébattre : bouger pour s'amuser, jouer.
3. virolet : sorte de jeu qui ressemble à un moulin à vent.
4. Mirebalais : région du Poitou.

CHAPITRE 12

DES CHEVAUX FACTICES[1] DE GARGANTUA

1   Puis, afin que toute sa vie il fût bon cavalier, on lui fit un bon grand cheval de bois, qu'il faisait gambader, sauter, voltiger, ruer et danser tout ensemble, aller le pas, le trot, l'entrepas, le galop, les ambles, l'aubin, le traquenard, le carmelin et
5   l'onagrier[2]. Et il lui faisait changer de poil, comme font les moines de dalmatiques[3], selon les fêtes ; de bai brun, d'alezan, de gris pommelé, de poil de rat, de cerf, de rouan, de vache, de zencle, de bigarré, de pie, de blanc[4].

   Lui-même d'une grosse poutre fit un cheval pour la chasse,
10 un autre d'un fût de pressoir pour tous les jours, et d'un grand chêne une mule avec la housse pour la chambre. Encore en eut-il dix ou douze à relais[5], et sept pour la poste[6], et il les mettait tous coucher auprès de soi.

Notes

1. **factices** : fabriqués, artificiels.
2. Rabelais liste diverses allures, du cheval, du chameau ou de l'âne.
3. **dalmatiques** : vêtements ecclésiastiques.
4. Rabelais liste diverses couleurs de la robe (pelage) du cheval.
5. **relais** : chevaux prêts à partir.
6. **la poste** : chevaux transportant le courrier.

Un jour, le seigneur de Painensac[1] visita son père en gros train et apparat, auquel jour l'étaient semblablement venus voir le duc de Francrepas[2] et le comte de Mouillevent. Par ma foi! le logis fut un peu étroit pour tant de gens, et singulièrement les étables. Donc le maître d'hôtel et fourrier[3] du dit seigneur de Painensac, pour savoir si ailleurs en la maison il était des étables vacantes, s'adressèrent à Gargantua, jeune garçonnet, lui demandant secrètement où étaient les étables des grands chevaux, pensant que volontiers les enfants décèlent tout.

Alors il les mena par le grand escalier du château, passant par la seconde salle en une grande galerie, par laquelle ils entrèrent en une grosse tour, et, eux montant par d'autres degrés[4], le fourrier dit au maître d'hôtel :

« Cet enfant nous abuse, car les étables ne sont jamais en haut de la maison.

— C'est, dit le maître d'hôtel, mal entendu à vous, car je sais des lieux à Lyon, à la Baumette[5], à Chinon et ailleurs, où les étables sont au plus haut du logis; ainsi peut-être que derrière il y a issue au montoir. Mais je le demanderai plus sûrement. »

Alors il demanda à Gargantua :

« Mon petit mignon, où nous menez-vous ?

— À l'étable, dit-il, de mes grands chevaux. Nous y sommes tantôt ; montons seulement ces échelons. »

Puis les faisant passer par une autre grande salle, il les mena en sa chambre, et, retirant la porte : « Voici, dit-il, les étables que vous demandez ; voilà mon genêt, voilà mon hongre, mon lavedan, mon traquenard. » Et les chargeant d'un gros levier :

---

1. **Painensac** : nom fabriqué sur un jeu de mots qui désigne un avare.
2. **Francrepas** : nom fabriqué sur un jeu de mots qui désigne quelqu'un qui aime manger gratuitement.
3. **fourrier** : qui s'occupe de préparer les logements.
4. **degrés** : marches d'un escalier.
5. **la Baumette** : couvent près d'Angers où séjourna Rabelais.

Gargantua

« Je vous donne, dit-il, ce frison[1] ; je l'ai eu à Francfort, mais il sera vôtre ; c'est un bon petit chevalet, et de grande peine ; avec un tiercelet d'autour, une demi-douzaine d'épagneuls et deux lévriers, vous voilà roi des perdrix et lièvres pour tout cet hiver.

— Par saint Jean, dirent-ils, nous en sommes bien ! À cette heure nous avons le moine[2].

— Je vous le nie, dit-il, il ne fut pas trois jours céans. »

Devinez ici duquel des deux ils avaient plus matière, ou de se cacher pour leur honte ou de rire pour le passe-temps ?

Eux, de ce pas, descendant tout confus, il demanda :

« Voulez-vous une aubellière[3] ?

— Qu'est-ce ? dirent-ils.

— Ce sont, répondit-il, cinq étrons[4] pour vous faire une muselière.

— Pour ce jourd'hui, dit le maître d'hôtel, si nous sommes rôtis, jamais au feu ne brûlerons, car nous sommes lardés à point, à mon avis. Ô petit mignon, tu nous as baillé foin en corne : je te verrai quelque jour pape.

— Je l'entends, dit-il, ainsi ; mais alors vous serez papillon, et ce gentil perroquet sera un papelard[5] tout fait.

— Voire, voire, dit le fourrier.

— Mais, dit Gargantua, devinez combien il y a de points d'aiguille en la chemise de ma mère ?

— Seize, dit le fourrier.

— Vous, ne dites pas l'Évangile, dit Gargantua, car il y en a sens[6] devant et sens derrière, et vous les comptâtes trop mal.

 Notes

1. Tous ces noms (*genêt, hongre, lavedan, traquenard, frison*) désignent des types de chevaux.

2. À cette heure nous avons le moine : expression signifiant que l'on s'est fait avoir.

3. aubellière : néologisme de Rabelais, peut-être forgé à partir du mot *aubel*, qui signifie « peuplier », ou à partir du mot *aube*, qui signifie « anus ».

4. étrons : excréments.

5. papelard : faux dévot.

6. Rabelais joue, ici, sur la confusion entre *sans, cent* et *sens*.

— Quand ? dit le fourrier.

— Alors, dit Gargantua, qu'on fît de votre nez une dille pour tirer un muid de merde, et de votre gorge un entonnoir pour la mettre en un autre vase, car les fonds étaient éventés.

— Cordieu[1] ! dit le maître d'hôtel, nous avons trouvé un causeur. Monsieur le jaseur, Dieu vous garde de mal, tant vous avez la bouche fraîche. »

Ainsi descendant à grande hâte, ils laissèrent tomber sous l'arceau des degrés le gros levier dont il les avait chargés, ce qui fit dire à Gargantua :

« Que diantre ! vous êtes mauvais chevaucheurs. Votre courtaud[2] vous manque dans le besoin. S'il vous fallait aller d'ici à Cahusac[3], qu'aimeriez-vous mieux, chevaucher un oison ou mener une truie en laisse ?

— J'aimerais mieux boire », dit le fourrier.

Et, ce disant, ils entrèrent dans la salle basse où était toute la brigade, et, racontant cette nouvelle histoire, ils les firent rire comme un tas de mouches.

Notes
1. **Cordieu** : juron.
2. **courtaud** : cheval trapu.
3. **Cahusac** (Cahuzac) : commune située dans le Lot-et-Garonne.

CHAPITRE 13

COMMENT GRANDGOUSIER CONNUT L'ESPRIT MERVEILLEUX DE GARGANTUA À L'INVENTION D'UN TORCHECUL[1]

Sur la fin de la cinquième année, Grandgousier retournant de la défaite des Canarriens[2], visita son fils Gargantua. Là, il fut réjoui comme un tel père pouvait l'être en voyant un sien tel enfant, et, le baisant et l'accolant, il l'interrogeait de petits propos puérils en diverses sortes. Et il but d'autant avec lui et ses gouvernantes, auxquelles, par grand soin, il demandait, entre autres cas, si elles l'avaient tenu blanc et net. À cela, Gargantua fit réponse qu'il y avait donné tel ordre qu'en tout le pays il n'était garçon plus net que lui.

« Comment cela ? dit Grandgousier.

— J'ai, répondit Gargantua, par longue et curieuse expérience, inventé un moyen de me torcher le cul, le plus royal, le plus seigneurial, le plus excellent, le plus expédient[3] qui jamais fut vu.

— Lequel ? dit Grandgousier.

Notes

1. torchecul : linge ou papier avec lequel on se nettoie après être allé à la selle.

2. Canarriens : peuple et roi de Canarre sont imaginaires et reviennent plusieurs fois dans l'œuvre de Rabelais.

3. expédient : commode, utile.

— Comme je vous le raconterai, dit Gargantua, présentement. Je me torchai une fois d'un cache-nez de velours d'une demoiselle, et le trouvai bon, car la mollesse de sa soie me causait au fondement une volupté bien grande. Une autre fois, d'un chaperon[1] d'icelle, et il en fut de même. Une autre fois, d'un cache-cou. Une autre fois, avec des oreillettes de satin cramoisi, mais la dorure d'un tas de sphères de merde qui y étaient m'écorcha tout le derrière. Que le feu de saint Antoine[2] brûle le boyau culier[3] de l'orfèvre qui les fit et de la demoiselle qui les portait. Ce mal passa en me torchant d'un bonnet de page bien emplumé à la Suisse.

» Puis, fientant derrière un buisson, je trouvai un chat de Mars, de celui-ci je me torchai mais ses griffes m'exulcérèrent[4] tout le périnée. De cela je me guéris le lendemain, en me torchant des gants de ma mère, bien parfumés de maujoin[5].

» Puis je me torchai de sauge, de fenouil, d'aneth, de marjolaine, de roses, de feuilles de courges, de choux, de bettes, de pampre, de guimauve, de bouillon-blanc, qui est écarlate de cul, de laitues et de feuilles d'épinards (le tout me fit grand bien à ma jambe), de mercuriale, de persicaire, d'orties, de consoude[6]; mais j'en eus la caquesangue de Lombard[7], dont je fus guéri en me torchant de ma braguette.

» Puis je me torchai aux draps, à la couverture, aux rideaux, d'un coussin, d'un tapis, d'une nappe, d'une serviette, d'un mouche-nez, d'un peignoir. En tout je trouvai plus de plaisir que n'ont les rogneux[8] quand on les étrille[9].

Notes

1. **chaperon** : coiffe, chapeau de femme.
2. **saint Antoine** : saint des IIIe-IVe siècles souvent représenté avec du feu.
3. **boyau culier** : anus.
4. **m'exulcérèrent** : me causèrent des plaies.
5. Jeu de mots sur un terme qui suggère le sexe féminin et sur un autre qui évoque une plante.
6. Tous ces mots listés (*sauge, fenouil, ..., consoude*) sont des noms de plantes.
7. **caquesangue de Lombard** : dysenterie, maladie entraînant de sévères diarrhées.
8. **rogneux** : malades de la gale.
9. **étrille** : frotte, nettoie.

Gargantua

— Voire! mais, dit Grandgousier, quel torchecul trouves-tu le meilleur?

— J'y étais, dit Gargantua, et bientôt vous en saurez le *tu autem*[1]. Je me torchai de foin, de paille, d'étoupe[2], de bourre[3], de laine, de papier. Mais

> *Toujours laisse aux couillons émorche*
> *Qui son ord cul de papier torche.*

— Quoi! dit Grandgousier, mon petit couillon, as-tu pris au pot, vu que tu rimes déjà?

— Oui-da, répondit Gargantua, mon roi, je rime tant et plus, et en rimant, souvent je m'enrime. Écoutez ce que dit notre retrait[4] aux fienteurs[5] :

> *Chiard,*
> *Foirard,*
> *Pétard,*
> *Brenous,*
> *Ton lard,*
> *Chappard,*
> *S'épart,*
> *Sur nous,*
> *Ordous,*
> *Merdous,*
> *Égous,*
> *Le feu de saint Antoine t'ard,*
> *Si tous*
> *Tes trous*

Notes
1. *tu autem* (latin) : « toi aussi » (renvoie à une formule de la messe).
2. **étoupe** : matière textile brute.
3. **bourre** : amas de poils.
4. **retrait** : endroit où l'on fait ses besoins.
5. **fienteurs** : ceux qui font de la fiente, excrément liquide.

Éclous
Ne torches avant ton départ.[1]

70 » En voulez-vous davantage ?
— Oui-da, répondit Grandgousier.
— À donc, dit Gargantua :

Rondeau[2]

En chiant, l'autre hier, senti
75 *La gabelle qu'à mon cul dois ;*
L'odeur fut autre que cuidois ;
J'en fus du tout empuanti.
Oh ! si quelqu'un eût consenti
M'amener une qu'attendais
80 *En chiant !*

Car je lui eusse acimenti
Son trou d'urine à mon lourdois ;
Cependant eût avec ses doigts
85 *Mon trou de merde garanti*
En chiant !

» Or, dites maintenant que je n'y sais rien. Par la mère de Dieu, je ne les ai pas faits ; mais en les entendant réciter à une grande dame que vous voyez ici, je les ai retenus en la gibe-
90 cière de ma mémoire.
— Retournons, dit Grandgousier, à notre propos.
— Lequel ? dit Gargantua, chier ?
— Non, dit Grandgousier, mais torcher le cul.

Notes

1. Ce poème de Gargantua fait penser à une épigramme (petit poème satirique) de Clément Marot.

2. ***Rondeau :*** forme poétique médiévale construite sur deux rimes et des refrains.

— Mais, dit Gargantua, voulez-vous payer un tonneau de vin breton si je vous fais quinaud[1] en ce propos ?

— Oui vraiment, dit Grandgousier.

— Il n'est, dit Gargantua, point besoin de torcher le cul, sinon qu'il n'y ait ordure ; ordure n'y peut être, si on n'a chié : chier donc il nous faut avant que le cul torcher.

— Oh ! dit Grandgousier, que tu as de bon sens, petit garçonnet ! Ces premiers jours, je te ferai passer docteur en Sorbonne, pardieu ! car tu as plus de raison que d'âge. Or, poursuis ce propos torcheculatif, je t'en prie, et, par ma barbe, pour un tonneau tu auras soixante pipes, j'entends de ce bon vin breton, lequel point ne croît en Bretagne, mais en ce bon pays de Verron[2].

— Je me torchai après, dit Gargantua, d'un couvre-chef, d'un oreiller, d'une pantoufle, d'une gibecière, d'un panier — mais oh ! le malplaisant torchecul ! — puis d'un chapeau. Et notez que des chapeaux les uns sont ras, les autres à poil, les autres veloutés, les autres taffetassés, les autres satinés. Le meilleur de tous est celui de poil, car il fait très bonne abstersion[3] de la matière fécale.

» Puis je me torchai d'une poule, d'un coq, d'un poulet, de la peau d'un veau, d'un lièvre, d'un pigeon, d'un cormoran, d'un sac d'avocat, d'un capuchon, d'une coiffe, d'un leurre[4].

» Mais, concluant, je dis et maintiens qu'il n'y a tel torchecul que d'un oison bien duveté, pourvu qu'on lui tienne la tête entre les jambes. Et m'en croyez sur mon honneur, car vous sentez au trou du cul une volupté mirifique, tant par la douceur de ce duvet que par la chaleur tempérée de l'oison, laquelle facilement est communiquée au boyau culier et autres intestins, jusqu'à venir à la région du cœur et du cerveau.

Notes

1. **si je vous fais quinaud** : si je vous rends tout penaud.
2. **Verron** : région des Pays de la Loire.
3. **abstersion** : absorption.
4. **leurre** : piège en cuir rouge pour attraper un faucon.

» Et ne pensez pas que la béatitude des héros et demi-dieux qui sont par les Champs Élysées soit en leur asphodèle, ou ambroisie, ou nectar[1], comme disent les vieilles d'ici ; elle est, selon mon opinion, en ce qu'ils se torchent le cul d'un oison, et telle est l'opinion de maître Jean d'Écosse[2]. »

---

1. **asphodèle, ou ambroisie, ou nectar :** mets ou boissons des morts ou des dieux.

2. Référence au théologien Duns Scot (voir note 2, p. 44).

CHAPITRE 14

COMMENT GARGANTUA FUT INSTRUIT PAR UN THÉOLOGIEN[1] EN LETTRES LATINES

1   Ces propos entendus, le bonhomme Grandgousier fut ravi en admiration, considérant le haut sens et merveilleux entendement de son fils Gargantua, et il dit à ses gouvernantes :
  « Philippe[2], roi de Macédoine, connut le bon sens de son fils
5   Alexandre à manier dextrement[3] un cheval, car le dit cheval était si terrible et effréné que nul n'osait monter dessus, parce qu'à tous ses chevaucheurs il baillait[4] la saccade, à l'un rompant le cou, à l'autre les jambes, à l'autre la cervelle, à l'autre les mandibules[5]. Ce que considérant, Alexandre en l'hippo-
10 drome — qui était le lieu où l'on promenait et faisait voltiger les chevaux — s'avisa que la fureur du cheval ne venait que de la frayeur qu'il prenait de son ombre, donc, montant dessus, le fit courir contre le soleil, si bien que l'ombre tombait par derrière, et, par ce moyen, il rendit le cheval doux à son vouloir.

Notes

1. **théologien** : spécialiste de l'étude des questions religieuses et des textes sacrés.
2. **Philippe** : Philippe II (382-336 av. J.-C.), roi de Macédoine et père d'Alexandre le Grand (356-323 av. J.-C.) qui fut l'un des plus grands conquérants du monde.
3. **dextrement** : adroitement, avec adresse et habileté.
4. **baillait** : donnait.
5. **mandibules** : mâchoires.

À quoi connut son père le divin entendement qui était en lui, et le fit très bien endoctriner[1] par Aristote, qui pour lors était estimé sur tous les philosophes de Grèce.

» Mais je vous dis qu'en ce seul propos, que j'ai présentement devant vous tenu à mon fils Gargantua, je connais que son entendement participe de quelque divinité, tant je le vois aigu, subtil, profond et serein, et il parviendra à un degré souverain de sapience[2], s'il est bien instruit. C'est pourquoi je veux le bailler à quelque homme savant pour l'endoctriner selon sa capacité et je n'y veux rien épargner. »

De fait, l'on lui enseigna[3] un grand docteur en théologie, nommé « maître Thubal[4] Holopherne », qui lui apprit son abécé[5], si bien qu'il le disait par cœur à rebours[6], et il y fut cinq ans et trois mois. Puis il lui lut Donat[7], le Facet[8], Théodolet[9] et Alanus[10] in Parabolis, et y fut treize ans, six mois et deux semaines.

Mais notez que, cependant, il lui apprenait à écrire gothiquement[11] et écrivait[12] tous ses livres, car l'art d'impression n'était pas encore en usage.

Et il portait ordinairement un gros écritoire[13], pesant plus de sept mille quintaux[14], duquel l'étui à plumes était aussi gros

---

Notes

1. **endoctriner** : instruire.
2. **sapience** : sagesse.
3. **enseigna** : indiqua, recommanda.
4. **Thubal** : en hébreu, signifie « la confusion » ; dans la Bible, Holopherne est un général de Nabuchodonosor, image du persécuteur des Hébreux. Holopherne fut tué par Judith qui l'avait séduit.
5. **abécé** : alphabet.
6. **à rebours** : à l'envers.
7. **Donat** (Ælius Donatus) : auteur d'une grammaire latine au IVe siècle.
8. *Facet* : traité de savoir-vivre.
9. **Théodolet** : référence à un livre soi-disant écrit par un évêque qui dénonçait les faussetés de la mythologie.
10. **Alanus** (Alain de Lille) : poète et théologien du XIIe siècle.
11. **gothiquement** : en lettres gothiques et non pas italiennes comme préféraient les humanistes.
12. **et écrivait** : sous-entendu, les copiait (comme avant l'invention de l'imprimerie).
13. **écritoire** : coffret contenant tout le matériel nécessaire pour écrire.
14. **quintaux** : un quintal est un poids de presque 50 livres.

Gargantua

et grand que les gros piliers d'Ainay[1], et l'encrier y pendait à grosses chaînes de fer, de la capacité d'un tonneau de marchandise.

Puis il lui lut *De modis significandi*[2], avec les commentaires de Heurtebise, de Faquin, de Tropditeux, de Gualehaut, de Jean le Veau, de Billonio, Brelinguandus[3], et un tas d'autres ; et y fut de dix-huit ans et onze mois. Et le sut si bien qu'à l'épreuve il le récitait par cœur à l'envers, et prouvait sur ses doigts à sa mère que *de modis significandi non erat scientia*[4].

Puis il lut *le Compost*[5], où il fut bien seize ans et deux mois, lorsque son dit précepteur mourut,

> *Et fut l'an mil quatre cent vingt*
> *De la vérole qui lui vint.*[6]

Après, il en eut un autre vieux, tousseux, nommé « maître Jobelin Bridé[7] », qui lui lut Hugutio, Hébrard, *Grécisme*, le *Doctrinal*, les *Pars*, le *Quid est*, le *Supplementum*, Marmotret, *de Moribus in mensa servandis*, Seneca, *de Quatuor virtutibus cardinalibus*, Passavantus *cum Commento*, et *Dormi secura*[8] pour les fêtes, et quelques autres de semblable farine, à la lecture desquels il devint aussi sage qu'oncques depuis[9] nous n'en enfournâmes[10].

Notes

1. **les gros piliers d'Ainay** : il s'agit d'une église située à Lyon.
2. *De modis significandi* : « Des modes de signification », traité de grammaire scolastique de Thomas d'Erfurt (XIVe s.) critiqué par les humanistes.
3. Série de noms fantaisistes et satiriques, sauf Gualehaut, qui est un chevalier de la Table ronde.
4. *de modis significandi non erat scientia* (latin) : « il n'y avait pas de science des modes de signification ».
5. *Compost* : calendrier populaire, almanach.
6. Allusion à des vers de Clément Marot.
7. **Jobelin Bridé** : signifie « oisillon bridé ».
8. Cette série cite des ouvrages condamnés ou moqués par les humanistes : traités de grammaire, commentaires ou sermons, traités de savoir-vivre.
9. **qu'oncques depuis** : que jamais depuis.
10. **enfournâmes** (enfourner) : mîmes au four, ingurgitâmes.

Chapitre 14 | 77

Voir Méthode, p. 330

Se préparer à l'oral du Bac
Analyse de l'extrait (pp. 76-77)

💬 Conseils pour la lecture à voix haute

› Entraînez-vous à lire correctement les titres en latin et les vers (l. 47-48) avec humour ou ironie*.

› Marquez la différence entre les propos de Grandgousier (l. 18-24) et la narration.

*Ironie : figure de pensée qui consiste à dire le contraire de ce que l'on veut dire tout en permettant à son interlocuteur de comprendre qu'on se moque.

Explication linéaire

Introduction rédigée

Dans le chapitre 13, Gargantua émerveille son père par son savoir « *torcheculatif* ». Grandgousier en conclut, dans cet extrait du chapitre 14, que son fils est d'une intelligence supérieure et, ayant foi dans l'éducation, il décide de lui donner un maître, « *grand docteur en théologie* ». Ce passage est ainsi l'occasion pour Rabelais de critiquer l'éducation scolastique traditionnelle.

I. Un père humaniste (l. 18 à 24)

❶ À qui s'adresse Grandgousier ? Pourquoi, à votre avis ?

❷ Que constate Grandgousier concernant son fils ? Listez les adjectifs qui le caractérisent : relèvent-ils tous du même champ lexical ?

❸ En quoi peut-on dire que ce passage est conforme aux idées humanistes sur l'homme et sur l'éducation ? Quel père Grandgousier se révèle-t-il ici ?

II. Des maîtres ridicules et un enseignement inutile (l. 25 à 55)

❹ Lignes 25 à 48 : Qui est le premier maître de Gargantua ? En quoi son nom est-il déjà une satire* ? Listez tous les éléments qui relèvent de la moquerie dans ce passage.

*Satire : propos qui critique durement par la moquerie.

❺ Qu'est-ce que ce maître apprend à Gargantua ? En quoi consiste sa méthode d'apprentissage ? Comment le narrateur critique-t-il l'enseignement dispensé par ce maître ?

Gargantua

6 Combien de temps a duré l'enseignement de ce premier maître ? En quoi cette durée rappelle-t-elle que Gargantua est un géant ? Qu'a appris Gargantua pendant ce temps ?

7 Lignes 49 à 55 : Qu'est-ce qui se dégage du portrait du second maître ? Quelle figure de style trouve-t-on dans ces lignes ? Quel effet produit-elle ? Où réside l'ironie ?

8 En quoi cet enseignement est-il opposé à l'aspiration exprimée par Grandgousier au tout début de l'extrait ?

Conclusion rédigée

Dans ce passage, Grandgousier se conduit en bon père humaniste, qui sait reconnaître l'intelligence de son fils et qui veut la cultiver grâce à l'éducation. Mais les maîtres traditionnels qu'il recrute se révèlent mauvais, accrochés à une instruction archaïque et inutile. Ainsi, Rabelais offre un passage à la fois comique et farcesque en même temps que philosophique. Le discrédit moqueur de ces maîtres « sorbonnards » mettra en valeur l'intelligence et l'efficacité de l'éducation humaniste de Ponocrate, le pédagogue d'Eudémon, finalement choisi par Grandgousier pour instruire son fils (chap. 15).

Grammaire

> **Analyser grammaticalement une phrase**
> À l'oral du baccalauréat, la question de grammaire consiste souvent dans l'analyse grammaticale (syntaxique) d'une phrase du texte. Il faut alors :
> • indiquer le **type de phrase** en vous appuyant sur la ponctuation et l'intention du locuteur ;
> • préciser s'il s'agit d'une **phrase simple** (une seule proposition) ou **complexe** (plusieurs propositions) ;
> • en cas de phrase complexe, la décomposer en **propositions** indépendantes, principale(s) et subordonnée(s) ;
> • indiquer le **mode de liaison** des propositions indépendantes entre elles (juxtaposition par la ponctuation ou coordination par une conjonction de coordination) ;
> • donner la **nature des subordonnées** (relative, conjonctive, circonstancielle) et leur **fonction** (COD, COI, compl. circonstanciel, sujet...) ;
> • analyser la **nature** (pronom, conjonction de subordination...) et la **fonction** (compl. du nom, sujet, COD, COI...) du **mot subordonnant** ;
> • analyser la **fonction des groupes de mots**.

9 Procédez à l'analyse syntaxique de la première phrase du texte (l. 18 à 22).

CHAPITRE 15

COMMENT GARGANTUA FUT MIS SOUS D'AUTRES PÉDAGOGUES

1   Alors son père s'aperçut que vraiment il étudiait très bien et y mettait tout son temps, toutefois qu'en rien il ne profitait, et, qui pis est, en devenait fou, niais, tout rêveur et assoti[1].

De quoi se complaignant à don Philippe des Marais[2], vice-
5 roi de Papeligosse[3], il entendit que mieux lui vaudrait rien n'apprendre qu'apprendre de tels livres, sous tels précepteurs, car leur savoir n'est que bêterie[4], et leur sapience que mitaines[5], abâtardissant les bons et nobles esprits et corrompant toute fleur de jeunesse.

10 « Qu'ainsi soit, prenez, dit-il, quelqu'un de ces jeunes gens du temps présent qui ait seulement étudié deux ans. En cas qu'il n'ait meilleurs propos que votre fils, et meilleur entretien et honnêteté d'entre le monde, réputez-moi à jamais un taille-bacon[6] de la Brenne[7]. »

15 Ce qui à Grandgousier plut très bien, et il commanda qu'ainsi fût fait.

Notes
1. **assoti** : sot.
2. Il s'agit peut-être de l'anagramme d'Érasme.
3. **Papeligosse** : pays imaginaire.
4. **bêterie** : bêtise.
5. **mitaines** : ici, choses sans valeur.
6. **taillebacon** : rustre.
7. **Brenne** : région de l'Indre.

Au soir, en soupant, le dit Des Marais introduit un sien jeune page[1] de Villegongis[2], nommé Eudémon[3], tant bien coiffé, tant bien tiré[4], tant bien épousseté, tant honnête en son maintien qu'il ressemblait beaucoup plus à quelque petit angelot qu'à un homme.

Puis il dit à Grandgousier :

« Voyez-vous ce jeune enfant ? il n'a pas encore douze ans ; voyez, si bon vous semble, quelle différence il y a entre le savoir de vos rêveurs diseurs de sornettes du temps jadis et les jeunes gens de maintenant. »

L'essai plut à Grandgousier, et il commanda que le page démontrât[5].

Alors Eudémon, demandant permission de ce faire au dit vice-roi son maître, le bonnet au poing, la face ouverte, la bouche vermeille, les yeux assurés, et le regard assis sur Gargantua avec une modestie juvénile, se tint sur ses pieds et commença à le louer et magnifier, premièrement de ses vertus et bonnes mœurs, secondement de son savoir, troisièmement de sa noblesse, quatrièmement de sa beauté corporelle, et pour le cinquième, doucement l'exhortait à révérer son père en toute considération, lequel s'ingéniait tant à bien le faire instruire ; enfin il le priait qu'il le voulût retenir pour le moindre de ses serviteurs, car pour le présent il ne requérait des cieux d'autre don, sinon qu'il lui fût fait grâce de lui complaire en quelque service agréable.

Le tout fut par lui proféré avec gestes tant propres, prononciation tant distincte, voix tant éloquente, et langage tant orné et bien latin, qu'il ressemblait plus à un Gracchus, un Cicé-

---

Notes

1. **un sien jeune page** : un de ses jeunes pages.
2. **Villegongis** : ville située dans l'Indre.
3. **Eudémon** : nom issu du grec et signifiant « heureux », « doué ».
4. **tiré** : habillé.
5. **démontrât** : présentât son programme.

ron ou un Émilius[1] du temps passé qu'à un jouvenceau[2] de ce siècle. Mais toute la contenance[3] de Gargantua fut qu'il se prit à pleurer comme une vache, et se cachait le visage de son bonnet ; et il ne fut possible de tirer de lui une parole, non plus qu'un pet d'un âne mort, — ce dont son père fut tant courroucé qu'il voulut occire[4] maître Jobelin. Mais le dit Des Marais l'en garda par belle remontrance qu'il lui fit, de manière que sa colère fût modérée. Puis il[5] commanda qu'il fût payé de ses gages et qu'on le fît bien chopiner sophistiquement[6] ; cela fait, qu'il allât à tous les diables :

« Au moins, disait-il, pour aujourd'hui, ne coûtera-t-il guère à son hôte, si d'aventure il mourait ainsi, saoul comme un Anglais. »

Maître Jobelin parti de la maison, Grandgousier consulta avec le vice-roi pour savoir quel précepteur l'on pourrait lui donner, et il fut avisé entre eux qu'à cet office serait mis Ponocrate[7], pédagogue d'Eudémon, et que tous ensemble iraient à Paris pour connaître quelle était l'étude des jouvenceaux de France pour ce temps-ci.

Notes

1. Ces noms (Gracchus, Cicéron, Émilius) sont ceux d'hommes d'État romains qui furent aussi de grands orateurs.
2. **jouvenceau** : jeune homme.
3. **contenance** : ici, attitude.
4. **occire** : tuer.
5. **il** : il s'agit de Grandgousier.
6. **chopiner sophistiquement** : boire comme les théologiens de la Sorbonne.
7. **Ponocrate** : nom issu du grec et signifiant « force de travail ». La translation ici présentée choisit d'orthographier ce nom ainsi ; néanmoins, on le trouve souvent écrit avec un *s* à la fin (*Ponocrates*).

CHAPITRE 16

COMMENT GARGANTUA FUT ENVOYÉ À PARIS, ET DE L'ÉNORME JUMENT QUI LE PORTA, ET COMMENT ELLE DÉFIT LES MOUCHES BOVINES DE LA BEAUCE

1   En cette même saison, Fayoles, quatrième roi de Numidie[1], envoya du pays d'Afrique à Grandgousier une jument, la plus énorme et la plus grande qui fut jamais vue : comme vous le savez assez, l'Afrique apporte toujours quelque chose de nou-
5 veau. Car elle était grande comme six éléphants, et elle avait les pieds fendus en doigts comme le cheval de Jules César, les oreilles pendantes comme les chèvres de Languedoc et une petite corne au cul. Pour le reste, elle avait poil d'alezan brûlé, entreillissé de grises pommelettes ; mais surtout elle avait la
10 queue horrible, car elle était un peu plus ou un peu moins grosse que la pile de Saint-Mars, auprès de Langès[2], et carrée comme elle, avec les poils ni plus ni moins anicrochés[3] que sont les épis au blé.

    Si de cela vous vous émerveillez, émerveillez-vous davantage
15 de la queue des béliers de Scythie, qui pesait plus de trente

---

1. Numidie : ancien royaume berbère correspondant, approximativement, au Maghreb (le nom du roi est imaginaire).

2. Référence à un monument antique situé en Touraine.

3. anicrochés : crochus.

livres, et des moutons de Syrie, auxquels il faut (si Tenaud[1] dit vrai) ajuster une charrette au cul pour la porter, tant elle est longue et pesante. Vous ne l'avez pas telle, vous autres paillards[2] de plats pays ! Et elle fut amenée par mer en trois caraques et un brigantin[3], jusqu'au port d'Olonne[4] en Talmondois[5].

Lorsque Grandgousier la vit :

« Voici bien le cas, dit-il, de porter mon fils à Paris. Or çà, de par Dieu, tout ira bien. Il sera grand clerc au temps à venir. Si ce n'étaient messieurs les bêtes, nous vivrions comme clercs[6]. »

Au lendemain, après boire, comme vous l'entendez, prirent chemin Gargantua, son précepteur Ponocrate et ses gens, ainsi qu'Eudémon, le jeune page. Et parce que c'était un temps serein et bien tempéré, son père lui fit faire des bottes fauves : Babin[7] les nomme « brodequins ». Ainsi joyeusement ils passèrent leur grand chemin, faisant toujours grand'chère, jusqu'au-dessus d'Orléans, auquel lieu était une ample forêt, de la longueur de trente-cinq lieues[8], et de largeur dix-sept ou environ.

Elle était horriblement fertile et copieuse en mouches bovines et frelons, de sorte que c'était une vraie briganderie[9] pour les pauvres juments, ânes et chevaux. Mais la jument de Gargantua vengea honnêtement tous les outrages ici perpétrés sur les bêtes de son espèce, par un tour dont elles ne se doutaient guère. Car, aussitôt qu'ils furent entrés en la dite forêt et que les frelons lui eurent livré l'assaut, elle dégaina sa queue, et si bien s'escarmouchant les émoucha qu'elle en abattit par tout le bois. À tort et à travers, de çà de là, par-ci par-là, de long et

---

Notes

1. **Tenaud** (Jean Thenaud) : humaniste protestant des XVe-XVIe siècles.
2. **paillards** : débauchés (il s'agit d'une insulte).
3. **brigantin** : navire.
4. **port d'Olonne** : Les Sables-d'Olonne.
5. **Talmondois** (Talmondais) : région de la Vendée.
6. Rabelais s'amuse à inverser *« bêtes »* et *« clercs »*.
7. **Babin** : nom d'un cordonnier.
8. **lieues** : la lieue est une ancienne mesure de distance (1 lieue ≃ 4 km).
9. **briganderie** : endroit difficile.

de large, dessus dessous, elle abattait bois comme un faucheur fait des herbes, en sorte que depuis il n'y eut ni bois ni frelons, mais que tout le pays fut réduit en campagne.

Ce que voyant, Gargantua prit un bien grand plaisir, sans autrement s'en vanter, et dit à ses gens : «Je trouve *beau ce*», d'où ce pays fut depuis appelé «la Beauce[1]».

Mais tout leur déjeuner se passa à bâiller, en mémoire de quoi, encore à présent, les gentilshommes de Beauce déjeunent de bâiller et s'en trouvent fort bien et n'en crachent que mieux.

Finalement ils arrivèrent à Paris, auquel lieu il se rafraîchit deux ou trois jours, faisant chère lie[2] avec ses gens, et s'enquérant quels gens savants étaient pour lors en la ville et quel vin on y buvait.

«La jument qui le porta à Paris.»
Gravure sur bois de Félix-Jean Gauchard,
d'après un dessin de Gustave Doré (1873).

Notes

1. **Beauce** : région du Bassin parisien très riche en blé.

2. **faisant chère lie** : mangeant bien.

Gargantua vole les cloches de Notre-Dame.
Illustration de Gustave Doré, 1873.
Gravure de Pannemaker.

CHAPITRE 17

COMMENT GARGANTUA PAYA SA BIENVENUE AUX PARISIENS, ET COMMENT IL PRIT LES GROSSES CLOCHES DE L'ÉGLISE NOTRE-DAME

Quelques jours après qu'ils se furent rafraîchis, il visita la ville, et fut vu de tout le monde en grande admiration, car le peuple de Paris est tant sot, tant badaud et tant inepte de nature qu'un bateleur, un porteur de rogatons[1], un mulet avec ses sonnettes, un vielleux[2] au milieu d'un carrefour assemblera plus de gens que ne ferait un bon prêcheur de l'Évangile. Et tant importunément ils le poursuivaient qu'il fut contraint de se reposer sur les tours de l'église Notre-Dame, auquel lieu étant et voyant tant de gens à l'entour de soi, il dit clairement :

« Je crois que ces maroufles[3] veulent que je leur paye ici ma bienvenue et mon droit d'entrée. C'est raison. Je vais leur donner le vin mais ce ne sera que par ris[4]. »

Lors, en souriant, détacha sa belle braguette, et, tirant sa mentule[5] en l'air, les compissa[6] si aigrement qu'il en noya deux

---

Notes
1. **rogatons :** choses sans valeur.
2. **vielleux :** joueur de vielle.
3. **maroufles :** gens grossiers.
4. Rabelais fait, ici, un jeu de mots : Paris → « *par ris* » (*rire*).
5. **mentule :** pénis.
6. **compissa :** arrosa d'urine.

cent soixante mille quatre cent dix-huit, sans les femmes et petits enfants.

Un certain nombre d'entre eux échappa à ce pisse-fort grâce à la légèreté de leurs pieds, et quand ils furent au plus haut de l'Université, suant, toussant, crachant et hors d'haleine, ils commencèrent à renier et à jurer, les uns en colère, les autres pour rire : « Carimari[1], Carimara ! Par sainte Mamie, nous sommes baignés *par ris* », ce dont fut depuis la ville nommée Paris, laquelle auparavant on appelait Leucèce, comme dit Strabon, *lib. IV*, c'est-à-dire en grec Blanchette, pour les blanches cuisses des dames du dit lieu[2].

Et par autant que cette nouvelle imposition du nom, tous les assistants jurèrent chacun les saints de sa paroisse, les Parisiens, qui sont faits de toutes gens et de toutes pièces, sont par nature et bons jureurs et bons juristes, et quelque peu outrecuidants, dont estime Joaninus de Barranco, *libro de Copiositate reverentiarum*[3], qui sont dits Parrhésiens en langue grecque, c'est-à-dire « fiers en parler ».

Cela fait, il considéra les grosses cloches qui étaient aux dites tours et les fit sonner, bien harmonieusement. Ce que faisant, il lui vint en pensée qu'elles serviraient bien de clochettes au cou de sa jument, laquelle il voulait renvoyer à son père, toute chargée de fromages de Brie[4] et de harengs frais. De fait il les emporta en son logis.

Cependant vint un commandeur jambonnier de Saint-Antoine pour faire sa quête de cochon, lequel, pour se faire entendre de loin et faire trembler le lard au charnier[5], les voulut emporter furtivement, mais par honnêteté il les laissa, non parce qu'elles étaient trop chaudes, mais parce qu'elles étaient

---

Notes

1. **Carimari** : juron que l'on trouve dans *La Farce de Maître Pathelin*.
2. Pour se moquer des étymologies qu'il vient de citer, Rabelais poursuit avec celle-ci toute fantaisiste.
3. Cet auteur et ce livre sont imaginaires.
4. **Brie** : région du Bassin parisien.
5. **faire trembler le lard au charnier** : image pour dire que le lard craint d'être emporté.

quelque peu trop pesantes à la portée. Ce ne fut pas celui de Bourg, car il est trop de mes amis.

Toute la ville fut émue en sédition[1], ce à quoi, comme vous savez, ils sont tant faciles que les nations étrangères s'ébahissent de la patience des rois de France, lesquels autrement par bonne justice ne les refrènent, vu les inconvénients qui en sortent de jour en jour[2]. Plût à Dieu que je susse l'officine en laquelle sont forgés ces schismes et séditions, pour les mettre en évidence aux confréries de ma paroisse ! Croyez que le lieu auquel se rassemble le peuple, tout affolé et ahuri, fut Nesle[3] où alors était, maintenant n'est plus, l'oracle de Leucèce[4]. Là fut proposé le cas, et remontré l'inconvénient des cloches transportées.

Après avoir bien ergoté *pro et contra*[5], il fut conclu en *baralipton*[6] que l'on enverrait le plus vieux et suffisant[7] de la Faculté vers Gargantua, pour lui remontrer l'horrible inconvénient de la perte de ces cloches.

Et, nonobstant la remontrance d'aucuns de l'Université, qui alléguaient que cette charge convenait mieux à un orateur qu'à un sophiste, fut pour cette affaire élu notre maître Janotus de Bragmardo[8].

Notes

1. **sédition** : révolte, agitation.
2. Allusion à l'actualité de l'époque, certainement à la lutte entre le pouvoir royal et la Sorbonne.
3. **Nesle** : il s'agit d'une des tours de l'ancienne enceinte de Paris.
4. Allusion à un théologien de la Sorbonne, Noël Béda, mort en 1537, grand ennemi des humanistes.
5. *pro et contra* (latin) : « pour et contre ».
6. Ces termes latins évoquent la vieille méthode scolastique moquée par Rabelais et les humanistes.
7. **suffisant** : talentueux.
8. **Bragmardo** : nom qui rappelle le braquemart (voir note 7, p. 26).

CHAPITRE 18

COMMENT JANOTUS DE BRAGMARDO FUT ENVOYÉ POUR RECOUVRER[1] DE GARGANTUA LES GROSSES CLOCHES

Maître Janotus, tondu à la césarine[2], vêtu de son lyripipion[3] à l'antique et l'estomac bien antidoté[4] de cotignac[5] de four et eau bénite de cave[6], se transporta au logis de Gargantua, touchant[7] devant soi trois vedeaux[8] à rouge museau, et traînant après cinq ou six maîtres inertes, bien crottés à profit de ménage[9].

À l'entrée Ponocrate les rencontra, et il eut frayeur en lui-même, en les voyant ainsi déguisés, et pensait qu'ils fussent quelques masques hors de sens. Puis il s'enquit à quelqu'un des dits maîtres inertes de la bande de ce que demandait cette mascarade. Il lui fut répondu qu'ils demandaient que les cloches leur fussent rendues.

Notes

1. **recouvrer** : récupérer.
2. **à la césarine** : à la manière de César.
3. **lyripipion** : capuchon porté par les théologiens.
4. **antidoté** : protégé, immunisé.
5. **de cotignac** : confiture de coings.
6. **eau bénite de cave** : périphrase-antiphrase pour désigner le vin.
7. **touchant** : piquant en poussant.
8. **vedeaux** : jeu de mots avec *bedeau* (employé d'une église) et *veau*.
9. **bien crottés à profit de ménage** : très sales (comme les théologiens de la Sorbonne en avaient la réputation).

Gargantua

Aussitôt ce propos entendu, Ponocrate courut dire les nouvelles à Gargantua, afin qu'il fût prêt à la réponse et délibérât sur-le-champ de ce qu'il convenait de faire. Gargantua, averti du cas, appela à part Ponocrate son précepteur, Philotomie son maître d'hôtel, Gymnaste son écuyer, et Eudémon, et sommairement conféra avec eux sur ce qu'il convenait tant de faire que de répondre. Tous furent d'avis qu'on les menât à l'office[1], et là on les fit boire théologalement[2], et, afin que ce tousseux[3] n'entrât en vaine[4] gloire pour avoir à sa requête rendu les cloches, l'on mandât[5], cependant qu'il chopinerait, quérir le prévôt[6] de la ville, le recteur[7] de la Faculté, le vicaire[8] de l'église, auxquels, avant que le théologien eût proposé sa commission, l'on délivrerait les cloches. Après cela, eux présents, l'on ouïrait sa belle harangue. Ce qui fut fait, et, les susdits arrivés, le théologien fut en pleine ville introduit et commença ainsi qu'il s'ensuit en toussant.

Notes

1. **office** : cuisine.
2. **théologalement** : mot créé à partir de *théologal*, « relatif à la théologie ».
3. **tousseux** : qui tousse.
4. **vaine** : non méritée.
5. **mandât [...] quérir** : envoyât chercher.
6. **prévôt** : magistrat.
7. **recteur** : directeur (de la Sorbonne).
8. **vicaire** : auxiliaire de l'évêque.

Voir Méthode, p. 330

Se préparer à l'oral du Bac
Analyse de l'extrait (pp. 90-91)

Conseils pour la lecture à voix haute

› Rendez par un ton grandiloquent la description moqueuse de la troupe de Janotus (l. 1-6).

› Mettez en relief le néologisme* *« théologalement »* (l. 20) et l'énumération (l. 23-24).

*Néologisme : création et emploi d'un mot nouveau.

Explication linéaire

Introduction rédigée

Depuis le chapitre 16, Gargantua et ses compagnons sont à Paris. Gargantua admire les grosses cloches de l'église Notre-Dame et estime qu'elles seraient très bien comme clochettes au cou de son énorme jument. Il les rapporte donc chez lui. La Sorbonne lui envoie son plus éminent représentant pour les récupérer. Dans ce chapitre, qui constitue une parenthèse romanesque et carnavalesque, Rabelais se moque joyeusement du maître de la Sorbonne.

I. Des personnages de carnaval (l. 1 à 12)

❶ Analysez le titre du chapitre : en quoi le nom du maître sophiste est-il d'emblée ridicule ?

❷ Lignes 1 à 6 : Quelles parties de son corps sont décrites ? Quelle impression se dégage de son portrait ? Analysez la périphrase* moqueuse ligne 3. En quoi *« se transporta »* est-il ici comique ?

*Périphrase : figure de style qui consiste à désigner quelqu'un ou quelque chose par une expression plus longue que son nom et présentant une de ses caractéristiques.

❸ Décrivez l'entourage de Janotus. Relevez une métaphore* dans ce passage.

*Métaphore : comparaison sans outil de comparaison.

❹ Lignes 7 à 12 : Qu'y a-t-il de comique dans la réaction de Ponocrate ? Relevez les termes qui évoquent le carnaval. En quoi le motif de la venue de ces maîtres est-il ridicule ?

II. Une farce comique et critique (l. 13 à 28)

5) Lignes 13 à 19 : Montrez, en les analysant, que les noms des compagnons de Gargantua sont valorisants et les distinguent des maîtres sophistes. Relevez une répétition et un polyptote*.

*Polyptote : figure de style qui consiste à répéter des mots (souvent des verbes, mais pas toujours) construits sur le même radical ou la même racine.

6) Lignes 19 à 28 : Quelle décision Gargantua et ses compagnons prennent-ils et pourquoi ? Quel est l'intérêt du néologisme* « *théologalement* » ? Quel mot désigne Janotus ? Quels autres personnages sont ainsi désignés ?

7) Quels sont les personnages que Gargantua envoie chercher ? Qu'ont-ils de commun ? Reformulez la ruse à laquelle se livre Gargantua.

8) Relevez, dans la fin du texte, une formule ironique. Pour conclure, quelle charge critique ce chapitre contient-il ?

Conclusion rédigée

Dans ce chapitre qui s'intercale entre ceux consacrés à l'ancienne éducation de Gargantua et ceux dédiés à l'éducation que lui délivre Ponocrate, Rabelais critique, en faisant rire à leurs dépens, les théologiens de la Sorbonne qui sont sales, tristes et sans vie, tout l'opposé du *« gai savoir »* que Grandgousier admire tant chez son fils. Guidés par leur estomac et leur intempérance, ils ne comprennent rien au monde qui les entoure, attachés qu'ils sont à une vision rétrograde de la tradition. C'est contre eux que se dresse l'homme nouveau de l'humanisme de la Renaissance qu'incarnent Gargantua et son entourage.

Grammaire

> **La phrase complexe : juxtaposition, coordination et subordination**
> • Une phrase complexe est constituée de **plusieurs propositions** contenant chacune un verbe, indépendantes ou subordonnées.
> • Des propositions indépendantes sont **juxtaposées** quand elles sont séparées par un signe de **ponctuation** (virgule, point-virgule, deux-points).
> Ex. : *Gargantua rit : Janotus est ridicule.*
> • Des propositions indépendantes sont **coordonnées** quand elles sont reliées par une **conjonction de coordination** (*mais*, *ou*, *et*, *or*, *ni*, *car*) ou par un adverbe comme *donc*.
> Ex. : *Janotus est ridicule et Gargantua rit.*
> • Une proposition subordonnée est reliée à la proposition principale par une **conjonction de subordination** ou par un **pronom relatif**.
> Ex. : *Gargantua rit* (prop. princ.) ***parce que*** *Janotus est ridicule* (prop. sub.).
> *Gargantua*, ***que*** *Janotus amuse* (prop. sub. relative), *rit fort* (prop. princ.).

9) Analysez la construction des phrases des lignes 7 à 12.

Se préparer à l'oral du Bac

CHAPITRE 19

LA HARANGUE[1] DE MAÎTRE JANOTUS DE BRAGMARDO FAITE À GARGANTUA POUR RECOUVRER LES CLOCHES[2]

« Ehen, hen, hen ! *Mna dies*, monsieur, *mna dies, et vobis*, messieurs. Ce ne serait que bon que vous nous rendissiez nos cloches, car elles nous font fort besoin. Hen, hen, hasch ! Nous en avions bien autrefois refusé de bon argent de ceux de Londres en Cahors, si avions-nous de ceux de Bordeaux en Brie, qui les voulaient acheter pour la substantifique qualité de la complexion élémentaire qui est intronifiquée en la terrestérité de leur nature quidditative, pour écarter les pluies et les trombes de sur nos vignes, vraiment non pas nôtres, mais de près d'ici, car si nous perdons le piot, nous perdons tout, et sens et loi.

» Si vous nous les rendez à ma requête, j'y gagnerais six empans de saucisses et une bonne paire de chausses qui me feront bien plaisir à mes jambes, ou ils ne me tiendront pas promesse.

Notes

1. harangue : discours solennel prononcé devant une personne importante ou une assemblée.

2. Ce chapitre est tout entier une satire, qui joue sur le grotesque du langage scolastique. Il est à lire comme un discours incompréhensible, sans queue ni tête.

Gargantua

15 Ho! par Dieu, *Domine*, une paire de chausses, c'est bon, *et vir sapiens non abhorrebit eam.*

» Ha! Ha! n'a pas paire de chausses qui veut. Je le sais bien, pour ce qui est de moi. Avisez, *Domine* : il y a dix-huit jours que je suis à matagraboliser cette belle harangue. *Reddite quæ
20 sunt Cæsaris Casari et quæe sunt Dei Deo. Ibi jacet lepus.*

» Par ma foi, *Domine*, si vous voulez souper avec moi *in camera*, par le corps Dieu! *charitatis, nos faciemus bonum cherubin. Ego occidi unum parcum, et ego habet bon vino.* Mais de bon vin on ne peut faire mauvais latin. Or sus, *de parte Dei, date nobis clochas
25 nostras.* Tenez, je vous donne de par la Faculté un *sermones de utino*, pourvu que, *utinam*, vous nous bailliez nos cloches. *Vultis etiam pardonos ? Per diem vos habebitis et nihil payabitis.*

» O monsieur! *Domine, clochi dona minor nobis.* Oui-da, *est bonum urbis.* Tout le monde s'en sert. Si votre jument s'en trouve
30 bien, aussi fait notre Faculté, *quæ comparata est jumentis insipientibus, et similis facta est eis, Psalmo nescio quo* — pourtant je l'avais bien coté en mes papiers, *et est unum bonum Achilles*. Hen, hen, ehen, hasch!

» Ça je vous prouve que vous me les devez bailler. *Ego sic.
35 argumentor. Omnis clocha clochabilis in clocherio clochando clochans clochativo clochare facit clochabiliter clochantes. Parisius habet clochas. Ergo gluc.* Ha, ha, ha, c'est parlé cela! Il est *in tertio primæ* en *Darii* ou ailleurs. Par mon âme, j'ai vu le temps que je faisais diables d'orgue. Mais à présent, je ne fais plus que rêver, et il
40 ne me faut plus dorénavant que bon vin, bon lit, le dos au feu, le ventre à table et écuelle bien profonde. Hé, *Domine*, je vous prie, *in nomine Patris et Filii et Spiritus sancti, amen*, que vous nous rendiez nos cloches, et Dieu vous garde du mal et Notre-Dame de Santé, *qui vivit et regnat per omnia secula seculorum,
45 amen*, Hen he hasch, asch, grentenhasch!

» *Verum enimvoro, quandoquidem, dubio procul edelpol, quoniam, ita, certe, meus Deus fidus*, une ville sans cloches est comme un aveugle sans bâton, un âne sans croupière, et une vache sans sonnettes. Jusqu'à ce que vous nous les ayez rendues, nous ne cesserons de crier après vous comme un aveugle qui a perdu son bâton, de brailler comme un âne sans croupière, et de bramer comme une vache sans sonnettes. Un quidam latinisateur, demeurant près l'Hôtel-Dieu, dit une fois, alléguant l'autorité d'un Taponnus (je me trompe, c'était Pontanus, poète séculier), qu'il désirait qu'elles fussent de plume et que le battant fût d'une queue de renard, parce qu'elles lui engendraient la chronique aux tripes du cerveau quans il composait ses vers poémiformes. Mais, nac petetin petetac, ticque, torche, lorgne, il fut déclaré hérétique : nous les faisons comme de cire. Et le déposant ne dit rien de plus. *Valete et plaudite*[1]. *Calepinus recensui.* »

---

[1]. *Valete et plaudite* (latin) : « adieu et applaudissez » (cette formule et la suivante renvoient aux comédies latines).

CHAPITRE 20

COMMENT LE THÉOLOGIEN EMPORTA SON DRAP, ET COMMENT IL EUT UN PROCÈS AVEC LES SORBONNISTES

1   Le théologien n'eut pas sitôt achevé que Ponocrate et Eudémon s'esclaffèrent de rire tant profondément qu'ils en pensèrent rendre l'âme à Dieu, ni plus ni moins que Crassus[1] voyant un âne couillard mangeant des chardons, et que Philémon[2], voyant un âne qui mangeait des figues qu'on avait apprêtées pour le dîner, moururent à force de rire. Avec eux commença à rire maître Janotus, à qui mieux mieux, tant que les larmes leur venaient aux yeux, par la véhémente secousse de la substance du cerveau, à la faveur de laquelle ces humidités lacrymales[3] furent exprimées et transcoulées près des nerfs optiques[4]. En quoi par eux Démocrite héraclitisant et Héraclite démocritisant[5] étaient représentés.

---

1. Crassus : général et homme politique romain (IIe-Ier s. av. J.-C.) qui, selon Érasme, n'a ri qu'une seule fois dans sa vie.
2. Philémon : auteur grec (IVe-IIIe s. av. J.-C.) de comédies qui serait mort de rire.
3. humidités lacrymales : larmes.
4. Ils pleurent de rire.

5. Traditionnellement, Démocrite (philosophe grec des Ve-IVe s. av. J.-C.) était représenté par son rire et Héraclite (philosophe grec des VIe-Ve s. av. J.-C.) par ses larmes.

Ces rires une fois calmés, Gargantua consulta avec ses gens sur ce qu'il convenait de faire. Là Ponocrate fut d'avis qu'on fît reboire ce bel orateur et, vu ce qu'il leur avait donné de passe-temps et plus fait rire que n'eût fait Songecreux[1], qu'on lui baillât[2] les dix empans[3] de saucisses mentionnés en la joyeuse harangue, avec une paire de chausses, trois cents de gros bois de moule[4], vingt-cinq muids de vin, un lit à triple couche de plume d'oie et une écuelle de belle capacité et profondeur, qu'il disait être nécessaire à sa vieillesse.

Le tout fut fait ainsi qu'il avait été délibéré, excepté que Gargantua, doutant qu'on ne trouvât à l'heure des chausses commodes pour ses jambes, se demandant aussi de quelle façon elles siéraient mieux au dit orateur, ou à la martingale[5], qui est un pont-levis de cul pour plus aisément fienter, ou à la marinière[6], pour mieux soulager les rognons[7], ou à la Suisse, pour tenir chaude la bedondaine[8] ou à queue de merlus[9], de peur de trop chauffer les reins, lui fit livrer sept aunes de drap noir et trois de blanc pour la doublure, le bois fut porté par les gagne-derniers[10] ; les maîtres ès art portèrent les saucisses et écuelles. Maître Janot voulut porter le drap.

Un des dits maîtres, nommé « maître Jousse Baudouille[11] », lui remontrait que ce n'était ni honnête ni décent à l'état théologal, et qu'il le baillât à quelqu'un d'entre eux.

Notes

1. **Songecreux** : surnom d'un célèbre acteur comique de l'époque.
2. **baillât** : donnât.
3. **dix empans** : l'équivalent de dix mains ouvertes.
4. **bois de moule** : bois à brûler.
5. **martingale** : ici, culotte souple et mobile.
6. **à la marinière** : à la manière des marins, qui portaient des culottes très larges.
7. **rognons** : reins.
8. **bedondaine** : ventre rebondi.
9. **à queue de merlus** : (culottes) fendues par-derrière.
10. **gagne-derniers** : petites mains.
11. **Jousse Baudouille** : nom aux sonorités ridicules et dévalorisantes.

« Ah ! dit Janotus, baudet[1], tu ne conclus point *in modo et figura*. Voilà de quoi servent les suppositions de *parva logicalia. Panus pro quo supponit ?*[2]

— *Confuse*, dit Baudouille, *et distributive*.

— Je ne te demande pas, dit Janotus, baudet, *pro modo supponit*, mais *pro quo*. C'est, baudet, *pro tibiis meis*, et pour ce le porterai-je *egomet, sicut suppositum portat adpositium !* »

Ainsi l'emporta-t-il en tapinois[3], comme fit Patelin son drap[4]. Le bon fut quand le tousseux, glorieusement, en plein acte de Sorbonne, requit ses chausses et saucisses, car elles lui furent péremptoirement refusées, parce qu'il les avait eues de Gargantua, selon les informations faites sur ce sujet. Il leur remontra que ç'avait été de *gratis*[5] et de sa libéralité[6], par laquelle ils n'étaient point absous[7] de leurs promesses. Ce nonobstant[8], il lui fut répondu qu'il se contentât de raison et qu'il n'en aurait d'autre bribe.

« Raison ? dit Janotus, nous n'en usons point céans[9]. Malheureux traîtres, vous ne valez rien. La terre ne porte gens plus méchants que vous êtes, je le sais bien. Ne clochez pas devant les boiteux[10] : j'ai exercé la méchanceté avec vous. Par la rate Dieu[11] ! j'avertirai le roi des énormes abus qui sont forgés céans et par vos mains et menées, et que je sois lépreux, s'il ne vous fait tous brûler vifs comme bougres, traîtres, hérétiques et séducteurs, ennemis de Dieu et de Sa vertu. »

À ces mots ils prirent articles[12] contre lui : lui, de l'autre côté, les fit ajourner[13]. Bref, le procès fut retenu par la Cour, et y est

---

Notes

1. **baudet** : âne reproducteur (injure).
2. Ces expressions latines ainsi que les suivantes renvoient à des méthodes et des manières de raisonner scolastiques.
3. **en tapinois** : en se cachant.
4. Allusion à *La Farce de Maître Pathelin*.
5. *gratis* (latin) : gratuitement.
6. **libéralité** : générosité.
7. **absous** : dégagés.
8. **ce nonobstant** : malgré cela.
9. **céans** : ici.
10. **Ne clochez pas devant les boiteux** : ne jouez pas au plus malin avec moi.
11. **Par la rate de Dieu** : juron qui relève de l'imagination rabelaisienne.
12. **prirent articles** : rédigèrent un acte d'accusation.
13. **ajourner** : appeler à comparaître.

encore. Les Sorbonicoles, sur ce point, firent vœu de ne pas se moucher, jusqu'à ce qu'il en fût dit par un arrêt définitif.

Par ces vœux, ils sont jusqu'à présent demeurés et crotteux et morveux, car la Cour n'a pas encore bien épluché toutes les pièces. L'arrêt sera donné aux prochaines calendes grecques[1], c'est-à-dire jamais, comme vous savez qu'ils font plus que nature et contre leurs propres articles. Les articles de Paris chantent que Dieu seul peut faire des choses infinies. Nature ne fait rien d'immortel, car elle met fin et période à toutes choses par elle produites — car *omnia orta cadunt*[2], etc., — mais ces avaleurs de frimas[3] font les procès devant eux pendants[4] et infinis et immortels. Ce que faisant, ils ont justifié et vérifié le dit de Chilon[5] le Lacédémonien, considéré à Delphes, disant que Misère est compagne de Procès[6] et que les gens plaidants sont misérables, car ils ont plus tôt fini de leur vie que de leur prétendu droit.

Notes

1. **donné [...] grecques** : expression signifiant que la chose ne se fera jamais.
2. *omnia orta cadunt* (latin) : « tout ce qui naît meurt ».
3. **avaleurs de frimas** : avaleurs de brouillard ; désigne les juges.
4. **font les procès devant eux pendants** : font durer les procès et les rendent [...].
5. **Chilon** : philosophe du VIe siècle av. J.-C., l'un des sept sages présocratiques.
6. **Misère est compagne de Procès** : il s'agit d'une des sentences attribuées à Chilon (voir note 5, ci-dessus) et gravées sur le temple de Delphes.

CHAPITRE 21

L'ÉTUDE DE GARGANTUA SELON LA DISCIPLINE DE SES PROFESSEURS SORBONNIQUES

1   Les premiers jours ainsi passés et les cloches remises en leur lieu, les citoyens de Paris, par reconnaissance de cette honnêteté, s'offrirent d'entretenir la jument et de la nourrir sagement tant qu'il lui plairait — ce que Gargantua prit bien à gré —,
5 et l'envoyèrent vivre en la forêt de Bière[1]. Je crois qu'elle n'y est plus maintenant.

   Cela fait, il voulut de tout son sens étudier à la discrétion[2] de Ponocrate. Mais celui-ci, pour le commencement, ordonna qu'il ferait à sa manière accoutumée[3], afin d'entreprendre[4]
10 par quel moyen, en un si long temps, ses anciens précepteurs l'avaient rendu fat[5], niais et ignorant.

   Il disposait donc de son temps de telle façon qu'il s'éveillait soudainement entre huit et neuf heures, qu'il fût jour ou non : ainsi l'avaient ordonné ses régents théologiques, alléguant ce
15 que dit David : *vanum est vobis ante lucem surgere*[6].

Notes

1. forêt de Bière : forêt de Fontainebleau.
2. à la discrétion : selon le bon vouloir.
3. qu'il ferait à sa manière accoutumée : qu'il fasse comme il en avait l'habitude.
4. entreprendre : ici, comprendre.
5. fat : vaniteux, sot.
6. *vanum [...] surgere* (latin) : « il est vaniteux à vous de vous lever avant le jour » (Bible, livre des *Psaumes*).

Puis il gambillait[1], gigotait et paillardait[2] parmi[3] le lit quelque temps, pour mieux ébaudir[4] ses esprits animaux[5], et s'habillait selon la saison, mais il portait volontiers une grande et longue robe de grosse frise[6], fourrée de renards ; après il se peignait du peigne d'Almain[7], c'est-à-dire des quatre doigts et du pouce, car ses précepteurs disaient qu'autrement se peigner, laver et nettoyer était perdre son temps en ce monde.

Puis il fientait, pissait, rendait sa gorge[8], rotait, pétait, bâillait, crachait, toussait, sanglotait, éternuait et se mouchait en archidiacre[9], et déjeunait pour abattre la rosée[10] et le mauvais air : belles tripes frites, belles grillades, beaux jambons, belles cabirotades[11] et force soupes de premier matin[12]. Ponocrate lui remontrait qu'il ne devait se repaître[13] si tôt au sortir du lit, sans avoir fait premièrement quelque exercice. Gargantua répondit :

« Quoi ? N'ai-je fait suffisant exercice ? Je me suis vautré six ou sept fois parmi le lit avant de me lever. N'est-ce pas assez ? Le pape Alexandre[14] faisait ainsi par le conseil de son médecin juif, et il vécut jusqu'à la mort, en dépit des envieux. Mes premiers maîtres m'y ont accoutumé, disant que le déjeuner faisait bonne mémoire ; pourtant ils y buvaient les premiers. Je m'en trouve fort bien et n'en dîne que mieux. Et me disait maître Tubal, qui fut premier à sa licence à Paris, que ce n'est

---

Notes

1. **gambillait** : se trémoussait.
2. **paillardait** : traînait.
3. **parmi** : ici, dans tout le lit.
4. **ébaudir** : faire plaisir à.
5. **esprits animaux** : dans l'ancienne médecine, corps légers dont on pensait qu'ils remontaient du cœur vers le cerveau et donnaient leur mouvement aux membres.
6. **frise** : laine épaisse.
7. Moquerie envers un sorbonnard : Almain.
8. **rendait sa gorge** : vomissait.
9. **se mouchait en archidiacre** : se mouchait salement.
10. **abattre la rosée** : boire.
11. **cabirotades** : grillades.
12. **soupes de premier matin** : il s'agit du premier repas, du pain trempé dans la soupe.
13. **se repaître** : manger abondamment.
14. Il s'agit du pape Alexandre VI (XVe-XVIe s.).

pas tout l'avantage de courir bien vite, mais bien de partir de
40 bonne heure ; ce n'est point non plus la santé totale de notre
humanité[1] de boire à tas, à tas, à tas[2], comme canes, mais oui
bien de boire matin, *unde versus*[3] :

> *« Lever matin n'est point bonheur ;*
> *Boire matin est le meilleur. »*

45 Après avoir bien à point déjeuné, il allait à l'église, et on lui
portait, dans un gros panier, un gros bréviaire[4] empantouflé[5], pesant, tant en graisse qu'en fermoirs et parchemins, un
peu plus un peu moins, onze quintaux six livres. Là il entendait vingt-six ou trente messes. Pendant ce temps son diseur
50 d'heures venait en place, empaletoqué[6] comme une huppe[7], et
ayant très bien antidoté[8] son haleine à force de sirop de vigne[9].
Il marmonnait avec lui toutes ses kyrielles[10] et les épluchait
tant soigneusement qu'il n'en tombait un seul grain à terre.

Au sortir de l'église, on lui amenait, sur un train à bœufs,
55 un monceau de patenôtres[11] de Saint-Claude[12], aussi grosses
chacune qu'est le moule d'un bonnet, et, se promenant par les
cloîtres, galeries ou jardin, il disait plus que seize ermites.

Notes

1. **de notre humanité** : de notre corps.
2. **à tas** : beaucoup.
3. *unde versus* (latin) : « selon la formule ».
4. **bréviaire** : livre d'Église contenant les prières journalières.
5. **empantouflé** : comme dans une pantoufle.
6. **empaletoqué** : mis dans son paletot (sorte de manteau).
7. **huppe** : oiseau portant une touffe de plumes sur la tête.
8. **antidoté** : ici, contrebalancé sa mauvaise haleine.
9. **sirop de vigne** : périphrase désignant le vin.
10. **kyrielles** : ici, longues suites de prières.
11. **patenôtres** : ici, chapelet (collier de grains correspondant à des prières).
12. **Saint-Claude** : ville du Jura.

Puis il étudiait quelque méchante[1] demi-heure, les yeux assis sur son livre, mais, comme dit le Comique[2], son âme était en la cuisine.

Pissant donc un plein urinal, il s'asseyait à table, et parce qu'il était naturellement flegmatique[3], il commençait son repas par quelques douzaines de jambons, de langues de bœuf fumées, de boutargues[4], d'andouilles et tels autres avant-coureurs de vin. Cependant quatre de ses gens lui jetaient en la bouche l'un après l'autre, continuellement, de la moutarde à pleines pelletées ; puis il buvait un horrifique[5] trait de vin blanc pour lui soulager les rognons. Après, il mangeait, selon la saison, des viandes à son appétit, et il cessait de manger lorsque le ventre lui tirait. Il n'avait pour boire ni fin ni règle, car il disait que les mesures et bornes de boire étaient quand, la personne buvant, le liège de ses pantoufles enflait en haut d'un demi-pied.

---

1. **méchante** : employé ainsi, signifie « qui ne vaut rien ».
2. **le Comique** : il s'agit du dramaturge Térence, poète comique latin du IIe siècle av. J.-C., inspirateur de La Fontaine et de Molière.
3. **flegmatique** : dans la théorie médicale des humeurs, le flegmatique a grand appétit.
4. **boutargues** : œufs de poisson fumés.
5. **horrifique** : ici, immense.

CHAPITRE 22

LES JEUX DE GARGANTUA[1]

Puis grignotant tout lourdement une tranche de grâces[2], il se lavait les mains de vin frais, s'écurait les dents avec un pied de porc, et devisait[3] joyeusement avec ses gens. Puis, le tapis vert étendu, l'on déployait force[4] cartes, force dés et quantité de jeux de table.

Là il jouait :

au flux,	à l'épinaie,
à la prime,	à la malheureuse,
à la vole,	au fourbi,
à la pille,	à passe dix,
au triomphe,	à trente et un,
à la Picardie,	à paire et séquence,
au cent,	à trois cents,

Notes

1. Ce chapitre énumère plus de 200 jeux auxquels se livre Gargantua sous la conduite de ses maîtres de la Sorbonne. Il s'agit surtout de jeux de cartes et de jeux de société. La satire réside en ce que la Sorbonne condamnait les jeux et dressait des listes comparables à celle de ce chapitre. Par ailleurs, les humanistes critiquaient ces jeux de hasard et préconisaient plutôt des jeux sportifs.
2. **grâces** : prières de remerciement, après les repas notamment.
3. **devisait** : bavardait.
4. **force** : beaucoup de.

aux malheureux,
15 à la condamnade,
à la carte virade,
au malcontent,
au lansquenet,
au cocu,
20 à *qui a si parle*,
à *pille, nade, jocque, fore*,
à mariage,
au gai,
à l'opinion,
25 à *qui fait l'un fait l'autre*,
à la séquence,
aux luettes,
au taraud,
à *coquinbert qui gagne perd*,
30 au beliné,
au tournant,
à la ronde,
au glic,
aux honneurs,
35 à la mourre,
aux échecs,
au renard,
à la marelle,
aux vaches,
40 à la blanche,
à la chance,
à trois dés,
aux tables,
à la nicnocque,
45 au lourche,
à la reinette,
au barignin,

au trictrac,
à toutes tables,
aux tables rabattues,
au reniguebien,
au forcé,
aux dames,
à la babou,
à *primus, secondus*,
au pied du coteau,
à la clef,
au franc du carreau,
à pair ou non,
à croix ou pile,
aux maîtres,
au pingre,
à la bille,
au savetier,
au hibou,
au dorelot du lièvre,
à la turlutantaine,
à *cochonnet va devant*,
aux pies,
à la corne,
au bœuf violé,
à la chevêche,
à *je te pince sans rire*,
à picoter,
à déferrer l'âne,
à laiau tru,
au *bourri bourrigou*,
à *je m'assoie*,
à la barbe d'oribus,
à la bousquine,
à *tire la broche*,

à la boute foire,
à *compère prêtez-moi votre sac*,
50 à la couille de bélier,
à boute hors,
à figues de Marseille,
à la mouche,
à l'archer tru,
55 à écorcher le renard,
à la ramaise,
à croc Madame,
à vendre l'avoine,
à souffler le charbon,
60 aux responsailles,
au juge vif ou juge mort,
à tirer les fers du four,
au manque vilain,
au cailleteau,
65 au bossu aulicar,
à saint Trouvé,
à *pince m'oreille*,
au poirier,
à pimpompet,
70 au triori,
au cercle,
à la truie,
à ventre contre ventre,
aux combes,
75 à la vergette,
au palet,
au *j'en suis*,
à fouquet,
aux quilles,
80 au rajeau,
à la boule plate,

au vireton,
au pique à Rome,
à rouchemerde,
à Angenart,
à la courte boule,
à la grièche,
à la recoquillette,
au cassepot,
à mon talent,
à la pirouette,
aux jonchets,
au court bâton,
au pirevolet,
à cligne-musette,
au piquet,
à la blacque,
au furon,
à la saguette,
au châtelet,
à la rangée,
à la fossette,
au rouflard,
à la trompe,
au moine,
au ténébré,
à l'ébahi,
à la soule,
à la navette,
à fessard,
au balai,
à *saint Côme, je te viens adorer*,
à escarbot le brun,
à *je vous prends sans vert*,
à *bien et beau s'en va Carême*,

Chapitre 22 | 107

au chêne fourchu,
au cheval fondu,
à la queue au loup,
85 à pet en gueule,
à *Guillemin, baille-moi ma lance*,
à la brandelle,
au treseau,
au boubou,
90 à la mouche,
à *la migne migne bœuf*,
au propos,
à neuf mains,
au chapifou,
95 au pont chu,
à Colin bridé,
à la grolle,
au coquentin,
à colin-maillard,
100 à mirlimoufle,
à mouchard,
au crapaud,
à la crosse,
au piston,
105 au bilboquet,
à la reine,
au métier,
à *tête à tête bèchevel*,
au pinot,
110 à male mort,
aux croquignolles,
à laver la coiffe Madame,
au bobeteau,
à sème l'avoine,
115 à brifaut,

au moulinet,
à défends,
à la virevolte,
au bâtonnet,
au laboureur,
à la chevêche,
aux écoublettes enragées,
à la bête morte,
à *monte, monte l'échelette*,
au pourceau mort,
à cul salé,
au pigeonnet,
au tiers,
à la bourrée,
au saut du buisson,
à croiser,
à la cute cache,
à la maille, bourse en cul,
au nid de la bondrée,
au passavant,
à la figure,
aux pétarades,
à pille moutarde,
à cambos,
à la rechute,
au fricandeau,
à la croquetête,
à la grolle,
à la grue,
à taille coup,
aux nasardes,
aux alouettes,
aux chiquenaudes.

Après avoir bien joué, sassé[1], passé et tamisé le temps, il décidait de boire quelque peu — c'étaient onze pégades[2] pour homme — et soudain après banqueter[3], il avait coutume de s'étendre sur un beau banc ou en un beau lit plein et de dormir deux ou trois heures, sans mal penser ni mal dire. Éveillé, il secouait un peu les oreilles. Cependant, il était apporté du vin frais ; là il buvait mieux que jamais. Ponocrate lui remontrait que c'était un mauvais régime que de boire ainsi après dormir. « C'est, répondit Gargantua, la vraie vie des Pères, car de ma nature je dors salé, et le dormir m'a valu autant de jambon. »

Puis il commençait à étudier quelque peu, et patenôtres en avant ; pour les expédier mieux en forme, il montait sur une vieille mule, laquelle avait servi neuf rois. Ainsi marmottant de la bouche et dodelinant de la tête, il allait voir prendre quelques lapins aux filets.

Au retour il se transportait en la cuisine pour savoir quel rôt[4] était en broche. Et il soupait très bien, par ma conscience ; et conviait volontiers quelques buveurs de ses voisins, avec lesquels, buvant d'autant, contaient[5] des vieux jusqu'aux nouveaux.

Il avait entre autres pour domestiques[6] les seigneurs du Fou, de Gourville, de Grignault et de Marigny[7]. Après souper, venaient en place les beaux évangiles de bois[8], c'est-à-dire force jeux de table ou le beau flux[9], un, deux, trois, ou à tous risques pour abréger[10], ou bien il allait voir les garces[11] d'alentour, et petits banquets parmi collations et arrière-collations. Puis il dormait sans débrider[12] jusqu'au lendemain matin huit heures.

Notes

1. **sassé** : passé au sas, au tamis.
2. **pégades** : grandes quantités de vin.
3. **banqueter** : manger lors d'un banquet, festoyer.
4. **rôt** : rôti.
5. **contaient** : racontaient des contes.
6. **domestiques** : ici, proches, habitués de sa maison.
7. Ces noms renvoient, peut-être, à des proches de Rabelais.
8. Il s'agit de jeux de société.
9. **flux** : jeu de cartes.
10. Manières de jouer.
11. **garces** : ici, jeunes filles.
12. **sans débrider** : sans se réveiller.

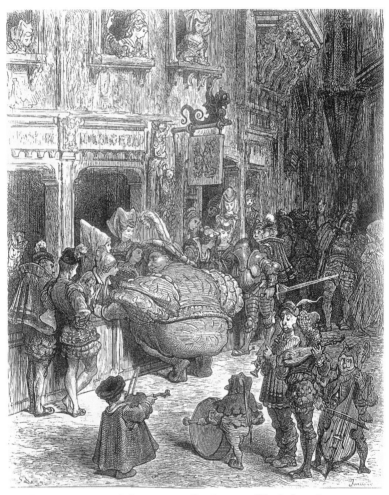

Gargantua va voir les garces (les jeunes filles) des alentours.
Illustration de Gustave Doré, 1873.
Gravure de Jonnard.

CHAPITRE 23

COMMENT GARGANTUA FUT INSTRUIT PAR PONOCRATE EN TELLE DISCIPLINE QU'[1]IL NE PERDAIT UNE HEURE DU JOUR

1   Quand Ponocrate connut la vicieuse[2] manière de vivre de Gargantua, il décida de l'instruire autrement en lettres ; mais, pour les premiers jours, il le toléra, considérant que Nature n'endure de mutations soudaines sans grande violence.

5   Donc pour mieux commencer son œuvre, il supplia un savant médecin de son temps, nommé « maître Théodore[3] », de considérer s'il était possible de remettre Gargantua en meilleure voie. Celui-là le purgea[4] canoniquement[5] avec l'ellébore d'Anticyre[6], et, par ce médicament, lui nettoya toute l'altération[7] et perverse[8] habitude du cerveau. Par ce moyen aussi, Ponocrate lui fit oublier tout ce qu'il avait appris, sous ses

---

Notes

1. en telle discipline que : selon une discipline telle que.
2. vicieuse : encourageant les éventuels mauvais penchants.
3. Théodore : nom issu du grec et signifiant « don de Dieu ».
4. purgea : purifia, nettoya en débarrassant de ce qui est mauvais.
5. canoniquement : selon les règles.
6. ellébore d'Anticyre : plante dont on pensait qu'elle soignait la folie. Anticyre est une ville grecque.
7. altération : dégradation.
8. perverse : qui détourne de son bon usage.

anciens précepteurs, comme faisait Timothée[1] à ses disciples qui avaient été instruits sous d'autres musiciens.

Pour mieux faire cela, il l'introduisait dans les compagnies des gens savants qui étaient là, à l'émulation[2] desquels lui augmentèrent l'esprit et le désir d'étudier autrement et de se faire valoir.

Après, il le mit en un tel train[3] d'étudier qu'il ne perdait une heure quelconque du jour ; mais il consommait tout son temps en lettres et honnête savoir.

Gargantua s'éveillait donc à environ quatre heures du matin. Pendant qu'on le frottait, il lui était lu quelque page de la divine Écriture, hautement et clairement, avec la prononciation convenant à la matière, et à cela était commis un jeune page, natif de Basché[4], nommé Anagnoste[5]. Selon le propos et argument de cette leçon, souventes fois il s'adonnait à révérer, adorer, prier et supplier le Bon Dieu, duquel la lecture montrait la majesté et les jugements merveilleux.

Puis, il allait aux lieux secrets faire excrétion des digestions naturelles. Là son précepteur répétait ce qui avait été lu, lui exposant les points les plus obscurs et les plus difficiles. En retournant, ils considéraient l'état du ciel, s'il était tel qu'ils avaient noté le soir précédent, et en quels signes : entraient le Soleil et aussi la Lune, pour cette journée.

Cela fait, il était habillé, peigné, coiffé, accoutré[6] et parfumé, et durant ce temps on lui répétait les leçons du jour d'avant. Lui-même les disait par cœur et y mêlait quelques cas pratiques et concernant l'état humain, qu'ils étendaient quelquefois jusqu'à deux ou trois heures, mais qu'ordinairement,

---

Notes

1. **Timothée** : musicien grec des Ve-IVe siècles av. J.-C.
2. **émulation** : sentiment qui pousse à égaler ou surpasser quelqu'un que l'on juge digne d'estime.
3. **train** : ici, dynamique, rythme.
4. **Basché** : lieu situé près de Chinon.
5. **Anagnoste** : nom issu du grec signifiant « lecteur ».
6. **accoutré** : bien mis.

ils cessaient quand il était tout à fait habillé. Puis pendant trois bonnes heures une lecture lui était faite.

Cela fait, ils sortaient, toujours conférant des propos de la lecture, et se divertissaient au Bracque[1] ou dans les prés, et jouaient à la balle, à la paume[2], à la balle en triangle[3], s'exerçant galamment le corps comme ils avaient auparavant exercé leurs âmes. Tout leur jeu n'était qu'en liberté, car ils laissaient la partie quand il leur plaisait, et cessaient ordinairement lorsqu'ils suaient par le corps ou étaient las autrement. Ils étaient alors très bien essuyés et frottés, changeaient de chemise, et, se promenant doucement, allaient voir si le dîner était prêt. Là, en attendant, ils récitaient clairement et éloquemment quelques sentences retenues de la leçon.

Cependant, Monsieur l'Appétit venait, et, par bonne opportunité[4], ils s'asseyaient à table. Au commencement du repas était lue quelque histoire plaisante de prouesses antiques, jusqu'à ce qu'il eût pris son vin.

Lors, si bon semblait, on continuait la lecture ou ils commençaient à deviser joyeusement, parlant ensemble, pour les premiers mois, de la vertu, propriété, efficacité et nature de tout ce qui leur était servi à table : du pain, du vin, de l'eau, du sel, des viandes, poissons, fruits, herbes, racines et de l'apprêt[5] de celles-ci. Ce que faisant, il apprit en peu de temps tous les passages s'y rapportant dans Pline, Athénée, Dioscoride, Julius Pollux, Galien, Porphyre, Oppien, Polybe, Héliodore, Aristote, Élien[6] et autres. Ces propos tenus, ils faisaient souvent, pour être plus assurés, apporter les livres susdits à table. Là il retint si bien et entièrement en sa mémoire les choses dites

---

Notes

1. Bracque : salle de jeu de paume située à Paris.
2. paume : jeu de balle qui ressemble au tennis.
3. balle en triangle : jeu de balle à trois joueurs.
4. par bonne opportunité : au bon moment.
5. l'apprêt : la préparation.
6. Tous ces noms sont ceux de médecins grecs ou d'auteurs grecs d'ouvrages de science et d'histoire naturelle.

que, pour lors, il n'était médecin qui en sût la moitié autant qu'il faisait. Après, ils devisaient des leçons lues au matin, et, tandis qu'ils parachevaient leur repas par quelque confiture de coings, il s'écurait les dents avec un tronc de lentisque[1], se lavait les mains et les yeux de belle eau fraîche et rendait grâces à Dieu par quelques beaux cantiques[2] faits à la louange de la munificence[3] et bénignité[4] divines.

Cela fait, on apportait des cartes, non pour jouer, mais pour y apprendre mille petites gentillesses[5] et inventions nouvelles, lesquelles toutes sortaient d'arithmétique. Par ce moyen, il entra en affection de cette science numérale, et, tous les jours, après dîner et souper, il y passait son temps avec autant de plaisir qu'il en prenait d'habitude aux dés ou aux cartes. Par suite il sut de cette science et théorique et pratique si bien, que Tunstal[6], Anglais qui en avait amplement écrit, confessa que vraiment, en comparaison de lui, il n'y entendait que du haut allemand.

Et non seulement celle-ci, mais les autres sciences mathématiques comme géométrie, astronomie et musique ; car, en attendant la concoction[7] et digestion de son repas, ils faisaient mille joyeux instruments et figures géométriques, et de même pratiquaient les canons[8] astronomiques. Après ils s'ébaudissaient à[9] chanter musicalement à quatre et cinq parties, ou sur un thème, à plaisir de gorge[10]. En ce qui regarde les instruments de musique, il apprit à jouer du luth, de l'épinette[11], de

---

Notes

1. **lentisque** : sorte d'arbuste.
2. **cantiques** : chants religieux par lesquels on rend grâces.
3. **munificence** : grande générosité.
4. **bénignité** : bonté, douceur.
5. **gentillesses** : choses spirituelles.
6. **Tunstal** : évêque anglais auteur, en 1522, d'un traité d'arithmétique.
7. **concoction** : assimilation.
8. **canons** : règles.
9. **s'ébaudissaient à** : se réjouissaient de.
10. **à plaisir de gorge** : en s'amusant à varier les voix.
11. **épinette** : ancien instrument de musique plus petit qu'un clavecin.

la harpe, de la flûte d'Allemand et à neuf trous[1], de la viole et de la sacquebutte[2].

95 Cette heure ainsi employée, la digestion parachevée, il se purgeait des excréments naturels; puis il se remettait à son étude principale pendant trois heures ou davantage, tant à répéter la lecture matutinale[3] qu'à poursuivre le livre entrepris qu'aussi à écrire et à bien tracer et former les anciennes lettres
100 romaines[4].

Cela fait, ils sortaient de leur hôtel[5]; avec eux était un jeune gentilhomme de Touraine nommé «l'écuyer Gymnaste», lequel lui montrait l'art de chevalerie. Changeant donc de vêtements, il montait sur un coursier, sur un roussin, sur un
105 genet, sur un cheval barbe, sur un cheval léger[6], et lui donnait cent fois carrière[7], le faisant voltiger en l'air, franchir le fossé, sauter la palissade, tourner court en un cercle, tant à dextre[8] comme à senestre[9]. Là il rompait, non la lance — car c'est la plus grande rêverie du monde de dire : «J'ai rompu dix lances
110 en tournoi ou en bataille», un charpentier le ferait bien —, mais c'est louable[10] gloire d'avoir rompu d'une lance dix de ses ennemis. De sa lance donc, acérée, verte[11] et roide, il rompait une porte, enfonçait un harnais, abattait un arbre, enfilait un anneau, enlevait une selle d'armes, un haubert, un gantelet[12].
115 Il faisait le tour, armé de pied en cap.

Notes

1. flûte [...] à neuf trous : flûte traversière.
2. sacquebutte : trombone.
3. matutinale : matinale.
4. Cet apprentissage se distingue de l'apprentissage des lettres gothiques dans l'ancienne éducation de Gargantua (voir chap. 14, p. 76).
5. hôtel : ici, maison.
6. coursier [...] cheval léger : types de chevaux.
7. lui donnait cent fois carrière : lui faisait faire cent tours de manège.
8. à dextre : à droite.
9. à senestre : à gauche.
10. louable : bon, estimable.
11. verte : solide.
12. gantelet : gant de cuir recouvert de fer.

Quant à faire exécuter des exercices à la voix[1] et faire les petits appels de la langue sur un cheval[2], nul ne le fit mieux que lui. Le voltigeur de Ferrare[3] n'était qu'un singe en comparaison. Notamment on lui avait appris à sauter hâtivement d'un cheval sur l'autre sans prendre terre, et l'on nommait ces chevaux *désultoires*[4] ; et à monter de chaque côté, la lance au poing, sans étriers et à guider le cheval sans bride, à son plaisir, car telles choses servent à la discipline militaire.

Un autre jour il s'exerçait à la hache, laquelle tant bien il coulait[5], tant vertement il resserrait de tous[6] coups de pointe, tant souplement il abattait d'un coup de taille en cercle, qu'il fût passé chevalier d'armes en campagne et en tous essais.

Puis il branlait[7] la pique, saquait[8] de l'épée à deux mains, de l'épée bâtarde, de l'espagnole, de la dague et du poignard[9], armé, non armé, au bouclier, à la cape, à la rondache[10].

Il courait le cerf, le chevreuil, l'ours, le daim, le sanglier, le lièvre, la perdrix, le faisan, l'outarde[11]. Il jouait à la grosse balle, et la faisait bondir en l'air autant du pied que du poing.

Il luttait, courait, sautait, non à trois pas un saut, non à cloche-pied, non au saut d'Allemand, car, disait Gymnaste, tels sauts sont inutiles et de nul bien en guerre ; mais d'un saut il traversait un fossé, volait sur une haie, montait six pas contre une muraille, et rampait de cette façon à une fenêtre de la hauteur d'une lance.

Notes

1. **exercices à la voix** : tours de manège avec de la musique.
2. **appels de la langue sur un cheval** : exercices de voltige, le cheval étant stimulé par des claquements de langue.
3. Allusion à la réputation des Italiens d'être de bons voltigeurs.
4. *désultoires* : de voltige.
5. **coulait** : faisait glisser.
6. **resserrait de tous** : donnait de nombreux.
7. **branlait** : brandissait.
8. **saquait** : donnait des coups de tous côtés.
9. **épée à deux mains [...] poignard** : types d'épées.
10. **armé [...] à la rondache** : sortes de protections, de boucliers. Rabelais énumère, ici, des manières de se protéger.
11. **outarde** : oiseau échassier.

Gargantua

Il nageait en eau profonde, à l'endroit, à l'envers, de côté, de tout le corps, des seuls pieds, une main en l'air, dans laquelle tenant un livre il traversait toute la rivière de Seine sans le mouiller, et en tirant par les dents son manteau comme faisait Jules César. Puis d'une main, il entrait par grand force en un bateau, de celui-ci se jetait derechef[1] en l'eau la tête la première ; il sondait le fond, creusait les rochers, plongeait aux abîmes et aux gouffres. Puis il tournait ce bateau, le gouvernait, menait hâtivement, lentement, à fil d'eau, contre le courant, le retenait en pleine écluse, le guidait d'une main, s'escrimait de l'autre avec un grand aviron, tendait la voile, montait au mât par les cordages, courait sur les vergues, ajustait la boussole, mettait les armures à contre-vent, bandait le gouvernail.

Sortant de l'eau, il montait raidement[2] le long de la montagne et dévalait aussi franchement, il grimpait aux arbres comme un chat, sautait de l'un sur l'autre comme un écureuil, abattait les gros rameaux comme un autre Milon[3], avec deux poignards acérés et deux poinçons éprouvés, il montait au haut d'une maison comme un rat, puis descendait du haut en bas en telle position des membres qu'il n'était aucunement blessé par la chute. Il jetait le dard, la barre, la pierre, la javeline, l'épieu, la hallebarde, tirait à fond l'arc, bandait à ses reins les fortes arbalètes de passe, visait de l'arquebuse à l'œil, affûtait le canon[4], tirait à la butte, au papegai[5], de bas en haut, de haut en bas, devant, de côté, en arrière comme les Parthes[6].

On lui attachait un câble en quelque haute tour, pendant en terre ; il y montait à deux mains, puis dévalait si raidement et

---

Notes

1. **derechef** : une nouvelle fois.
2. **raidement** : ici, à vive allure.
3. **Milon** (de Crotone) : athlète grec du VIe siècle av. J.-C.
4. Énumération d'armes ou d'outils.
5. **papegai** : faux oiseau servant de but aux tireurs.
6. **Parthes** : peuple apparenté aux Iraniens, très habile à l'arc.

si assurément que vous ne pourriez faire plus par un pré bien nivelé.

170 On lui mettait une grosse perche appuyée à deux arbres ; il s'y pendait par les mains, et de celle-ci il allait et venait sans toucher des pieds à rien, qu'à grande course on ne l'eût pu atteindre.

Et, pour s'exercer le thorax et les poumons, il criait comme
175 tous les diables. Je l'ouïs une fois appelant Eudémon depuis la porte Saint-Victor jusqu'à Mont Matre[1]. Stentor[2] n'eut oncques telle voix à la bataille de Troie.

Et, pour ragaillardir ses nerfs, on lui avait fait deux gros saumons[3] de plomb, chacun du poids de huit mille sept cents
180 quintaux, qu'il nommait « haltères ». Il les prenait de terre en chaque main, et les élevait en l'air au-dessus de la tête, et les tenait ainsi, sans remuer, trois quarts d'heure et davantage, ce qui était une force inimitable.

Il jouait aux barres avec les plus forts, et quand le point arri-
185 vait, il se tenait sur ses pieds tant raidement qu'il s'abandonnait aux plus aventureux, pour voir s'ils le feraient mouvoir de sa place, comme jadis Milon, à l'imitation duquel il tenait aussi une pomme de grenade en ses mains et la donnait à qui pourrait lui ôter.

190 Après avoir ainsi employé le temps, s'être frotté, nettoyé et avoir mis des habillements[4] frais, il s'en retournait tout doucement ; et, passant par quelques prés ou autres lieux herbus, ils visitaient les arbres et les plantes, les conférant[5] avec les livres des anciens qui en ont écrit, comme Théophraste, Dioscoride,
195 Marinus, Pline, Nicandre, Macer et Galien[6] ; et ils en

Notes

1. La porte Saint-Victor et Mont Matre sont des lieux situés près de Chinon.
2. **Stentor** : crieur de l'armée des Grecs pendant la guerre de Troie.
3. **saumons** : ici, poids en forme de saumon.
4. **habillements** : vêtements.
5. **conférant** : comparant.
6. Médecins ou auteurs d'ouvrages d'histoire naturelle de l'Antiquité.

emportaient leurs pleines mains au logis, dont avait la charge un jeune page nommé Rhizotome[1], ainsi que des houes, des pioches, des serpettes, des bêches, des tranchoirs et autres instruments requis pour bien herboriser[2].

Arrivés au logis, cependant qu'on apprêtait le souper, ils répétaient quelques passages de ce qui avait été lu, et s'asseyaient à table.

Notez ici que son dîner[3] était sobre et frugal, car il mangeait seulement pour refréner les abois de l'estomac ; mais le souper[4] était copieux et large, car il en prenait autant que besoin lui était pour s'entretenir et se nourrir, ce qui est le vrai régime prescrit par l'art de bonne et sûre médecine, quoiqu'un tas de badauds médecins, harcelés en l'officine des Arabes[5], conseillent le contraire.

Durant ce repas était continuée la leçon du dîner, tant que bon lui semblait ; le reste était consommé en bons propos, tous lettrés et utiles.

Après grâces rendues, ils s'adonnaient à chanter musicalement, à jouer d'instruments harmonieux, ou de ces petits passe-temps qu'on fait aux cartes, aux dés et gobelets[6], et ils demeuraient là, faisant grande chère et s'ébaudissant parfois jusqu'à l'heure de dormir ; quelquefois ils allaient visiter les compagnies de gens lettrés ou de gens qui eussent vu des pays étrangers.

En pleine nuit, avant de se retirer, ils allaient du lieu de leur logis le plus découvert voir la face du ciel, et là ils notaient les comètes, s'il en était, les figures, situations, aspects, oppositions et conjonctions des astres.

Notes

1. Rhizotome : nom issu du grec et signifiant « coupeur de racines ».
2. herboriser : recueillir des plantes, soit pour les étudier, soit pour s'en servir (comme remèdes, en cuisine, notamment).
3. dîner : déjeuner.
4. souper : dîner.
5. Dans l'édition de 1542, Rabelais écrit : « *Sophistes* ».
6. gobelets : pour lancer les dés.

Puis, avec son précepteur, il récapitulait brièvement, à la mode des Pythagoriciens[1], tout ce qu'il avait lu, vu, su, fait et entendu au cours de toute la journée.

Ainsi priaient-ils Dieu le Créateur, en L'adorant et confirmant leur foi envers Lui, et, Le glorifiant de Sa bonté immense et Lui rendant grâce de tout le temps passé, se recommandant à Sa divine clémence pour tout l'avenir.

Cela fait, ils entraient en leur repos.

Notes

1. Pythagoriciens : philosophes unis dans l'école créée par Pythagore, philosophe grec du VIe siècle av. J.-C.

> Voir Méthode, p. 330

Se préparer à l'oral du Bac

Analyse de l'extrait (pp. 111-113)

💬 Conseils pour la lecture à voix haute

› Rabelais, dans ce passage, insiste sur la nécessité de bien prononcer et de bien lire : entraînez-vous en vous enregistrant.

› Aux lignes 9, 11 et 19, mettez en valeur « *toute* » et « *tout* ».

📖 Explication linéaire

Introduction rédigée

Dans le chapitre 14, Grandgousier, ayant constaté les grandes capacités intellectuelles de son fils, décide de le confier à des maîtres. Mais ceux-ci, représentants de l'ancienne éducation scolastique, n'apprennent rien à son fils et le rendent « *fou* » (chap. 15). Grandgousier le confie alors au pédagogue Ponocrate, dont la méthode est présentée dans cet extrait.

I. La nécessité de changer de méthodes d'éducation (l. 1 à 13)

1) Lignes 1 à 4 : Quel jugement Ponocrate porte-t-il sur l'éducation reçue par Gargantua ? Quelles sont ses deux premières décisions ? Relevez une personnification* et un chiasme*.

__Personnification__ : figure de style consistant à attribuer à un animal, à un objet ou à une idée des attributs humains.

__Chiasme__ : figure de style consistant en un croisement d'éléments au sein d'une phrase.

2) Lignes 5 à 13 : Relevez les éléments qui donnent une image valorisante de la médecine. La métaphore médicale n'est-elle ici qu'une métaphore ? En quoi ce passage illustre-t-il l'importance de l'éducation, bonne ou mauvaise ?

II. La préparation de l'élève au nouvel apprentissage (l. 14 à 20)

3) Lignes 14 à 17 : Quel autre moyen Ponocrate met-il en œuvre pour motiver Gargantua à changer d'habitudes ?

4) Lignes 18 à 20 : Relevez deux hyperboles* et montrez en quoi cette phrase illustre l'appétit de connaissance humaniste. En quoi la durée de ce programme éducatif s'oppose-t-elle à celle de l'enseignement premier de Gargantua ?

__Hyperbole__ : figure de style qui consiste en une forte exagération.

III. Une éducation humaniste (l. 21 à 46)

5 Lignes 21 à 28 : À quelle heure Gargantua se lève-t-il ? Comparez avec son mode de vie antérieur (chap. 21). Par quel apprentissage la journée de Gargantua commence-t-elle ? Quelle valeur la fin de ce passage met-elle en relief ?

6 Lignes 29 à 34 : Quels soucis la mention des *« lieux secrets »* évoque-t-elle (l. 29) ? Quels aspects de la pédagogie de Ponocrate sont exposés aux lignes 30 à 34 ? Quel domaine de connaissance apparaît ici ?

7 Lignes 35 à 46 : Quels sont les moyens d'apprentissage évoqués dans ce passage ? Montrez que le programme de Ponocrate concerne aussi le corps.

8 Lignes 42 à 46 : En quoi ce programme éducatif dégage-t-il une impression de sérénité ?

Conclusion rédigée

Ce passage présente le programme éducatif de Ponocrate. Après avoir éradiqué les mauvaises habitudes et séquelles des instructions antérieures, le pédagogue propose à son élève un programme complet, qui s'adresse aussi bien au corps qu'à l'esprit et qui repose sur les valeurs fondamentales de l'humanisme. Cette éducation rend Gargantua heureux. Avec la figure de Ponocrate, Rabelais s'inscrit, ainsi, dans la lignée des auteurs intéressés par la question de l'éducation, comme Montaigne, Rousseau ou Hugo.

✎ Grammaire

> **Les propositions subordonnées circonstancielles**
> • Les propositions subordonnées circonstancielles sont introduites par une **conjonction de subordination** (*quand, si, comme, parce que, dès que, pour que*, etc.). Elles occupent la **fonction de complément circonstanciel** (de cause, de temps, de manière, de but, de conséquence, etc.)
> • Certaines sont à l'**indicatif**, d'autres au **subjonctif**.
> Ex. : *Je me tais pour que tu puisses te concentrer.* (subordonnée circonstancielle de but – subjonctif)
> *Je me tais parce que tu as besoin de te concentrer.* (subordonnée circonstancielle de cause – indicatif)
> • Les propositions **subordonnées participiales**, organisées autour d'un verbe au participe (présent ou passé) et d'un sujet autre que celui de la proposition principale, occupent aussi la fonction de complément circonstanciel.
> Ex. : ***Son cartable rangé**, l'élève sortit de la classe.* (c. c. de temps)
> ***Les oiseaux chantant à tue-tête**, il se réveilla.* (c. c. de cause)

9 Relevez quatre propositions subordonnées circonstancielles et analysez-les.

CHAPITRE 24

COMMENT GARGANTUA EMPLOYAIT LE TEMPS QUAND L'AIR ÉTAIT PLUVIEUX

S'il advenait que l'air fût pluvieux et intempéré[1], tout le temps d'avant-dîner était employé comme de coutume, excepté qu'il faisait allumer un beau et clair feu pour corriger l'intempérie de l'air. Mais après dîner, au lieu d'exercices, ils demeuraient à la maison, et par manière d'hygiène ils s'ébattaient à botteler du foin, à fendre et à scier du bois, et à battre les gerbes en la grange. Puis ils étudiaient en l'art de peinture et sculpture, ou remettaient en usage l'antique jeu des osselets ainsi qu'en a écrit Léonicus[2] et comme y joue notre bon ami Lascaris[3]. En y jouant, ils récolaient les passages des auteurs auxquels est mentionnée ou prise quelque métaphore sur ce jeu.

Semblablement ou ils allaient voir comment on tirait[4] les métaux, ou comment on fondait l'artillerie, ou ils allaient voir les

---

Notes

1. **intempéré** : agité.
2. **Léonicus** (Thomaeus) : auteur italien d'un traité sur ce jeu (XVe-XVIe s.).
3. **Lascaris** (Jean) : savant et humaniste grec, ami d'Érasme et de Guillaume Budé (XVe-XVIe s.).
4. **tirait** : étirait.

lapidaires[1], orfèvres et tailleurs de pierreries, ou les alchimistes et monnayeurs[2], ou les tapissiers en haute lice, les tisserands, les fabricants de velours, les horlogers, miroitiers, imprimeurs, facteurs d'orgues, teinturiers, et autres telles sortes d'ouvriers, et partout donnant des pourboires, ils apprenaient et considéraient l'industrie et invention des métiers.

Ils allaient ouïr les leçons publiques, les actes solennels, les répétitions, les déclamations, les plaidoyers des gentils avocats, les harangues des prêcheurs évangéliques.

Il passait par les salles et les lieux ordonnés pour l'escrime, et là, contre les maîtres, essayait de toutes armes, et leur montrait par l'évidence qu'il en savait autant qu'eux, voire plus.

Et, au lieu d'herboriser, ils visitaient les boutiques des droguistes, herboristes et apothicaires[3], et considéraient avec soin les fruits, racines, feuilles, gommes, semences, onguents exotiques, et aussi comment on les adultérait[4].

Il allait voir les bateleurs, jongleurs et vendeurs de thériaque[5], et considérait leurs gestes, leurs ruses, leurs soubresauts et leur beau parler, singulièrement de ceux de Chauny en Picardie, car ils sont de nature grands jaseurs[6] et beaux bailleurs de balivernes en matière de singes verts[7].

Après être retournés pour souper, ils mangeaient plus sobrement qu'aux autres jours, et des mets plus dessicatifs[8] et exténuants[9], afin que l'intempérie humide de l'air, communiquée au corps par nécessaire confinité[10], fût par ce moyen corrigée

---

Notes

1. **lapidaires** : artisans qui travaillent les pierres précieuses.
2. **monnayeurs** : artisans qui fabriquent de la monnaie.
3. **apothicaires** : pharmaciens.
4. **adultérait** : mélangeait, transformait.
5. **thériaque** : antipoison contre les morsures venimeuses, de serpent notamment.
6. **grands jaseurs** : grands bavards.
7. **beaux [...] verts** : ces grands parleurs savent charmer avec des sornettes.
8. **dessicatifs** : qui dessèchent.
9. **exténuants** : amoindris, ayant pour but de faire maigrir.
10. **confinité** : proximité, porosité.

⁴⁰ et ne leur fût incommode pour ne pas s'être exercée comme ils avaient coutume.

Ainsi fut gouverné Gargantua, et il continuait cette façon de procéder de jour en jour, profitant, comme vous entendez que peut faire, selon son âge, un jeune homme de bon sens, ⁴⁵ en tel exercice ainsi continué, lequel, bien qu'il semblât pour le commencement difficile, fut tant doux, léger et délectable en la continuation qu'il ressemblait mieux à un passe-temps de roi qu'à l'étude d'un écolier.

Toutefois Ponocrate, pour le reposer de cette véhémente ⁵⁰ contention[1] d'esprit, avisait une fois le mois quelque jour bien clair et serein, auquel ils bougeaient au matin de la ville, et allaient ou à Gentilly ou à Boulogne ou à Montrouge, ou au pont de Charenton ou à Vanves ou à Saint-Cloud[2]. Et là, ils passaient toute la journée à faire la plus grande chère dont ils se ⁵⁵ pouvaient aviser, raillant, gaudissant, buvant d'autant, jouant, chantant, dansant, se vautrant en quelque beau pré, dénichant des passereaux, prenant des cailles, pêchant aux grenouilles et aux écrevisses.

Mais encore que cette journée fût passée sans livres et lec-⁶⁰ tures, elle n'était point passée sans profit, car en beau pré ils récolaient par cœur quelques plaisants vers de l'*Agriculture* de Virgile[3], d'Hésiode[4], du *Rustique* de Politien[5], écrivaient quelques plaisantes épigrammes[6] en latin, puis les mettaient par rondeaux[7] et ballades[8] en langue française.

Notes

1. contention : tension.
2. Ces lieux sont situés en région parisienne et jouxtent Paris.
3. Il s'agit des *Géorgiques* de Virgile, poète latin du Iᵉʳ siècle av. J.-C.
4. Hésiode : poète grec du VIIIᵉ siècle av. J.-C., auteur des *Travaux et des Jours*.
5. Politien : humaniste italien du XVᵉ siècle, auteur de *Rusticus*, cours sur Virgile et Hésiode.
6. épigrammes : voir note 1, p. 72.
7. rondeaux : voir note 2, p. 72.
8. ballades : poèmes, parfois chantés ou dansés, de 3 couplets ou plus et comportant 1 refrain.

En banquetant, ils séparaient l'eau du vin mouillé, comme l'enseignent Caton, *De re rustica*, et Pline[1], avec un gobelet de lierre, lavaient le vin en plein bassin d'eau, puis le retiraient avec un entonnoir, faisaient aller l'eau d'un verre à l'autre, bâtissaient plusieurs petits engins automates, c'est-à-dire se mouvant eux-mêmes.

Note
1. Caton (IIIe-IIe s. av. J.-C.) et Pline (Ier s. ap. J.-C.) sont des écrivains latins. Caton est l'auteur d'un traité d'agriculture : *De re rustica*.

CHAPITRE 25

COMMENT SURGIT ENTRE LES FOUACIERS[1] DE LERNÉ[2] ET CEUX DU PAYS DE GARGANTUA LE GRAND DÉBAT DONT FURENT FAITES DE GROSSES GUERRES

En ce temps-là, qui était la saison des vendanges, au commencement de l'automne, les bergers de la contrée étaient à garder les vignes et empêcher que les étourneaux ne mangeassent les raisins.

En même temps, les fouaciers de Lerné passaient par le grand chemin, menant dix ou douze charges de fouaces à la ville. Les dits bergers les requirent courtoisement de leur en bailler[3] pour leur argent, au prix du marché. Car notez que c'est mets céleste de manger à déjeuner des raisins avec de la fouace fraîche, mêmement[4] des pineaux, des fiers, des muscadeaux, de la bicane et des foirards[5] pour ceux qui sont constipés du ventre, car ils les font aller long comme une pique, et souvent,

---

Notes

1. **fouaciers** : marchands de fouaces (galettes cuites au four).
2. **Lerné** : village de Touraine, situé à proximité de *La Devinière* et dont le père de Rabelais était sénéchal.
3. **bailler** : donner (ici, acheter).
4. **mêmement** : ici, surtout.
5. **des pineaux [...] des foirards** : types de raisins.

croyant péter, ils se conchient, d'où ils sont surnommés «les croyeurs de vendanges».

À leur requête ne furent nullement enclins les fouaciers, mais, qui pis est, ils les outragèrent grandement, les appelant «trop de leur espèce, brèche-dents, plaisants rouquins, débauchés, chienlits, mauvais gars, limes sournoises, fainéants, petits friands, bedons, fanfarons, vauriens, rustres, michés, happelopins, traîne-gaines, gentils muguets, copieux, flemmards, malotrus, dandins, dadais, niais, gobergeurs, gongoisiers, claque-dents, bouviers d'étrons, bergers de merde[1]», et autres telles épithètes diffamatoires; ajoutant qu'il ne leur appartenait point de manger de ces belles fouaces, mais qu'ils se devaient contenter de gros pain ballé[2] et de tourte[3].

Auquel outrage un d'entre eux, nommé Frogier, bien honnête homme de sa personne et notable jouvenceau, répondit doucement :

«Depuis quand avez-vous pris des cornes que vous êtes tant rogues devenus? Oui-da, vous aviez coutume de nous en bailler volontiers, et maintenant vous vous y refusez! Ce n'est pas le fait de bons voisins, et nous ne faisons ainsi avec vous, nous, quand vous venez ici acheter notre beau froment, dont vous faites vos gâteaux et fouaces. Nous vous eussions donné de nos raisins par-dessus le marché; mais, par la mère de Dieu! vous vous en pourriez repentir, et vous aurez quelque jour affaire à nous. Alors nous ferons pareil envers vous, et qu'il vous en souvienne!»

Alors Marquet, grand bâtonnier[4] de la confrérie des fouaciers, lui dit :

Notes

1. Liste d'insultes de toutes sortes.
2. **pain ballé** : pain grossier contenant encore les grains du son.
3. **tourte** : pain rond, souvent garni d'une préparation salée.
4. Le grand bâtonnier a l'honneur de porter l'étendard de la confrérie.

« Vraiment tu es bien crêté[1] ce matin ; tu mangeas hier soir trop de mil[2]. Viens çà, viens çà, je te donnerai de ma fouace. »

Alors Frogier en toute simplesse approcha, tirant un onzain[3] de son baudrier[4], pensant que Marquet lui dût dépocher[5] de ses fouaces, mais il lui bailla de son fouet à travers les jambes si rudement que les nœuds y apparaissaient ; puis il voulut prendre la fuite. Mais Frogier s'écria : « Au meurtre ! » et « À la force ! » tant qu'il put, lui jeta en même temps une grosse trique[6] qu'il portait sous son aisselle et l'atteignit par la jointure coronale de la tête[7], sur l'artère temporale[8], du côté droit, de la sorte que Marquet tomba de sa jument ; il ressemblait mieux à un homme mort que vif.

Cependant les métayers[9], qui là auprès échalaient[10] les noix, accoururent avec leurs grandes gaules[11], et frappèrent sur ces fouaciers comme du seigle vert[12]. Les autres bergers et bergères, entendant le cri de Frogier, y vinrent avec leurs frondes[13] et bâtons et les suivirent à grands coups de pierres, tant menus[14] qu'il semblait que ce fût grêle. Finalement ils les rejoignirent et leur ôtèrent quatre ou cinq douzaines de leurs fouaces ; toutefois ils les payèrent au prix accoutumé, et leur donnèrent un cent de noix et trois panerées[15] de raisins blancs. Puis les fouaciers aidèrent à monter Marquet, qui était vilainement blessé, et retournèrent à Lerné sans poursuivre le chemin de Parilly,

---

Notes

1. **crêté** : prêt au combat, comme un coq.
2. **mil** : céréale.
3. **onzain** : pièce de monnaie.
4. **baudrier** : ceinture.
5. **lui dût dépocher** : allait sortir de son sac pour lui.
6. **trique** : bâton, matraque.
7. **jointure coronale de la tête** : le derrière du crâne.
8. **artère temporale** : veine qui court le long de la tempe et du visage.
9. **métayers** : exploitants agricoles d'une terre louée.
10. **échalaient** : dépouillaient de leur écorce.
11. **gaules** : longues perches.
12. **comme du seigle vert** : c'est-à-dire très fort.
13. **frondes** : armes de jet.
14. **tant menus** : si rapprochés.
15. **panerées** : contenus de panier.

menaçant fort et ferme les bouviers, bergers et métayers de Seuilly et de Cinais[1].

Cela fait, bergers et bergères firent chère lie avec ces fouaces et beaux raisins, et se rigolèrent ensemble au son de la belle musette, se moquant de ces fouaciers glorieux, qui avaient trouvé malencontre[2] par faute de s'être signés de la bonne main au matin[3]. Et avec de gros raisins chenins[4], ils étuvèrent[5] les jambes de Frogier mignonnement, si bien qu'il fut tantôt guéri.

Notes

1. Il s'agit de lieux situés près de Chinon.
2. **avaient trouvé malencontre** : avaient subi une mésaventure.
3. Faire le signe de croix de la main gauche est considéré comme porteur de malheur.
4. **raisins chenins** : sortes de raisins.
5. **étuvèrent** : baignèrent.

CHAPITRE 26

COMMENT LES HABITANTS DE LERNÉ, PAR LE COMMANDEMENT DE PICROCHOLE[1], LEUR ROI, ASSAILLIRENT AU DÉPOURVU LES BERGERS DE GARGANTUA

Les fouaciers retournés à Lerné, soudain, avant de boire et manger, se transportèrent au Capitole[2], et là, devant leur roi, nommé Picrochole, troisième de ce nom, exposèrent leur plainte, montrant leurs paniers rompus, leurs bonnets froissés, leurs robes déchirées, leurs fouaces détroussées[3], et singulièrement Marquet blessé énormément, disant le tout avoir été fait par les bergers et métayers de Grandgousier, près le grand chemin, par-delà Seuilly.

Lequel incontinent[4] entra en un courroux furieux, et sans plus outre[5] s'interroger quoi ni comment, fit crier par son pays le ban et l'arrière-ban[6], et qu'un chacun, sous peine de la

---

Notes

1. Picrochole : nom issu du grec et signifiant « qui a la bile amère ». Selon la théorie médicale des humeurs en vigueur à l'époque, le « bilieux » est très colérique, avide de gloire et facilement traître.
2. Cette allusion au Capitole de Rome montre la vanité de Picrochole.
3. détroussées : volées.
4. incontinent : immédiatement.
5. sans plus outre : sans plus, sans davantage.
6. le ban et l'arrière-ban : roulements de tambours officiels en guise de convocation.

hart[1], s'en vînt en armes sur la grand'place devant le château, à l'heure de midi. Pour mieux affermir son entreprise, il envoya sonner le tambour à l'entour de la ville. Lui-même, cependant qu'on apprêtait son dîner, alla faire mettre sur affûts son artillerie, déployer son enseigne et son oriflamme et charger force munitions, tant d'équipements d'armes que de gueules.

En dînant, il bailla les commissions ; et fut par son édit le seigneur Trépelu[2] placé à l'avant-garde, en laquelle furent comptés seize mille quatorze arquebusiers[3], trente-cinq mille aventuriers[4].

À l'artillerie fut commis le grand écuyer Touquedillon[5], en laquelle furent comptées neuf cent quatorze grosses pièces de bronze, en canons, doubles canons, basilics, serpentines, couleuvrines, bombardes, faucons, passevolants, spiroles[6] et autres pièces. L'arrière-garde fut baillée au duc Raquedenare[7]. Au centre se tinrent le roi et les princes de son royaume.

Ainsi sommairement accoutrés, avant que de se mettre en route, ils envoyèrent trois cents chevau-légers[8], sous la conduite du capitaine Engoulevent[9], pour découvrir le pays et savoir s'il était quelque embûche par la contrée. Mais, après avoir diligemment[10] cherché, ils trouvèrent tout le pays à l'environ en paix et silence, sans assemblée quelconque.

Ce qu'entendant[11] Picrochole commanda que chacun marchât sous son enseigne hâtivement.

Notes

1. **hart** : corde.
2. **Trépelu** : nom signifiant « loqueteux », « vêtu de haillons ».
3. **arquebusiers** : soldats munis d'armes à feu.
4. **aventuriers** : volontaires.
5. **Touquedillon** : nom languedocien signifiant « fanfaron ».
6. Tous ces noms désignent des sortes de canons.
7. **Raquedenare** : nom signifiant « racle-denier », avare.
8. **chevau-légers** : cavaliers de la garde d'un souverain.
9. **Engoulevent** : nom signifiant « qui gobe le vent ».
10. **diligemment** : avec soin.
11. **Ce qu'entendant** : en entendant cela.

Adonc[1], sans ordre ni mesure, ils prirent les champs les uns parmi les autres, gâtant et dissipant[2] tout par où ils passaient, sans épargner ni pauvre ni riche, ni bien sacré ni profane ; ils emmenaient les bœufs, vaches, taureaux, veaux, génisses, brebis, moutons, chèvres et boucs, poules, chapons, poulets, oisons, jars, oies, porcs, truies, gorets[3], abattant les noix, vendangeant les vignes, emportant les ceps[4], secouant tous les fruits des arbres.

C'était un désordre incomparable en ce qu'ils faisaient, et ils ne trouvèrent personne qui leur résistât, mais un chacun se mettait à leur merci[5], les suppliant d'être traités plus humainement en considération de ce qu'ils avaient de tout temps été bons et amicaux voisins, et que jamais entre eux ils ne commirent d'excès ni d'outrage pour être ainsi soudainement molestés[6] par eux, et que Dieu les en punirait bientôt. À ces remontrances ils ne répondirent rien, sinon qu'ils voulaient leur apprendre à manger de la fouace.

Notes
1. **Adonc** : alors.
2. **gâtant et dissipant** : abîmant et détruisant.
3. **gorets** : jeunes cochons.
4. **ceps** : pieds de vigne.
5. **se mettait à leur merci** : s'en remettait à leur pitié.
6. **molestés** : maltraités.

« Comment un moine de Seuilly sauva
le clos de l'abbaye du sac des ennemis. »
Illustration de Gustave Doré, 1873.
Gravure sur bois de Pannemaker.

CHAPITRE 27

COMMENT UN MOINE DE SEUILLY SAUVA LE CLOS DE L'ABBAYE DU SAC[1] DES ENNEMIS

Ils firent tant et tant, parcoururent, pillant et larronnant, qu'ils arrivèrent à Seuilly, et détroussèrent hommes et femmes, et prirent ce qu'ils purent : rien ne leur fut trop chaud ni trop pesant. Bien que la peste y fût parmi la plus grande partie des maisons, ils entraient partout, ravissaient[2] tout ce qui était dedans, et jamais nul n'en prit danger, ce qui est un cas assez merveilleux : car les curés, vicaires, prêcheurs, médecins, chirurgiens et apothicaires, qui allaient visiter, panser, guérir, prêcher et admonester les malades, étaient tous morts de l'infection, et ces diables pilleurs et meurtriers oncques n'y prirent mal. D'où vient cela, messieurs ? Pensez-y, je vous prie.

Le bourg ainsi pillé, ils se transportèrent en l'abbaye avec un horrible tumulte, mais ils la trouvèrent bien resserrée et fermée. Alors l'armée principale marcha outre, vers le gué de Vède[3], excepté sept enseignes de gens de pied et deux cents lances qui restèrent là et rompirent les murailles du clos afin de gâter toute la vendange.

Notes

1. sac : pillage, saccage (ici, allusion au sac de Rome de mai 1527 par les troupes de Charles Quint).
2. ravissaient : emportaient avec violence.
3. Vède : village proche de Chinon.

Les pauvres diables de moines ne savaient auquel de leurs saints se vouer. À toutes aventures ils firent sonner *ad capitulum capitulantes*[1]. Là fut décrété qu'ils feraient une belle procession, renforcée de beaux préludes et litanies *contra hostium insidias*[2] et de beaux répons *pro pace*[3].

En l'abbaye était pour lors un moine cloîtré nommé « frère Jean des Entommeures[4] », jeune, galant, pimpant, alerte, bien adroit, hardi, aventureux, décidé, haut, maigre, bien fendu de gueule, bien avantagé en nez, beau dépêcheur d'heures, beau débrideur de messes, beau décrotteur de vigiles, pour tout dire sommairement un vrai moine si oncques il en fut depuis que le monde moinant moina de moinerie ; au reste, savant jusqu'aux dents en matière de bréviaire.

Celui-ci, entendant le bruit que faisaient les ennemis par le clos de leur vigne, sortit dehors pour voir ce qu'ils faisaient, et s'avisant qu'ils vendangeaient leur clos auquel était fondée leur boisson de toute l'année, il retourna au chœur de l'église où étaient les autres moines, tout étonnés comme fondeurs de cloches[5] ; et les voyant chanter *ini, nim, pe, ne, ne, ne, ne, ne, ne, tum, ne, num, num, ini, i, mi, imi, co, o, ne, no, o, o, ne, no, ne, no, no, no, rum, ne, num, num*[6] :

« C'est, dit-il, bien chié chanté. Vertudieu[7] ! que ne chantez-vous :

Adieu paniers, vendanges sont faites ?

Notes

1. *ad capitulum capitulantes* (latin) : « ceux qui ont voix au chapitre » (le chapitre est une assemblée religieuse).
2. *contra hostium insidias* (latin) : « contre les embûches des ennemis ».
3. *répons pro pace* : « chants religieux *pour la paix* ».
4. Entommeures : nom signifiant « qui de ses ennemis fait du hachis ».
5. Référence à un proverbe de l'époque.
6. Chant de la messe, récité d'une manière incompréhensible.
7. Vertudieu : juron marquant l'étonnement.

Gargantua

» Je me donne au diable s'ils ne sont pas en notre clos, et s'ils ne coupent si bien et ceps et raisins qu'il n'y aura, cordieu[1] ! de quatre années que grappiller là-dedans[2]. Ventre-saint-Jacques !
quel boirons-nous cependant, nous autres pauvres diables ? Seigneur Dieu, *da mihi potum*[3] ! »

Alors le prieur du cloître dit :

« Que vient faire cet ivrogne ici ? qu'on me le mène en prison. Troubler ainsi le service divin !

— Mais, dit le moine, le service du vin, faisons tant qu'il ne soit troublé : car vous-même, monsieur le prieur, aimez boire du meilleur ; ainsi fait tout homme de bien. Jamais homme noble ne hait le bon vin : c'est un apophtegme monacal. Mais ces répons que vous chantez ici ne sont, pardieu ! point de saison. Pourquoi nos heures sont-elles courtes en temps de moissons et de vendanges, longues en l'Avent[4] et tout l'hiver ? Feu, de bonne mémoire, frère Macé Pelosse[5], vrai zélateur[6] — ou je me donne au diable — de notre religion, me dit, il m'en souvient, que la raison était afin qu'en cette saison nous fassions bien serrer et faire le vin, et qu'en hiver nous le buvions. Écoutez, messieurs, vous autres qui aimez le vin : cordieu ! suivez-moi ! Car me brûle hardiment saint Antoine, si ceux-là tâtent du piot qui n'auront pas secouru la vigne ! Ventredieu[7] ! les biens de l'Église ! Ha ! non, non ! Diable ! Saint Thomas l'Anglais[8] voulut bien pour eux mourir : si j'y mourais, ne serais-je saint de même ? Je n'y mourrai pourtant pas déjà, car c'est moi qui fais mourir les autres. »

Notes

1. **cordieu** : juron.
2. **de quatre années que grappiller là-dedans** : pendant quatre années, il n'y aura plus rien à grappiller là-dedans.
3. *da mihi potum* (latin) : « donne-moi à boire » (formule du clergé).
4. **Avent** : pour les chrétiens, période précédant la fête de Noël.
5. Il s'agit d'un personnage inconnu.
6. **zélateur** : partisan actif d'une cause.
7. **Ventredieu** : juron.
8. Allusion à Thomas Becket (1118-1170), archevêque anglais, défenseur des privilèges du clergé, assassiné sur ordre du roi Henri II.

Ce disant, il mit bas son grand habit et se saisit du bâton de la croix, qui était de cœur de cormier, long comme une lance, rond à plein poing, et quelque peu semé de fleurs de lys, toutes presque effacées. Il sortit ainsi en beau sayon[1], mit son froc[2] en écharpe, et de son bâton de la croix donna si brusquement sur les ennemis qui, sans ordre, ni enseigne, ni trompette, ni tambourin, parmi le clos vendangeaient — car les porte-guidons et porte-enseignes avaient mis leurs guidons et enseignes à l'orée des murs, les tambourineurs avaient défoncé leurs tambourins d'un côté pour les emplir de raisins, les trompettes étaient chargés de grappes, chacun était débandé[3], — il frappa donc si raidement sur eux, sans dire gare, qu'il les renversait comme des porcs, frappant à tort et à travers, selon la vieille escrime.

Aux uns il écrabouillait la cervelle, aux autres il rompait les bras et les jambes, aux autres il disloquait les vertèbres du cou, cassait les reins, abattait le nez, pochait les yeux, fendait les mandibules, enfonçait les dents en la gueule, défonçait les omoplates, mettait les jambes en marmelade, déboîtait les hanches, bousillait les avant-bras.

Si quelqu'un voulait se cacher entre les ceps les plus épais, il lui fracassait toute l'arête du dos et lui brisait les reins comme à un chien. Si l'un voulait se sauver en fuyant, il lui faisait voler la tête en morceaux par la commissure lambdoïde[4]. Si quelqu'un grimpait à un arbre, pensant y être en sûreté, il l'empalait de son bâton par le fondement. Si quelqu'un de sa vieille connaissance lui criait :

« Ha! frère Jean, mon ami, frère Jean, je me rends!

— Il t'est, disait-il, bien forcé; mais tu rendras en même temps l'âme à tous les diables. »

Notes

1. **sayon** : vêtement de paysan ou de berger.
2. **froc** : habit monacal.
3. **chacun était débandé** : tout le monde était dispersé.
4. **commissure lambdoïde** : articulation des os du crâne.

Gargantua

Et soudain il lui donnait le coup de grâce.

Et si personne tant était épris de témérité qu'il lui voulût résister en face, il montrait là la force de ses muscles, car il leur transperçait la poitrine par le médiastin[1] et par le cœur ; donnant à d'autres sur le défaut des côtes[2], il leur retournait l'estomac, et ils mouraient soudain. Aux autres il frappait si farouchement par le nombril qu'il leur faisait sortir les tripes. Aux autres, parmi les couillons, il perçait le boyau culier. Croyez que c'était le plus horrible spectacle qu'on vît oncques.

Les uns criaient : « Sainte Barbe ! », les autres : « Saint Georges ! », les autres : « Sainte Nitouche ! », les autres : « Notre-Dame de Cunault, de Lorette, de Bonnes-Nouvelles, de la Lenou, de Rivière ! » Les uns se vouaient à saint Jacques, les autres au Saint Suaire de Chambéry, mais il brûla trois mois après[3], si bien qu'on n'en put sauver un seul brin. Les autres à Cadouin, les autres à saint Jean d'Angely, les autres à saint Eutrope de Saintes, à saint Mesme de Chinon, à saint Martin de Candes, à saint Clouaud de Cinais, aux reliques de Javarzay[4], et à mille autres bons petits saints. Les uns mouraient sans parler, les autres parlaient sans mourir, les uns mouraient en parlant, les autres parlaient en mourant. Les autres criaient à haute voix : « Confession ! confession ! *Confiteor, miserere, in manus*[5]. »

Tant fut grand le cri des blessés, que le prieur de l'abbaye sortit avec tous ses moines, lesquels, quand ils aperçurent ces pauvres gens ainsi renversés parmi la vigne et blessés à mort, en confessèrent quelques-uns. Mais pendant que les moines s'amusaient à confesser, les petits moinetons[6] coururent au lieu

---

Notes

1. **médiastin** : région profonde située entre les deux poumons.
2. **défaut des côtes** : à l'extrémité des côtes.
3. Allusion à un incendie ayant eu lieu en 1532.
4. Les lieux cités sont en Dordogne, dans le Poitou et dans les Charentes.
5. *Confiteor, miserere, in manus* (latin) : « je confesse, ayez pitié, entre vos mains ».
6. **moinetons** : jeunes moines.

où était frère Jean, et lui demandèrent en quoi il voulait qu'ils lui aidassent.

À quoi il répondit qu'ils égorgeassent ceux qui étaient portés par terre. Donc, laissant leurs grandes capes sur une treille au plus près, ils commencèrent à égorger et à achever ceux qu'on avait déjà meurtris. Savez-vous avec quels instruments ? Avec de beaux gouvets qui sont de petits demi-couteaux, dont les petits enfants de notre pays cernent les noix.

Puis, avec son bâton de croix, il gagna la brèche qu'avaient faite les ennemis. Quelques-uns des moinetons emportèrent les enseignes et guidons en leurs chambres pour en faire des jarretières[1]. Mais quand ceux qui s'étaient confessés voulurent sortir par cette brèche, le moine les assommait de coups, en disant :

« Ceux-ci sont confessés et repentants, et ont gagné les pardons : ils s'en vont en paradis droit comme une faucille[2] et comme est le chemin de Faye[3]. »

Ainsi, par sa prouesse, furent déconfits tous ceux de l'armée qui étaient entrés dans le clos, jusqu'au nombre de treize mille six cent vingt-deux, sans les femmes et les enfants, cela s'entend toujours.

Jamais Maugis ermite ne se porta si vaillamment avec son bourdon contre les Sarrasins[4] dont il est écrit aux gestes[5] des quatre fils Aymon[6], que fit le moine à l'encontre des ennemis avec le bâton de la croix.

Notes

1. **jarretières** : bandes permettant de fixer les bas.
2. (aller) **en paradis droit comme une faucille** : commettre une mauvaise action.
3. Lieu situé près de Chinon (« Faye » se prononce [fwe] : ce qui permet un jeu de mots avec *foi*).
4. **Sarrasins** : nom donné en Europe, pendant le Moyen Âge, aux peuples de religion musulmane.
5. **gestes** : ensemble de poèmes épiques médiévaux consacrés à un même héros.
6. Allusion à une épopée médiévale, *Chanson des quatre fils Aymon*, dont Maugis est un personnage important.

Gargantua

CHAPITRE 28

COMMENT PICROCHOLE PRIT D'ASSAUT LA ROCHE-CLERMAUD[1], ET LE REGRET ET LA DIFFICULTÉ QUE FIT GRANDGOUSIER D'ENTREPRENDRE LA GUERRE

1   Pendant que le moine s'escarmouchait, comme nous avons dit, contre ceux qui étaient entrés dans le clos, Picrochole, avec une grande hâte, passa le gué de Vède avec ses gens et assaillit la Roche-Clermaud, auquel lieu ne lui fut faite résis-
5   tance quelconque, et, parce qu'il était déjà nuit, il décida de s'héberger en cette ville, lui et ses gens, et de la rafraîchir de son âcre colère.

Au matin, il prit d'assaut les boulevards et le château, et le rempara[2] très bien, et le pourvut des munitions requises, pen-
10 sant faire là sa retraite s'il était assailli par ailleurs, car le lieu était fort, et par art et par nature, à cause de sa situation et de son assiette[3].

Or laissons-les là, et retournons à notre bon Gargantua, qui est à Paris, bien ardent à l'étude des bonnes lettres et exercices
15 athlétiques, et au vieux bonhomme Grandgousier, son père,

Notes
1. **la Roche-Clermaud** (Clermault) : château situé près de *La Devinière*.
2. **rempara** : prépara pour la défense.
3. **assiette** : emplacement.

qui, après souper, se chauffe les couilles à un beau, clair et grand feu, en attendant des châtaignes à griller sous la cendre, écrit au foyer avec un bâton brûlé d'un bout, dont on tisonne le feu, en faisant à sa femme et à sa famille de beaux contes du temps jadis.

Un des bergers qui gardaient les vignes, nommé Pillot, se transporta vers lui, à cette heure-là, et raconta entièrement les excès et pillages que faisait Picrochole, roi de Lerné, en ses terres et domaines, et comment il avait pillé, gâté, saccagé tout le pays, excepté le clos de Seuilly que frère Jean des Entommeures avait sauvé à son honneur, et à présent le dit roi était en la Roche-Clermaud, et là, en grand hâte, se remparait, lui et ses gens.

« Hélas ! hélas ! dit Grandgousier. Qu'est ceci, bonnes gens ? Songé-je, ou si ce qu'on me dit est vrai ? Picrochole, mon ami sincère de tout temps, de toute race et alliance, me vient-il assaillir ? Qui le meut ? qui le point[1] ? qui le conduit ? qui l'a ainsi conseillé ? Ho, ho, ho, ho, ho ! mon Dieu, mon Sauveur, aide-moi, inspire-moi, conseille-moi sur ce qui est à faire. Je proteste, je jure devant Toi, — ainsi me sois-tu favorable ! — si jamais je fis à lui déplaisir, ni à ses gens dommage, ni à ses terres pillerie ; mais, bien au contraire, je l'ai secouru de gens, d'argent, de faveur et de conseil, en tous les cas où j'ai pu connaître son avantage. Qu'il m'ait donc à ce point outragé, ce ne peut être que par l'esprit malin[2]. Bon Dieu, Tu connais mon courage, car à Toi rien ne peut être celé[3]. Si par aventure il était devenu fou furieux, et que, pour lui réhabiliter[4] son cerveau, Tu me l'eusses envoyé ici, donne-moi et de pouvoir et de savoir le rendre au joug[5] de Ton saint vouloir par bonne discipline.

Notes

1. **point** : excite.
2. **malin** : corrompu, pernicieux.
3. **celé** : caché.
4. **réhabiliter** : guérir.
5. **joug** : pièce de bois qu'on met sur les bêtes de somme ; ici, contrainte, domination forte qui pèse sur quelqu'un.

Gargantua

» Ho, ho, ho ! mes bonnes gens, mes amis et mes féaux[1] serviteurs, faudra-t-il que je vous embarrasse à m'y aider ? Las ! ma vieillesse ne requérait dorénavant que le repos, et toute ma vie je n'ai rien tant chéri que la paix ; mais il faut, je le vois bien, que maintenant je charge de harnais mes pauvres épaules lasses et faibles et qu'en ma main tremblante je prenne la lance et la masse pour secourir et garantir mes pauvres sujets. La raison le veut ainsi ; ici je suis entretenu de leur labeur et je suis nourri de leur sueur, moi, mes enfants et ma famille. Ce nonobstant, je n'entreprendrai la guerre que je n'aie essayé tous les arts et moyens de la paix ; voilà à quoi je me résous. »

Adonc il fit convoquer son conseil et exposa l'affaire telle qu'elle était, et il fut conclu qu'on enverrait quelque homme prudent vers Picrochole lui demander pourquoi il s'était si soudainement départi de son repos et avait envahi des terres auxquelles il n'avait aucun droit ; de plus, qu'on enverrait quérir Gargantua et ses gens, afin de maintenir le pays et de le défendre en ce besoin. Le tout plut à Grandgousier, et il commanda qu'ainsi fût fait.

Il envoya donc sur l'heure le Basque, son laquais, quérir en toute hâte Gargantua, et il lui écrivait comme suit…

---

1. **féaux** : fidèles, dévoués.

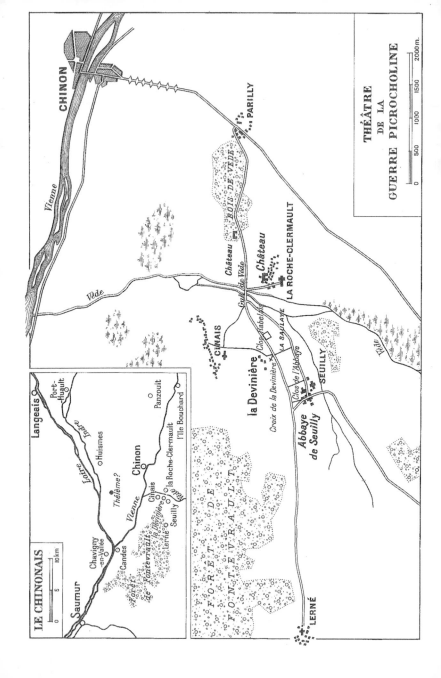

CHAPITRE 29

LA TENEUR DES LETTRES QUE GRANDGOUSIER ÉCRIVAIT À GARGANTUA

1   *La ferveur de tes études requérait que je ne te rappelasse de longtemps de ce philosophique repos, si la confiance*[1] *de nos amis et anciens confédérés*[2] *n'eût présentement frustré*[3] *la sûreté de ma vieillesse. Mais, puisque telle est cette fatale destinée que je sois inquiété par ceux aux-*
5   *quels*[4] *je me reposais le plus, force m'est de te rappeler au secours des gens et biens qui te sont confiés par droit naturel. Car de même que sont débiles*[5] *les armes au dehors si le conseil n'est en la maison, de même l'étude est vaine et le conseil inutile, qui, en temps opportun, n'est exécuté par vertu et réduit à son effet.*

10 *Ma délibération n'est de provoquer, mais d'apaiser ; d'assaillir, mais de défendre ; de conquérir, mais de garder les féaux sujets et terres héréditaires, dans lesquelles Picrochole est entré hostilement sans cause ni occasion, et poursuit, de jour en jour, sa furieuse entreprise, avec des excès non tolérables à des personnes libres.*

15 *Je me suis mis en devoir de modérer sa colère tyrannique, en lui offrant tout ce que je pensais pouvoir lui être en contentement, et par*

Notes

1. **confiance** : ici, prétention arrogante.
2. **confédérés** : ici, alliés.
3. **frustré** : déçu.
4. **auxquels** : ici, sur lesquels.
5. **débiles** : ici, impuissantes.

plusieurs fois, j'ai envoyé aimablement devers lui[1] pour entendre en quoi, par qui et comment il se sentait outragé ; mais je n'ai eu d'autre réponse de lui que de défi volontaire, et qu'il prétendait seulement droit
20 *de convenance[2] en mes terres. Dont j'ai connu que Dieu éternel l'a laissé au gouvernail de son franc arbitre et propre sens, qui ne peut être que méchant s'il n'est continuellement guidé par la grâce divine, et, pour le contenir en devoir et réduire à connaissance, Il me l'a ici envoyé à fâcheuses enseignes[3].*

25 *Aussi, mon fils bien aimé, le plus tôt que faire tu pourras, ayant vu ces lettres, retourne avec diligence[4] secourir non tant moi — ce que toutefois tu dois naturellement par piété filiale — que les tiens, lesquels tu peux sauver et garder par raison. L'exploit sera fait avec la moindre effusion de sang qu'il sera possible, et, si c'est possible, par des moyens*
30 *plus expédients, précautions et ruses de guerre, nous sauverons toutes les vies et les enverrons, joyeux, à leurs domiciles.*

Très cher fils, la paix du Christ, notre rédempteur, soit avec toi.
Salue Ponocrate, Gymnaste et Eudémon de ma part.
Du vingtième de septembre.

35
Ton père,
Grandgousier

Notes

1. **ai envoyé aimablement devers lui** : lui ai envoyé pacifiquement des ambassadeurs.
2. **droit de convenance** : droit d'agir à sa guise.
3. **à fâcheuses enseignes** : avec de mauvaises intentions.
4. **diligence** : soin et rapidité.

CHAPITRE 30

COMMENT ULRICH GALLET
FUT ENVOYÉ VERS PICROCHOLE

Les lettres dictées et signées, Grandgousier ordonna qu'Ulrich Gallet, maître de ses requêtes[1], homme sage et discret, dont, en diverses et contentieuses[2] affaires, il avait éprouvé la vertu et le bon avis, allât vers Picrochole pour lui remontrer ce que par eux il avait été décrété.

Le bonhomme Gallet partit sur l'heure, et, passé le gué, s'informa au meunier de l'état de Picrochole, lequel lui fit réponse que ses gens ne lui avaient laissé ni coq ni poule, et qu'ils s'étaient retranchés en la Roche-Clermaud, et qu'il ne lui conseillait point de passer outre, de peur du guet, car leur fureur était énorme. Ce qu'il crut facilement, et, pour cette nuit, il hébergea avec le meunier.

Au lendemain matin, il se transporta avec la trompette[3] à la porte du château et demanda aux gardes qu'ils le fissent[4] parler au roi, pour son profit.

Notes

1. maître de ses requêtes : magistrat qui apporte, au Conseil du roi, les demandes des particuliers.
2. contentieuses : qui font l'objet de débats, de désaccords.
3. la trompette : expression qui désigne, ici, le musicien jouant de la trompette.
4. fissent : laissent.

Les paroles annoncées au roi, l'autre ne consentit aucunement qu'on lui ouvrît la porte, mais il se transporta sur le boulevard et dit à l'ambassadeur :

« Qu'y a-t-il de nouveau ? Que voulez-vous dire ? »

Adonc l'ambassadeur exposa ce qui suit…

Picrochole vu par Gustave Doré.

CHAPITRE 31

LA HARANGUE FAITE PAR GALLET À PICROCHOLE[1]

« Il ne peut naître entre les humains plus juste cause de douleur que si, du lieu dont ils espéraient par droiture[2] grâce et bienveillance, ils reçoivent ennui et dommage. Et non sans cause — bien que sans raison — plusieurs venus en tel accident ont estimé cette indignité moins tolérable que leur vie propre, et, au cas où ils ne l'ont pu corriger par la force ni par un autre moyen, ils se sont privés eux-mêmes de cette lumière.

» Donc ce n'est merveille[3] si le roi Grandgousier, mon maître, est, à ta furieuse et hostile venue, saisi de grand déplaisir et perturbé en son entendement. Ce serait merveille si ne l'avaient ému les excès incomparables qui, en ses terres et contre ses sujets, ont été commis par toi et par tes gens, parmi lesquels aucun exemple d'inhumanité n'a été omis. Ce qui lui est si pénible de soi, par la cordiale affection dont il a toujours chéri ses sujets, que ce ne saurait l'être plus à nul homme mortel. Toutefois, d'estimation humaine, ce lui est plus pénible,

---

1. La harangue de ce chapitre relève du genre rhétorique judiciaire.
2. **par droiture** : naturellement, légitimement.
3. **ce n'est merveille** : ce n'est pas étonnant.

en tant que ces griefs et torts ont été faits par toi et les tiens, qui, de toute mémoire et ancienneté, aviez conçu, toi et tes pères, avec lui et tous ses ancêtres une amitié, que vous aviez ensemble, jusqu'à présent, inviolablement maintenue, gardée et entretenue comme sacrée, si bien que, non seulement lui et les siens, mais les nations barbares[1] : Poitevins, Bretons, Manceaux[2], et ceux qui habitent outre les îles Canaries et Isabella[3], ont estimé aussi facile de démolir le firmament et d'ériger les abîmes au-dessus des nues que de désemparer[4] votre alliance, et ils l'ont tant redoutée en leurs entreprises qu'ils n'ont jamais osé provoquer, irriter ni endommager l'un par crainte de l'autre.

» Il y a plus. Cette amitié sacrée a tant empli ce ciel qu'il y a peu de gens habitant par tout le continent et les îles de l'Océan qui n'aient ambitieusement aspiré à être reçus en celle-ci, selon des pactes conditionnés par vous-mêmes, estimant autant votre confédération que leurs propres terres et domaines. En sorte que, de toute mémoire, il n'a été prince ni ligue tant furieuse ou superbe qui ait osé courir, je ne dis point sur vos terres, mais sur celles de vos confédérés, et si, par conseil précipité, ils ont fait contre eux quelque tentative d'empiètement, ils ont soudain renoncé à leurs entreprises.

» Quelle furie donc te meut maintenant, toute alliance brisée, toute amitié foulée, tout droit outrepassé, à envahir hostilement ses terres sans en avoir été par lui ni les siens endommagé, irrité ni provoqué ? Où est la foi ? où est la loi ? où est la raison ? où est l'humanité ? où est la crainte de Dieu ? Crois-tu ces outrages celés aux esprits éternels et au Dieu souverain, qui est la juste rétribution[5] de nos entreprises ? Si tu le crois, tu te trompes, car toutes choses viendront à Son juge-

---

Notes

1. **nations barbares** : nations étrangères.
2. Allusion à certaines luttes locales de l'époque.
3. **Isabella** : première ville fondée par Christophe Colomb dans les Amériques.
4. **désemparer** : bafouer.
5. **rétribution** : revenu, salaire.

Gargantua

ment. Sont-ce de fatales destinées ou des influences des astres qui veulent mettre fin à tes aises et repos ? Ainsi ont toutes choses leur fin et leur période, et quand elles sont venues à leur point superlatif[1], elles sont en bas ruinées[2], car elles ne peuvent longtemps en tel état demeurer. C'est la fin de ceux qui ne peuvent par raison et tempérance[3] modérer leurs fortunes[4] et leurs prospérités.

» Mais si ton bonheur en repos était ainsi fixé par le destin et devait maintenant prendre fin, fallait-il que ce fût en incommodant mon roi, celui par lequel tu étais établi ? Si ta maison devait tomber en ruine, fallait-il qu'en sa ruine elle tombât sur les âtres[5] de celui qui l'avait ornée ? La chose est tant hors les bornes de la raison, tant éloignée de tout sens commun qu'à peine peut-elle être conçue par l'entendement humain, et elle demeurera non croyable aux étrangers jusqu'à ce que l'effet assuré et témoigné leur donne à entendre que rien n'est sain ni sacré à ceux qui se sont émancipés de Dieu et de la raison pour suivre leurs affections perverses.

» Si quelque tort eût été fait par nous à tes sujets et domaines, s'il eût été porté faveur par nous à ceux qui te sont malveillants, si nous ne t'eussions secouru en tes affaires, si par nous ton nom et ton honneur eussent été blessés, ou, pour mieux dire, si l'esprit calomniateur, tentant de te tirer à mal, eût, par fausses apparences et fantômes décevants[6], mis en ton entendement que nous eussions fait envers toi une chose indigne de notre ancienne amitié, tu devais d'abord t'enquérir de la vérité, puis nous en admonester[7], et nous eussions tant satisfait ton gré que tu eusses eu l'occasion d'être content. Mais, ô

Notes

1. **leur point superlatif** : leur point le plus haut, leur étape ultime.
2. **elles sont en bas ruinées** : elles s'effondrent.
3. **tempérance** : sens de la mesure.
4. **fortunes** : chances.
5. **âtres** : cheminées ; ici, image utilisée pour désigner le foyer.
6. **fantômes décevants** : visions délirantes, illusoires.
7. **admonester** : réprimander et avertir sévèrement.

Dieu éternel! quelle est ton entreprise? Voudrais-tu, comme un tyran perfide, piller ainsi et mettre à sac le royaume de mon maître? L'as-tu éprouvé si lâche et si stupide, qu'il ne voulût, ou si dépourvu de gens, d'argent, de conseil et d'art militaire, qu'il ne pût résister à tes iniques[1] assauts?

» Pars d'ici présentement, et demain pour tout le jour sois retiré en tes terres, sans faire aucun tumulte ni coup de force par le chemin, et paye mille besants[2] d'or pour les dommages que tu as faits en ces terres. Tu en bailleras la moitié demain, tu paieras l'autre moitié aux ides[3] de mai venant prochainement, nous laissant cependant pour otages les ducs de Tournemoule, de Basdefesses et de Menuail, ainsi que le prince de Grattelles et le vicomte de Morpiaille[4]. »

Notes

1. **iniques** : très injustes.
2. **besants** : unités de monnaie.
3. **ides** : mi-mai.
4. Ces noms d'alliés de Picrochole sont tous ridicules et comiques.

Gargantua

CHAPITRE 32

COMMENT GRANDGOUSIER, POUR ACHETER LA PAIX, FIT RENDRE LES FOUACES

À ce moment le bonhomme Gallet se tut, mais Picrochole à tous ses propos ne répond autre chose, sinon : « Venez les quérir[1] ! venez les quérir ! Ils ont belle couille, et molle[2]. Ils vous broieront de la fouace ! »

Donc il retourne vers Grandgousier, qu'il trouva à genoux, tête nue, incliné en un petit coin de son cabinet, priant Dieu qu'Il voulût amollir la colère de Picrochole et le mettre au point par la raison[3] sans y procéder par la force. Quand il vit le bonhomme de retour, il lui demanda :

« Ha ! mon ami, mon ami, quelles nouvelles m'apportez-vous ?

— Il n'y a pas d'ordre, dit Gallet : cet homme est tout hors de sens et délaissé de Dieu.

— Voire[4], mais, dit Grandgousier, mon ami, quelle cause prétend-il de cet excès ?

Notes

1. **quérir** : chercher.
2. **couille, et molle** : jeu de mots pour désigner à la fois les testicules et le mortier dans lequel on broie certains produits.
3. **le mettre au point par la raison** : le ramener à la raison.
4. **Voire** : vraiment.

— Il ne m'a, dit Gallet, cause quelconque exposé, sinon qu'il m'a dit en colère quelques mots de fouaces. Je ne sais si l'on n'aurait point fait outrage à ses fouaciers.

— Je veux bien, dit Grandgousier, l'entendre avant de délibérer autre chose sur ce qui serait à faire. »

Alors il manda savoir de cette affaire, et trouva pour vrai qu'on avait pris par force quelques fouaces de ses gens, et que Marquet avait reçu un coup de tribard[1] sur la tête ; toutefois que le tout avait été bien payé, et que le dit Marquet avait le premier blessé Frogier de son fouet par les jambes, et il sembla à tout son conseil qu'avec toutes ses forces il se devait défendre.

Ce nonobstant Grandgousier dit :

« Puisqu'il n'est question que de quelques fouaces, j'essaierai de le contenter, car il me déplaît par trop de soulever la guerre. »

Donc il s'enquit combien on avait pris de fouaces, et, entendant dire quatre ou cinq douzaines, il commanda qu'on en fît cinq charretées[2] en cette nuit, et que l'une fût de fouaces faites avec du beau beurre, de beaux jaunes d'œufs, du beau safran et de belles épices, pour être distribuées à Marquet, et que, pour ses dommages et intérêts, il lui donnait sept cent mille trois philippus[3] pour payer les barbiers qui l'auraient pansé, et qu'en outre il lui donnait la métairie de la Pomardière[4], à perpétuité franche[5], pour lui et les siens.

Pour conduire et passer le tout, fut envoyé Gallet, lequel par le chemin fit cueillir près de la Saulaie force grands rameaux de cannes et de roseaux, et en fit armer autour leurs charrettes et chacun des charretiers. Lui-même en tint un en main, voulant par là donner à connaître qu'ils ne demandaient que paix et qu'ils venaient pour l'acheter.

Notes
1. **tribard** : bâton.
2. **charretées** : contenus d'une charrette.
3. **philippus** : unités de monnaie.
4. **Pomardière** : lieu situé près de Chinon.
5. **à perpétuité franche** : sans avoir à payer de droits.

Gargantua

Venus à la porte, ils demandèrent à parler à Picrochole de la part de Grandgousier. Picrochole ne voulut oncques les laisser entrer, ni aller leur parler, et manda qu'il était empêché, mais qu'ils disent ce qu'ils voudraient au capitaine Touquedillon, lequel montait sur affût quelque pièce sur les murailles.

Donc le bonhomme lui dit :

« Seigneur, pour vous retirer de tout ce débat et ôter toute excuse que vous ne retourniez en notre alliance première, nous vous rendons présentement les fouaces dont est la controverse. Nos gens en prirent cinq douzaines ; elles furent très bien payées. Nous aimons tant la paix que nous en rendons cinq charrettes, desquelles celle-ci sera pour Marquet qui se plaint le plus. De plus, pour le contenter entièrement, voilà sept cent mille trois philippus que je lui livre, et pour l'intérêt auquel il pourrait prétendre, je lui cède la métairie de la Pomardière, à perpétuité possédable pour lui et les siens, en franc aloi — voici le contrat de transaction — et, pour Dieu ! vivons dorénavant en paix, et retirez-vous en vos terres joyeusement, cédant cette place-ci, en laquelle vous n'avez droit quelconque, comme bien vous l'avouez, et amis comme avant. »

Touquedillon raconta le tout à Picrochole, et de plus en plus envenima son courage[1], en lui disant :

« Ces rustres ont belle peur. Pardieu ! Grandgousier se conchie, le pauvre buveur ! Ce n'est pas son art d'aller en guerre, mais oui bien de vider les flacons. Je suis d'opinion que nous retenions ces fouaces et l'argent, et que nous hâtions, quant au reste, de nous retrancher ici et de poursuivre notre fortune[2]. Mais pensent-ils bien avoir affaire à une dupe, de nous repaître de ces fouaces ? Voilà ce que c'est. Le bon traitement et la grande familiarité que vous leur avez auparavant

---

Notes

1. envenima son courage : excita son courage mais en lui mettant dans le cœur du poison ; excita sa rage.

2. fortune : ici, aventure.

tenue vous ont rendu à leurs yeux méprisable. Oignez vilain, il vous poindra. Poignez vilain, il vous oindra[1].

— Çà, çà, çà[2], dit Picrochole, saint Jacques ! ils en auront : faites ainsi que vous avez dit.

— Je vous veux avertir d'une chose, dit Touquedillon. Nous sommes ici assez mal ravitaillés et maigrement pourvus des harnais de gueule[3]. Si Grandgousier nous mettait le siège, dès à présent je m'en irais faire arracher toutes mes dents, pour que trois seulement me restassent, aussi bien à vos gens qu'à moi ; avec celles-ci nous n'avancerons que trop à manger nos munitions[4].

— Nous n'aurons que trop de mangeaille, dit Picrochole. Sommes-nous ici pour manger ou batailler ?

— Pour batailler, à la vérité, dit Touquedillon ; mais de la panse vient la danse, et où faim règne force est exilée.

— Assez jasé ! dit Picrochole. Saisissez ce qu'ils ont amené. »

Donc ils prirent l'argent et les fouaces, les bœufs et les charrettes, et les renvoyèrent sans mot dire, sinon qu'ils n'approchassent plus de si près, pour la cause qu'on leur dirait demain.

Ainsi, sans rien faire, ils retournèrent devers[5] Grandgousier et lui contèrent le tout, ajoutant qu'il n'était aucun espoir de les tirer à la paix, sinon avec une vive et forte guerre.

Notes

1. **Poignez vilain, il vous oindra :** proverbe médiéval qui signifie « il faut traiter rudement les gens grossiers si on veut en être respecté ».
2. **çà :** interjection employée pour stimuler le courage.
3. **harnais de gueule :** vivres, nourritures.
4. **nous n'avancerons que trop à manger nos munitions :** nous ne mangerons que trop vite nos réserves.
5. **devers :** auprès de.

CHAPITRE 33

COMMENT CERTAINS GOUVERNEURS DE PICROCHOLE, PAR CONSEIL PRÉCIPITÉ[1], LE MIRENT AU DERNIER PÉRIL[2]

Les fouaces détroussées[3], comparurent devant Picrochole les duc de Menuail, comte Spadassin et capitaine Merdaille, et ils lui dirent :

« Sire, aujourd'hui nous vous rendons le plus heureux, plus chevaleresque prince qui onques fut depuis la mort d'Alexandre de Macédoine[4].

— Couvrez, couvrez-vous, dit Picrochole.

— Grand merci, dirent-ils, Sire, nous sommes à notre devoir. Le moyen est tel : vous laisserez ici quelque capitaine en garnison avec une petite bande de gens, pour garder la place, laquelle nous semble assez forte, tant par nature que par les remparts faits à votre invention. Vous répartirez votre armée en deux, comme vous l'entendez le mieux.

Notes

1. **précipité** : trop vite donné, sans réflexion.
2. Ce chapitre constitue une dénonciation des visées impérialistes de Charles Quint.
3. **Les fouaces détroussées** : une fois les fouaces volées.

4. **Alexandre de Macédoine** (Alexandre le Grand) : il est l'un des plus grands conquérants du monde (356-323 av. J.-C.).

L'une partie ira ruer sur ce Grandgousier et ses gens. Par elle il sera de prime abord facilement déconfit. Là vous recouvrerez de l'argent à tas, car le vilain[1] a du comptant. Vilain, disons-nous, parce qu'un noble prince n'a jamais un sou. Thésauriser[2] est fait de vilain.

L'autre partie, cependant, tirera vers Aunis, Saintonge, Angoumois et Gascogne, ensemble Périgord, Médoc et Landes[3]. Sans résistance, ils prendront villes, châteaux et forteresses. À Bayonne, à Saint-Jean-de-Luz et Fontarabie[4], vous saisirez toutes les nefs, et, côtoyant vers Galice[5] et Portugal, vous pillerez tous les lieux maritimes, jusqu'à Lisbonne, où vous aurez renfort de tout équipage requis à un conquérant. Par le corbleu! Espagne se rendra, car ce ne sont que rustres! Vous passerez par le détroit de Séville[6], et là vous érigerez deux colonnes plus magnifiques que celles d'Hercule[7], pour la perpétuelle mémoire de votre nom, et sera nommé ce détroit-ci "la mer Picrocholine".

Passée la mer Picrocholine, voici Barberousse[8] qui se rend votre esclave...

— Je le prendrai à merci[9], dit Picrochole.

— Voire, dirent-ils, pourvu qu'il se fasse baptiser. Et vous attaquerez les royaumes de Tunis, de Bizerte, Alger, Bône, Corène, hardiment toute la Barbarie[10]. Passant outre, vous retiendrez en votre main Majorque, Minorque, la Sardaigne, la Corse et autres îles de la mer Ligurienne et les Baléares[11].

Notes

1. **vilain** : paysan, personne de bas niveau social.
2. **Thésauriser** : épargner (allusion aux fréquentes difficultés d'argent de Charles Quint).
3. Lieux situés dans le Sud-Ouest de la France.
4. Lieux situés au Pays basque.
5. **Galice** : région espagnole.
6. Il s'agit, en fait, du détroit de Gibraltar.
7. Allusion aux colonnes d'Hercule, montagnes qui bordent le détroit de Gibraltar.
8. **Barberousse** : corsaire allié de François Ier.
9. **prendrai à merci** : lui ferai grâce.
10. Lieux situés en Afrique du Nord, désignée, ici, par le terme « *Barbarie* ».
11. Îles situées en mer Méditerranée.

Côtoyant à gauche, vous dominerez toute la Gaule Narbonnaise, la Provence et les Allobroges, Gênes, Florence, Lucques[1] et, à Dieu soit! Rome. Le pauvre Monsieur du Pape meurt déjà de peur.

— Par ma foi, dit Picrochole, je ne lui baiserai plus sa pantoufle[2].

— Prise l'Italie, voilà Naples, la Calabre, les Pouilles et la Sicile[3] toutes à sac, et Malte[4] avec. Je voudrais bien que les plaisants chevaliers, je dis Rhodiens[5], vous résistassent, pour voir leur urine[6].

— J'irais, dit Picrochole, volontiers à Lorette.

— Rien, rien, dirent-ils, ce sera au retour. De là nous prendrons Candie[7], Chypre, Rhodes et les îles Cyclades et donnerons sur la Morée[8]. Nous la tenons. Saint Treignan[9], Dieu garde Jérusalem! car le Soudan n'est pas comparable à votre puissance!

— Je ferai donc, dit-il, bâtir le temple de Salomon[10]?

— Non, dirent-ils, pas encore, attendez un peu. Ne soyez jamais tant soudain à vos entreprises. Savez-vous ce que disait Octavien Auguste[11]? *Festina lente*[12]. Il vous convient premièrement d'avoir l'Asie Mineure, Carie, Lycie, Pamphylie, Cilicie,

---

Notes

1. Lieux situés dans le Sud de la France et de part et d'autre de la frontière franco-italienne.
2. je ne lui baiserai plus sa pantoufle : manière de dire qu'il ne rendra plus hommage au pape.
3. Liste de régions italiennes.
4. Malte : île située au milieu de la Méditerranée.
5. Rhodiens : habitants de l'île grecque de Rhodes.
6. pour voir leur urine : pour évaluer leur santé, leur courage.
7. Candie : la Crête (tous les lieux cités à la suite sont situés en Méditerranée).
8. Morée : région de Grèce, mais aussi région française de la Beauce.
9. Saint Treignan : juron de soldats.
10. temple de Salomon : lieu de culte à Jérusalem (Picrochole assimile sa guerre à une croisade).
11. Octavien Auguste : premier empereur romain (63 av. J.-C. et 14 ap. J.-C.).
12. *Festina lente* (latin) : « hâte-toi lentement ».

Lydie, Phrygie, Mysie, Bithynie, Carrasie, Adalie, Samagarie, Castamoune, Luga, Sébasta[1], jusqu'à l'Euphrate[2].

— Verrons-nous, dit Picrochole, Babylone[3] et le mont Sinaï[4] ?

— Il n'est, dirent-ils, plus besoin pour cette heure. N'est-ce pas assez de tracas, oui-da[5], d'avoir traversé la mer Caspienne, chevauché les deux Arménies et les trois Arabies ?

— Par ma foi, dit-il, nous sommes affolés. Ha, pauvres gens !

— Quoi ? dirent-ils.

— Que boirons-nous par ces déserts ? Car Julien Auguste et toute son armée y moururent de soif, comme l'on dit[6].

— Nous avons déjà, dirent-ils, donné ordre à tout. Par la mer de Syrie vous avez neuf mille quatorze grandes nefs, chargées des meilleurs vins du monde ; elles arrivent à Jaffa. Là se sont trouvés deux cent vingt mille chameaux et seize cents éléphants, lesquels vous aurez pris à une chasse environ Sigeilmès, lorsque vous entrâtes en Libye, et par surcroît vous eûtes toute la caravane de La Mecque[7]. Ne vous fournirent-ils pas du vin à suffisance ?

— Voire, mais, dit-il, nous ne bûmes point frais.

— Par la vertu, dirent-ils, non pas d'un petit poisson[8], un preux[9], un conquérant, un prétendant, et aspirant à l'empire universel, ne peut toujours avoir ses aises. Dieu soit loué de ce que vous êtes venus, vous et vos gens, saufs et entiers jusqu'au fleuve du Tigre[10] !

Notes

1. Lieux situés en Asie Mineure.
2. **Euphrate :** fleuve de Mésopotamie.
3. **Babylone :** ville de Mésopotamie.
4. **mont Sinaï :** montagne d'Égypte où, selon la Bible, Moïse rencontra Dieu pour la première fois.
5. **oui-da :** assurément.
6. L'empereur romain Julien (331-363), qui avait renié la religion chrétienne dans laquelle il avait été élevé, est mort lors de son expédition au Moyen-Orient.
7. Les lieux cités dans ce paragraphe vont de la Syrie à l'Arabie, en passant par Israël et l'Afrique du Nord.
8. **Par la vertu [...] non pas d'un petit poisson :** juron.
9. **preux :** vaillant, particulièrement courageux.
10. **Tigre :** fleuve de Mésopotamie.

— Mais, dit-il, que fait cependant la part de notre armée qui déconfit ce vilain buveur de Grandgousier ?

— Ils ne chôment pas, dirent-ils ; nous les rencontrerons tantôt. Ils vous ont pris Bretagne, Normandie, Flandres, Hainaut, Brabant, Artois, Hollande, Zélande[1] ; ils ont passé le Rhin par-dessus le ventre des Suisses et Lansquenets[2], et une partie d'entre eux a dompté le Luxembourg, la Lorraine, la Champagne, la Savoie jusqu'à Lyon, auquel lieu ils ont trouvé vos garnisons retournant des conquêtes navales de la mer Méditerranée, et se sont rassemblés en Bohême, après avoir mis à sac Souabe, Wurtemberg, Bavière, Autriche, Moravie et Styrie[3]. Puis ils ont donné farouchement ensemble sur Lubeck, Norvège, le Reich de Suède, Dace, Gothie, Groenland, les Estrelins, jusqu'à la mer Glaciale[4]. Cela fait, ils conquirent les îles Orcades[5], et subjuguèrent Écosse, Angleterre et Irlande. De là, naviguant par la mer Sableuse et par les Sarmates[6], ils ont vaincu et dompté Prusse, Pologne, Lithuanie, Russie, Valachie, la Transylvanie et Hongrie, Bulgarie, Turquie, et ils sont à Constantinople.

— Allons, dit Picrochole, nous rendre vers eux au plus tôt, car je veux être aussi empereur de Trébizonde[7]. Ne tuerons-nous pas tous ces chiens turcs et mahométans ?

— Que diable, dirent-ils, ferons-nous donc ? Et vous donnerez leurs biens et leurs terres à ceux qui vous auront servi honnêtement.

— La raison, dit-il, le veut, c'est équité. Je vous donne la Caramanie[8], la Syrie et toute la Palestine.

Notes

1. Lieux situés en France et aux Pays-Bas.
2. **Suisses et Lansquenets** : mercenaires suisses et allemands au service de la France.
3. Lieux situés en Europe centrale.
4. Lieux situés en Europe du Nord et en Arctique.
5. **îles Orcades** : îles écossaises.
6. **la mer Sableuse et par les Sarmates** : la mer Baltique et ses habitants.
7. **Trébizonde** : ville de Turquie.
8. **Caramanie** : provinces turques.

— Ha! dirent-ils, Sire, c'est bien à vous, grand merci! Dieu vous fasse toujours bien prospérer!»

Là était présent un vieux gentilhomme éprouvé en divers hasards[1] et vrai routier de guerre, nommé Échépron[2], lequel en entendant ces propos dit :

«J'ai bien peur que toute cette entreprise soit semblable à la farce du pot au lait, dont un cordonnier se faisait riche en rêverie, puis n'eut, le pot cassé, de quoi dîner. À quoi prétendez-vous par ces belles conquêtes? Quelle sera la fin de tant de travaux[3] et traverses[4]?

— Ce sera, dit Picrochole, que, retournés, nous nous reposerons à nos aises.»

Sur quoi Échépron dit :

«Et si par aventure jamais vous n'en retournez, car le voyage est long et périlleux, n'est-ce pas mieux que dès maintenant nous nous reposions, sans nous mettre en ces hasards?

— Oh! dit Spadassin, pardieu, voici un bon rêveur! Mais allons nous cacher au coin de la cheminée, et là passons avec les dames notre vie et notre temps à enfiler des perles ou à filer, comme Sardanapale[5]. Qui ne s'aventure pas n'a cheval, ni mule, comme dit Salomon[6].

— Qui trop s'aventure, dit Échépron, perd cheval et mule, répondit Malcon[7].

— Baste[8]! dit Picrochole, passons outre. Je ne crains que ces diables de légions de Grandgousier. Cependant que nous sommes en Mésopotamie, s'ils nous donnaient sur la queue, quel remède?

Notes

1. **éprouvé en divers hasards** : fort d'une expérience en mésaventures.
2. **Échépron** : nom issu du grec et signifiant «le prudent». (Maurice Rat traduit, ici, par *Échépron*, mais on le trouve souvent sous la forme *Échéphron*.)
3. **travaux** : ici, peines.
4. **traverses** : expéditions.
5. **Sardanapale** : souverain légendaire d'Assyrie, figure du monarque efféminé.
6. **Salomon** : personnage de la Bible, roi d'Israël réputé pour sa sagesse.
7. **Malcon** : figure du bouffon.
8. **Baste** : assez.

— Très bon, dit Merdaille. Une belle petite commission[1], laquelle vous enverrez aux Moscovites, vous mettra en camp pour un moment quatre cent mille combattants d'élite. Oh ! si vous m'y faites votre lieutenant, je tuerai un peigne pour un mercier[2] ! Je mors, je rue, je frappe, j'attrape, je tue, je renie !

— Sus, sus[3], dit Picrochole, qu'on dépêche tout, et qui m'aime me suive ! »

Notes
1. **commission :** ici, ordre de mobilisation.
2. **je tuerai un peigne pour un mercier :** Merdaille commet un lapsus en inversant les termes de cette expression qui signifie « commettre un crime pour en retirer peu de profit ».
3. **sus :** à l'attaque.

CHAPITRE 34

COMMENT GARGANTUA LAISSA LA VILLE DE PARIS, POUR SECOURIR SON PAYS, ET COMMENT GYMNASTE RENCONTRA LES ENNEMIS

1   À cette même heure, Gargantua, qui était sorti de Paris aussitôt lues les lettres de son père, venant sur sa grande jument, avait déjà passé le pont de la Nonnain[1], lui, Ponocrate, Gymnaste et Eudémon, lesquels pour le suivre avaient pris des che-
5 vaux de poste ; le reste de son train venait à justes journées[2], amenant tous ses livres et bagages philosophiques.

   Lui, arrivé à Parilly, fut averti par le métayer de Gouguet comment Picrochole s'était retranché à la Roche-Clermaud et avait envoyé le capitaine Tripet[3], avec une grosse armée,
10 assaillir le bois de Vède et Vaugaudry, et qu'ils avaient couru la poule jusqu'au Pressoir-Billard[4], et que c'était chose étrange et difficile à croire des excès qu'ils faisaient par le pays. Tant qu'il lui fit peur, et qu'il ne savait bien que dire ni que faire.

---

1. le pont de la Nonnain : pont qui relie la Roche-Clermault (voir note 1, p. 141) et Chinon.
2. à justes journées : par étapes normales.
3. Tripet : nom ridicule signifiant « petit gobelet ».
4. Les lieux cités dans ce paragraphe sont situés dans les environs de Chinon.

Mais Ponocrate lui conseilla qu'ils se transportassent vers le seigneur de La Vauguyon qui de tous temps avait été leur ami et confédéré et que par lui ils seraient mieux avisés de toutes affaires, ce qu'ils firent incontinent. Et ils le trouvèrent en bonne résolution de les secourir, et il fut d'opinion qu'il enverrait quelqu'un de ses gens pour découvrir le pays et savoir en quel état étaient les ennemis, afin d'y procéder par conseil pris selon la forme de l'heure présente[1]. Gymnaste s'offrit d'y aller ; mais il fut conclu que, pour le meilleur, il menât avec lui quelqu'un qui connût les voies et détours, et les rivières d'alentour.

Donc partirent lui et Prélinguand, écuyer de Vauguyon, et sans effroi ils épièrent de tous côtés.

Cependant Gargantua se rafraîchit et reput[2] quelque peu avec ses gens, et fit donner à sa jument un picotin d'avoine[3] : c'étaient soixante-quatorze muids trois boisseaux.

Gymnaste et son compagnon tant chevauchèrent qu'ils rencontrèrent les ennemis, tout épars et mal en ordre, pillant et dérobant tout ce qu'ils pouvaient et, de tant loin qu'ils l'aperçurent, ils accoururent sur lui à la foule, pour le détrousser. Alors il leur cria :

« Messieurs, je suis un pauvre diable ; je vous requiers qu'ayez de moi merci. J'ai encore quelque écu ; nous le boirons, car c'est *aurum potabile*[4], et que ce cheval-ci soit vendu pour payer ma bienvenue. Cela fait, retenez-moi des vôtres[5], car jamais homme ne sut mieux prendre, larder, rôtir et apprêter, voire, pardieu ! démembrer et accommoder poule que moi qui suis ici, et pour mon *proficiat*[6], je bois à tous bons compagnons. »

Notes

1. selon la forme de l'heure présente : en fonction des circonstances.
2. reput : mangea.
3. picotin d'avoine : ration d'avoine.
4. *aurum potabile* (latin) : « or potable » (considéré comme un excellent remède).
5. retenez-moi des vôtres : prenez-moi parmi les vôtres.
6. *proficiat* (latin) : « don ».

Lors il découvrit sa gourde, et sans mettre le nez dedans, il buvait assez honnêtement. Les maroufles le regardaient ouvrant la gueule d'un grand pied, et tirant les langues comme des lévriers, en attente de boire après ; mais Tripet, le capitaine, sur ce point accourut voir ce que c'était. Gymnaste lui offrit sa bouteille en disant :

« Tenez, capitaine, buvez-en hardiment ; j'en ai fait l'essai, c'est du vin de La Foye-Monjault[1].

— Quoi, dit Tripet, ce gaillard-ci se gausse[2] de nous. Qui es-tu ?

— Je suis, dit Gymnaste, un pauvre diable.

— Ha ! dit Tripet, puisque tu es un pauvre diable, c'est une raison que tu passes outre, car tout pauvre diable passe partout sans péage ni gabelle[3], mais ce n'est pas coutume que de pauvres diables soient si bien montés. Pourtant, monsieur le diable, descendez que j'aie le roussin[4], et s'il ne me porte bien, vous, maître diable, me porterez, car j'aime fort qu'un tel diable m'emporte. »

---

1. **vin de La Foye-Monjault** : vin de Vendée.
2. **se gausse** : se moque.
3. **gabelle** : impôt indirect.
4. **roussin** : cheval utilisé pour la guerre et la chasse.

CHAPITRE 35

COMMENT GYMNASTE SOUPLEMENT[1] TUA LE CAPITAINE TRIPET ET AUTRES GENS DE PICROCHOLE

Ces mots entendus, certains d'entre eux commencèrent à avoir frayeur, et ils se signaient de toutes mains, pensant que c'était un diable déguisé. Et quelqu'un d'entre eux nommé Bon Joan[2], capitaine des Francs-Taupins[3], tira ses heures[4] de sa braguette[5] et cria assez haut :

« *Agios ho Theos !*[6] Si tu es de Dieu, alors parle ; si tu es de l'Autre[7], alors va-t'en. »

Et il ne s'en allait pas, ce qu'entendirent plusieurs de la bande, et ils partaient de la compagnie, Gymnaste notant et considérant le tout.

Pourtant il fit semblant de descendre de cheval, et quand il fut pendant du côté du montoir, il fit souplement le tour de

---

Notes
1. **souplement** : avec adresse.
2. **Bon Joan** : figure du paysan.
3. **Francs-Taupins** : milice populaire dans les campagnes.
4. **heures** : livre d'heures, livre de prières.
5. Une braguette permettait de contenir plusieurs objets.
6. *Agios ho Theos !* (latin) : « Dieu est saint ! »
7. **l'Autre** : ici, le Diable.

l'étrivière[1], son épée bâtarde[2] au côté, et, par-dessous passé, se lança en l'air, et se tint des deux pieds sur la selle, le cul tourné vers la tête du cheval ; puis il dit : « Mon affaire va mal. »

Alors, en tel point qu'il était, il fit la gambade sur un pied, et tournant à gauche, ne manqua oncques de rencontrer sa propre assiette[3], sans en rien varier, ce dont Tripet dit :

« Ha ! je ne ferai pas celui-là pour cette heure, et pour cause.
— Bien, dit Gymnaste, j'ai failli ; je vais défaire[4] ce saut. »

Alors, par grande force et agilité, il fit en tournant à droite, la gambade comme devant. Cela fait, il mit le pouce de la dextre sur l'arçon de la selle, et leva tout le corps en l'air se soutenant tout le corps sur le muscle et le nerf du dit pouce, et ainsi se tourna trois fois. À la quatrième, se renversant tout le corps sans toucher à rien, il se guinda entre les deux oreilles du cheval, soudant tout le corps en l'air sur le pouce de la senestre, et en cet état fit le tour du moulinet[5]. Puis, frappant du plat de la main dextre sur le milieu de la selle, il se donna un tel élan qu'il s'assit sur la croupe comme font les demoiselles.

Cela fait, il passa tout à l'aise la jambe droite par-dessus la selle, et se mit en état de chevaucher sur la croupe.

« Mais, dit-il, mieux vaut que je me mette entre les arçons. »

Alors s'appuyant sur les pouces des deux mains à la croupe devant soi, il se renversa cul sur tête en l'air, et se trouva entre les arçons en bon maintien ; puis d'un soubresaut il leva tout le corps en l'air, et se tint ainsi pieds joints entre les arçons, et là il tournoya plus de cent tours, les bras étendus en croix, et il criait, ce faisant, à haute voix :

« J'enrage, diables, j'enrage, j'enrage ; tenez-moi, diables, tenez-moi, tenez. »

Notes

1. **étrivière** : courroie en cuir à laquelle est attaché l'étrier.
2. **épée bâtarde** : sorte d'épée.
3. **sa propre assiette** : sa première position.
4. **défaire** : ici, refaire.
5. **tour du moulinet** : rotation rapide.

Gargantua

Tandis qu'il voltigeait ainsi, les maroufles en grand ébahissement disaient l'un à l'autre :

« Par la mère de Dieu, c'est un lutin ou un diable ainsi déguisé. *Ab hoste maligno libera nos, Domine !*[1] »

Et ils fuyaient en déroute, regardant derrière eux comme un chien qui emporte un plumail[2].

Alors Gymnaste, voyant son avantage, descend de cheval, dégaine son épée, et à grands coups charge sur les plus huppés[3], et il les ruait bas par grands monceaux, blessés, percés et frappés à mort, sans que nul lui résistât, pensant que c'était un diable affamé, tant par les merveilleux voltigements qu'il avait faits que par les propos que lui avait tenus Tripet, en l'appelant *pauvre diable*, si ce n'est que Tripet en trahison lui voulut fendre la cervelle de son épée de lansquenet ; mais il était bien armé, et de ce coup il ne sentit que le poids ; et, soudain se tournant, il lança un estoc volant[4] au dit Tripet, et cependant que celui-ci se couvrait en haut, il lui tailla d'un coup l'estomac, le colon[5] et la moitié du foie, ce dont il tomba par terre, et, tombant, rendit plus de quatre potées de soupe, et l'âme mêlée parmi les soupes.

Cela fait, Gymnaste se retira, considérant qu'il ne faut jamais poursuivre les coups du hasard jusqu'à leur période[6], et qu'il convient à tous chevaliers de révérentement[7] traiter leur bonne fortune, sans la molester ni tourmenter ; et, montant sur son cheval, il lui donne des éperons, tirant droit son chemin vers La Vauguyon, et Prélinguand avec lui.

Notes

1. *Ab hoste maligno libera nos, Domine !* (latin) : « délivre-nous, Seigneur, de l'ennemi malin ».
2. **plumail** : bout d'aile d'une volaille.
3. **huppés** : téméraires.
4. **estoc volant** : coup à la volée.
5. **colon** : intestin.
6. **jusqu'à leur période** : jusqu'à la fin de leur cycle.
7. **révérentement** : avec mesure.

CHAPITRE 36

COMMENT GARGANTUA DÉMOLIT LE CHÂTEAU DU GUÉ DE VÈDE, ET COMMENT ILS PASSÈRENT LE GUÉ

Dès qu'il fut arrivé, il raconta l'état dans lequel il avait trouvé les ennemis et le stratagème qu'il avait fait, lui seul, contre toute leur troupe, affirmant qu'ils n'étaient que marauds, pillards et brigands, ignorants de toute discipline militaire, et qu'ils se missent en route hardiment, car il leur serait très facile de les assommer comme des bêtes.

Alors Gargantua monta sur sa grande jument, accompagné[1] comme nous avons dit avant, et, trouvant en son chemin un haut et grand arbre — lequel communément on nommait « l'arbre de saint Martin », parce qu'ainsi était un bourdon[2] que jadis saint Martin y planta[3] —, il dit :

« Voici ce qu'il me fallait. Cet arbre me servira de bourdon et de lance. »

Et il l'arracha facilement de terre et en ôta les rameaux, et le prépara pour son plaisir.

Notes

1. **accompagné** : ici, comprendre « dont il était accompagné ».
2. **bourdon** : long bâton.
3. Allusion à la légende selon laquelle le bâton de saint Martin (IVe s.), planté en terre par saint Brice (IVe-Ve s.), se couvrit de feuilles.

Cependant sa jument pissa pour se lâcher le ventre, mais ce fut en telle abondance qu'elle en fit sept lieues de déluge ; et tout le pissat dériva au gué de Vède, et tant l'enfla vers le fil de l'eau que toute cette bande des ennemis fut en grande horreur noyée, excepté quelques-uns qui avaient pris le chemin vers les coteaux à gauche.

Gargantua, venu à l'endroit du bois de Vède, fut avisé par Eudémon qu'il était dans le château quelque reste des ennemis. Pour le savoir Gargantua s'écria tant qu'il put :

« Êtes-vous là ou n'y êtes-vous pas ? Si vous y êtes, n'y soyez plus ; si vous n'y êtes, je n'ai que dire. »

Mais un ribaud[1] canonnier, qui était au machicoulis[2], lui tira un coup de canon et l'atteignit par la tempe droite furieusement ; toutefois il ne lui fit pas plus de mal pour cela que s'il lui eût jeté une prune :

« Qu'est-ce là, dit Gargantua ; nous jetez-vous ici des grains de raisin ? La vendange vous coûtera cher ! » pensant de vrai que le boulet était un grain de raisin[3].

Ceux qui étaient dans le château s'amusant au pillage, en entendant le bruit, coururent aux tours de forteresse, et lui tirèrent plus de neuf mille vingt-cinq coups de fauconneaux[4] et arquebuses, visant tous à sa tête, et ils tiraient si menu[5] contre lui qu'il s'écria :

« Ponocrate, mon ami, ces mouches m'aveuglent ; baillez-moi quelque rameau de ces saules pour les chasser », pensant des balles de plomb et des pierres d'artillerie que c'étaient des mouches.

Ponocrate l'avisa que ce n'étaient d'autres mouches que les coups d'artillerie qu'on tirait du château. Alors il choqua de

---

Notes

1. ribaud : un coquin de.
2. machicoulis : ouverture dans une muraille.
3. N'oublions pas que Gargantua est un géant...
4. fauconneaux : petits canons.
5. ils tiraient si menu : ils tiraient des coups si rapprochés.

son grand arbre contre le château, et abattit à grands coups et tours et forteresse, et ruina tout par terre. Par ce moyen ils furent tous rompus et ceux qui y étaient mis en pièces.

Partant de là, ils arrivèrent au pont du moulin et trouvèrent tout le gué couvert de corps morts, en telle foule qu'ils avaient engorgé le cours du moulin, et c'étaient ceux qui avaient péri au déluge urinal de la jument. Là ils furent en réflexion comment ils pourraient passer, vu l'empêchement de ces cadavres. Mais Gymnaste dit :

« Si les diables y ont passé, j'y passerai fort bien.

— Les diables, dit Eudémon, y ont passé pour en emporter les âmes damnées.

— Saint Treignan ! dit Ponocrate, par conséquence nécessaire il y passera donc.

— Voire, voire, dit Gymnaste, ou je demeurerai en chemin. »

Et donnant des éperons à son cheval, il passa franchement outre, sans que jamais son cheval eût frayeur des corps morts, car il l'avait accoutumé, selon la doctrine d'Élien[1], à ne craindre les âmes ni les corps morts, — non en tuant les gens, comme Diomède tuait les Thraces[2] et comme Ulysse mettait les corps de ses ennemis aux pieds de ses chevaux, ainsi que le raconte Homère, — mais en lui mettant un simulacre[3] parmi son foin et en le faisant ordinairement passer sur celui-ci quand il lui baillait son avoine.

Les trois autres le suivirent sans faillir, excepté Eudémon, dont le cheval enfonça le pied droit jusqu'au genou dans la panse d'un gros et gras vilain qui s'était là noyé à l'envers, et ne le pouvait tirer dehors. Il demeurait ainsi empêtré jusqu'à ce que Gargantua, du bout de son bâton, enfonçât le reste des

---

Notes

1. Élien (Claude) : historien et zoologiste romain de langue grecque des IIe-IIIe siècles ap. J.-C.

2. Selon la mythologie grecque, Diomède, roi des Thraces, nourrissait ses chevaux de chair humaine.

3. simulacre : ici, fantoche, pantin.

tripes du vilain en l'eau cependant que le cheval levait le pied, et — ce qui est chose merveilleuse en hippiatrique[1] — le dit cheval fut guéri d'un suros[2] qu'il avait à ce pied par l'attouchement des boyaux de ce gros maroufle.

Notes

1. hippiatrique : soin, médecine du cheval.

2. suros : excroissance osseuse qui apparaît sur les membres du cheval.

CHAPITRE 37

COMMENT GARGANTUA, SE PEIGNANT, FAISAIT TOMBER DE SES CHEVEUX LES BOULETS D'ARTILLERIE

Sortis de la rive de Vède, peu de temps après ils abordèrent au château de Grandgousier, qui les attendait en grand désir. À sa venue, ils le festoyèrent à tour de bras ; jamais on ne vit gens plus joyeux, car *Supplementum supplementi chronicorum*[1] dit que Gargamelle y mourut de joie. Je n'en sais rien pour ma part, et bien peu me soucie ni d'elle ni d'autre. La vérité fut que Gargantua, se rafraîchissant d'habillements et se coiffant de son peigne — qui était grand de sept cannes[2], tout appointé de grandes dents d'éléphants toutes entières —, faisait tomber à chaque coup plus de sept balles de boulets qui lui étaient demeurés entre les cheveux à la démolition du bois de Vède.

Ce que voyant, Grandgousier, son père, pensait que c'étaient des poux, et il lui dit :

Notes

1. *Supplementum supplementi chronicorum* (latin) : « Supplément du Supplément des Chroniques » (œuvre de Philippe de Bergame, historien italien des XVe-XVIe s.).

2. **sept cannes** : environ 14 m.

Gargantua

« Vraiment, mon bon fils, nous as-tu apporté jusqu'ici des éperviers de Montaigu[1] ? Je n'entendais pas que là tu fisses résidence. »

Alors Ponocrate répondit :

« Seigneur, ne pensez pas que je l'aie mis au collège de pouillerie qu'on nomme Montaigu. Je l'eusse mieux aimé mettre entre les gueux de Saint-Innocent[2] pour l'énorme cruauté et vilenie que j'y ai connues, car beaucoup mieux sont traités les forçats parmi les Maures et les Tartares, les meurtriers en la prison criminelle, voire certes les chiens en notre maison que ne sont ces malotrus au dit collège, et si j'étais roi de Paris, le diable m'emporte si je ne mettais le feu dedans et faisais brûler et principal et régents, qui endurent que cette inhumanité soit exercée devant les yeux. »

Lors, levant un de ces boulets, il dit :

« Ce sont des coups de canon que votre fils Gargantua a reçus naguère en passant devant le bois de Vède par la trahison de vos ennemis. Mais ils en eurent une telle récompense qu'ils ont tous péri dans la ruine du château, comme les Philistins par l'ingéniosité de Samson[3], et ceux qu'écrasa la tour de Siloé, ainsi qu'il est écrit (*Luc*, XIII)[4]. Je suis d'avis que nous poursuivions ceux-ci, cependant que la chance est pour nous, car l'occasion a tous ses cheveux au front. Quand elle est passée outre, vous ne la pouvez plus rappeler : elle est chauve par le derrière de la tête, et jamais plus elle ne retourne.

— Vraiment, dit Grandgousier, ce ne sera pas à cette heure, car je veux festoyer pour ce soir, et soyez les très bienvenus ! »

Notes

1. éperviers de Montaigu : poux (allusion au collège de Montaigu jugé sale par les humanistes).
2. Saint-Innocent : lieu parisien où se regroupaient des pauvres et où avaient cours de nombreux trafics.
3. Référence à un passage de la Bible (*Juges*, XV) : juge d'Israël, Samson, doué d'une force extraordinaire, en s'appuyant sur des colonnes, détruit le temple où se trouvaient tous les princes des Philistins (peuple méditerranéen ennemi d'Israël).
4. Référence au passage de la Bible (*Luc*, XIII) qui raconte l'écroulement de la tour d'un village près de Jérusalem, Siloé, qui fit 18 morts.

⁴⁰ Cela dit, on apprêta le souper, et de surcroît furent rôtis seize bœufs, trois génisses, trente-deux veaux, soixante-trois chevreaux de lait, quatre-vingt-quinze moutons, trois cents gorets de lait à beau moût, deux cent vingt perdrix, sept cents bécasses, quatre cents chapons de Loudunais et Cornouailles, ⁴⁵ six mille poulets et autant de pigeons, six cents gélinottes, quatorze cents levrauts, trois cent trois outardes, et mille sept cents chaponneaux. De venaison[1] l'on ne put tant recouvrer soudain, fors[2] onze sangliers qu'envoya l'abbé de Turpenay, et dix-huit bêtes fauves que donna le seigneur de Grandmont ; ⁵⁰ ainsi que cent quarante faisans qu'envoya le seigneur des Essars, et quelques douzaines de ramiers, d'oiseaux de rivière, de sarcelles, butors, courlis, pluviers, francolins, cravants, chevaliers-gambettes, vannereaux, tadornes, spatules, hérons tachetés, héronneaux, foulques, aigrettes, cigognes, canepetières, ⁵⁵ oranges flamants qui sont phénicoptères[3], terrigoles, poules d'Inde[4], force couscous[5] et renfort de potages.

Sans point de faute, abondance de vivres y était, et ils furent apprêtés honnêtement par Fripesauce[6], Hochepot[7] et Pilleverjus[8], cuisiniers de Grandgousier. Jeannot, Miquel et Verrenet[9] ⁶⁰ apprêtèrent fort bien à boire.

---

1. **venaison** : grand gibier.
2. **fors** : sauf.
3. **phénicoptères** : classe des échassiers.
4. Énumération d'oiseaux et de volailles de toutes sortes.
5. **couscous** : boulettes de viande et de farine.
6. **Fripesauce** : nom qui signifie « lèche-sauce ».
7. **Hochepot** : nom qui veut dire « le ragoût ».
8. **Pilleverjus** : ce nom fait référence au raisin écrasé et au jus qui en est extrait.
9. **Verrenet** : entendre « verre net » – ce qui suggère que le buveur n'a pas laissé la moindre goutte dans le verre.

CHAPITRE 38

COMMENT GARGANTUA
MANGEA EN SALADE SIX PÈLERINS[1]

Le propos requiert que nous racontions ce qu'il advint à six pèlerins qui venaient de Saint-Sébastien près de Nantes, et qui, pour s'héberger cette nuit-là, de peur des ennemis, s'étaient mussés[2] au jardin sur les tiges de pois, entre les choux et les laitues.

Gargantua se trouva altéré[3] et demanda si l'on pourrait trouver des laitues pour faire une salade, et entendant dire qu'il y en avait des plus belles et grandes du pays, car elles étaient grandes comme des pruniers ou des noyers, il y voulut aller lui-même, et il en apporta dans sa main ce que bon lui sembla ; il emporta du même coup les six pèlerins, lesquels avaient si grand'peur qu'ils n'osaient ni parler ni tousser.

Les lavant donc premièrement en la fontaine, les pèlerins disaient à voix basse, l'un à l'autre :

« Que faut-il faire ? Nous nous noyons ici entre les laitues. Parlerons-nous ? Mais si nous parlons, il nous tuera comme espions. »

Notes

1. **pèlerins** : personnes faisant un pèlerinage, c'est-à-dire un voyage vers un lieu saint.

2. **mussés** : cachés.
3. **altéré** : ayant faim et soif.

Et, comme ils délibéraient ainsi, Gargantua les mit avec ses laitues dans un plat de la maison, grand comme la tonne de Cîteaux[1], et, avec de l'huile, du vinaigre et du sel, il les mangeait pour se rafraîchir avant de souper, et il avait déjà engoulé[2] cinq des pèlerins. Le sixième était dans le plat, caché sous une laitue, excepté son bourdon qui apparaissait au-dessus ; Grandgousier, le voyant, dit à Gargantua :

« Je crois que c'est là une corne de limaçon ; ne le mangez point.

— Pourquoi ? dit Gargantua ; ils sont bons tout ce mois. »

Et tirant le bourdon, il leva du même coup le pèlerin, et il le mangeait très bien. Puis il but un horrible[3] trait de vin pineau, et ils attendirent que l'on apprêtât le souper.

Les pèlerins, ainsi dévorés, se tirèrent hors des meules de ses dents le mieux qu'ils purent faire, et ils pensaient qu'on les avait mis en quelque basse fosse des prisons. Et lorsque Gargantua but le grand trait, ils crurent être noyés dans sa bouche, et le torrent du vin les emporta presque au gouffre de son estomac. Toutefois, sautant avec leurs bourdons comme font les Michelots[4], ils se mirent en franchise[5] à l'orée des dents. Mais par malheur l'un deux, tâtant avec son bourdon le pays, pour savoir s'ils étaient en sûreté, frappa rudement au défaut d'une dent creuse et férut[6] le nerf de la mandibule, ce qui fit une très forte douleur à Gargantua, lequel commença à crier de rage qu'il endurait. Pour donc se soulager du mal, il fit apporter son cure-dent, et, sortant vers le noyer à corneilles[7], vous dénicha messieurs les pèlerins.

Notes

1. Allusion à la cuve énorme de l'abbaye de Cîteaux.
2. engoulé : avalé.
3. horrible : ici, impressionnant.
4. Michelots : pèlerins du Mont-Saint-Michel.
5. se mirent en franchise : se protégèrent.
6. férut : frappa.
7. noyer à corneilles : arbre produisant des noix très dures.

Gargantua

Car il attrapait l'un par les jambes, l'autre par les épaules, l'autre par la besace, l'autre par la poche, l'autre par l'écharpe, et le pauvre hère qui l'avait féru du bourdon, il l'accrocha par la braguette ; toutefois ce lui fut grand'chance, car il perça une bosse chancreuse[1] qui le martyrisait depuis le temps où il avait passé Ancenis[2].

Les pèlerins ainsi dénichés s'enfuirent à travers les plants de vigne à beau trot, et la douleur s'apaisa.

À cette heure-là il fut appelé par Eudémon pour souper, car tout était prêt.

« Je m'en vais donc, dit-il, pisser mon malheur. »

Lors il pissa si copieusement que l'urine coupa le chemin aux pèlerins, qui furent contraints de passer la grande rivière. Passant de là par l'orée de la touche[3] en plein chemin, ils tombèrent tous, excepté Fournillier, en une trappe qu'on avait faite pour prendre les loups à la traîne, d'où ils s'échappèrent moyennant l'industrie du dit Fournillier, qui rompit tous les lacs et cordages. Sortis de là pour le reste de la nuit, ils couchèrent en une cabane près du Coudray, et là ils furent réconfortés de leur malheur par les bonnes paroles d'un de leur compagnie, nommé Lasdaller[4], lequel leur remontra que cette aventure avait été prédite par David Psalmiste[5] :

« *Cum exsurgerent homines in nos, forte vivos deglutissent nos*, quand nous fûmes mangés en salade au grain de sel. *Cum irasceretur furor eorum in nos, forsitan aqua absorbuisset nos*, quand il but le grand trait. *Torrentem pertransivit anima nostra*, quand nous passâmes la grande rivière. *Forsitan pertransisset anima nostra aquam intolerabilem*, de son urine dont il coupa le chemin.

Notes

1. **chancreuse** : comportant un chancre, une infection.
2. **Ancenis** : lieu situé près de Nantes.
3. **touche** : petit bois.
4. **Lasdaller** : entendre « las d'aller ».
5. Référence moqueuse à la Bible (*Psaumes*, CXXIV).

Benedictus Dominus, qui non dedit nos in captionem dentibus eorum. Anima nostra, sicut passer erepta est de laqueo venantium, quand
75 nous tombâmes en la trappe. *Laqueus contritus est,* par Fournillier, *et nos liberati sumus. Adjutorium nostrum,* etc. » [1]

Note 1. « Quand les hommes se sont dressés contre nous, peut-être nous auraient-ils avalés tout vivants, quand nous fûmes mangés en salade au grain de sel. Quand leur fureur s'allumait contre nous, peut-être l'eau nous aurait-elle engloutis, quand il but le grand trait. Notre âme a traversé le torrent, quand nous passâmes la grande rivière. Peut-être notre âme aurait-elle franchi le flot irrésistible de son urine dont il coupa le chemin. Béni soit le Seigneur Dieu qui n'a pas fait de nous les prisonniers de leurs dents. Notre âme s'est échappée comme l'oiseau du filet des oiseleurs, quand nous tombâmes en la trappe. Le filet a été rompu, par Fournillier, et nous avons été libérés. Notre secours, etc. »

CHAPITRE 39

COMMENT LE MOINE FUT FESTOYÉ PAR GARGANTUA ET DES BEAUX PROPOS QU'IL TINT EN SOUPANT

1 Quand Gargantua fut à table, et que la première pointe des morceaux fût bâfrée, Grandgousier commença à raconter la source et la cause de la guerre mue entre lui et Picrochole, et vint au point de narrer comment frère Jean des Entom-
5 meures avait triomphé à la défense du clos de l'abbaye, et le loua au-dessus des prouesses de Camille, Scipion, Pompée, César[1] et Thémistocle[2]. Alors Gargantua requit qu'il fût sur l'heure envoyé quérir, afin qu'avec lui on consultât de ce qu'il y avait à faire. Par leur volonté son maître d'hôtel l'alla quérir
10 et l'amena joyeusement avec son bâton de croix sur la mule de Grandgousier. Quand il fut venu, mille caresses, mille embrassements, mille bonjours furent donnés :

« Hé, frère Jean, mon ami, frère Jean, mon grand cousin, frère Jean, de par le diable, l'accolade, mon ami !
15 — À moi, l'embrassade !
— Cza[3], couillon, que je t'éreinte à force de t'accoler ! »

Notes

1. Camille, Scipion, Pompée et César sont des généraux romains célèbres.
2. **Thémistocle** : stratège athénien (v. 524-459 av. J.-C.).
3. **Cza** : viens là.

Et frère Jean de rigoler : jamais homme ne fut tant courtois ni gracieux.

« Cza, cza, dit Gargantua, une escabelle[1] ici près de moi, à ce bout.

— Je le veux bien, dit le moine, puisqu'ainsi vous plaît. Page, de l'eau ! Boute[2], mon enfant, boute ; elle me rafraîchira le foie. Baille ici que je te gargarise.

— *Deposita cappa*[3], dit Gymnaste, ôtons ce froc.

— Ho pardieu ! dit le moine, mon gentilhomme, il y a un chapitre *in statutis ordinis*[4] auquel ne plairait le cas.

— Bren[5], dit Gymnaste, bren pour votre chapitre. Ce froc vous rompt les deux épaules : mettez bas.

— Mon ami, dit le moine, laissez-le-moi, car pardieu ! je n'en bois que mieux. Il me fait le corps tout joyeux. Si je le laisse, messieurs les pages en feront des jarretières, comme il me fut fait une fois à Coulaines[6]. De plus, je n'aurai nul appétit. Mais si en cet habit je m'assois à table, je boirai, par Dieu ! et à toi, et à ton cheval, et de bon cœur ; Dieu garde de mal la compagnie ! J'avais soupé, mais pour ce je ne mangerai point moins, car j'ai un estomac pavé, creux comme la botte[7] de saint Benoît, toujours ouvert comme la gibecière d'un avocat[8]. De tous poissons fors la tanche ; prenez l'aile de la perdrix ou la cuisse d'une nonnain. N'est-ce folâtrement[9] mourir quand on meurt le catz raide[10] ? Notre prieur aime fort le blanc de chapon.

---

1. escabelle : escabeau.
2. Boute : mets là.
3. *Deposita cappa* (latin) : « qu'on enlève la cape ».
4. *in statutis ordinis* (latin) : « dans le règlement de l'ordre ».
5. Bren : merde.
6. Coulaines : village situé près de Chinon.
7. botte : cuve (du couvent de Saint-Benoît).
8. toujours [...] avocat : allusion à la cupidité des avocats.
9. folâtrement : plaisamment.
10. catz raide : sexe masculin en érection.

— En cela, dit Gymnaste, il ne ressemble point aux renards, car des chapons, poules, poulets qu'ils prennent, jamais ils ne mangent le blanc.

— Pourquoi ? dit le moine.

— Parce que, répondit Gymnaste, ils n'ont point de cuisiniers pour les cuire, et, s'ils ne sont convenablement cuits, ils demeurent rouges et non blancs. La rougeur des viandes est l'indice qu'elles ne sont assez cuites, excepté les homards et écrevisses que l'on cardinalise[1] à la cuisson.

— Fête-Dieu-Bayard[2] ! dit le moine, l'infirmier de notre abbaye n'a donc pas la tête bien cuite, car il a les yeux rouges comme des écuelles de vergne[3] !… Cette cuisse de levraut est bonne pour les goutteux[4]… À propos de truelle[5], pourquoi est-ce que les cuisses d'une demoiselle sont toujours fraîches ?

— Ce problème, dit Gargantua, n'est ni en Aristote, ni en Alexandre Aphrodise, ni en Plutarque[6].

— C'est, dit le moine, pour trois causes, par lesquelles un lieu est naturellement rafraîchi. *Primo*, parce que l'eau descend tout du long ; *secundo*, parce que c'est un lieu ombragé, obscur et ténébreux, où jamais le soleil ne luit ; et troisièmement, parce qu'il est continuellement éventé des vents du trou de bise[7], de la chemise, et, par surcroît, de la braguette. Et de bon cœur ! Page, à la beuverie ! Crac, crac, crac ! Dieu est bon qui nous donne ce bon piot ! Je confesse Dieu que, si j'eusse été au temps de Jésus-Christ, j'eusse bien empêché que les Juifs ne

---

Notes

1. **cardinalise :** que l'on rend rouge, semblable à la coiffe d'un cardinal.
2. **Fête-Dieu-Bayard :** juron employé par le chevalier Bayard (1475 ou 1476-1524), dit « Chevalier sans peur et sans reproche », qui s'illustra particulièrement dans les guerres d'Italie.
3. **vergne :** aulne (arbre).
4. **goutteux :** personnes atteintes de la goutte, maladie inflammatoire douloureuse.
5. **À propos de truelle :** pour changer de sujet.
6. Aristote, Alexandre Aphrodise et Plutarque sont des auteurs de l'Antiquité.
7. **trou de bise :** anus.

l'eussent pris au jardin des Oliviers[1]. Que le diable me manque tout ensemble si j'eusse manqué à couper les jarrets à messieurs les apôtres qui fuirent si lâchement, après qu'ils eurent bien soupé, et laissèrent leur maître dans le besoin ! Je hais plus que poison un homme qui fuit quand il faut jouer des couteaux. Hon ! que ne suis-je roi de France pour quatre-vingts ou cent ans ! Pardieu ! je vous mettrais en chiens courtauts[2] les fuyards de Pavie[3] ! Leur fièvre quartaine[4] ! Pourquoi ne mouraient-ils là plutôt que de laisser leur bon prince en cette nécessité ? N'est-il pas meilleur et plus honorable de mourir en bataillant vertueusement que de vivre en fuyant vilainement ?... Nous ne mangerons guère d'oisons cette année. Ha ! mon ami, donne de ce cochon. Diavolo[5] ! il n'y a plus de moût : *germinavit radix Jesse*[6]. Je renie ma vie, je meurs de soif... Ce vin n'est pas des pires. Quel vin buviez-vous à Paris ? Je me donne au diable si je n'y tins plus de six mois pour un temps maison ouverte à tous venants !... Connaissez-vous frère Claude des Hauts Barrois[7] ? Oh ! le bon compagnon que c'est ! Mais quelle mouche l'a piqué ? Il ne fait rien qu'étudier depuis je ne sais quand. Je n'étudie point, pour ma part. En notre abbaye nous n'étudions jamais, de peur des oreillons. Notre feu abbé disait que c'est chose monstrueuse de voir un moine savant. Pardieu ! monsieur mon ami, *magis magnos clericos non sunt magis magnos sapientes*[8]... Vous ne vîtes oncques tant de lièvres comme il y en a cette année. Je n'ai pu recouvrer ni autour[9] ni tiercelet[10]

Notes

1. Allusion à l'arrestation de Jésus dans le jardin des Oliviers.
2. **chiens courtauts** : chiens dont on a coupé la queue et les oreilles.
3. Allusion à la défaite de Pavie du 24 février 1525 et à la capture de François Ier par les hommes de Charles Quint (voir le doc. de couverture n° 2).
4. **Leur fièvre quartaine** : que la fièvre quarte (type de fièvre) les emporte.
5. **Diavolo** : diable.
6. *germinavit radix Jesse* (latin) : « la racine de Jessé a poussé » (manière d'annoncer la venue du Christ).
7. Personnage inconnu.
8. *magis [...] sapientes* (latin) : « les plus grands clercs ne sont pas les plus grands savants ».
9. **autour** : oiseau rapace.
10. **tiercelet** : faucon mâle.

Gargantua

en lieu du monde. Monsieur de La Bellonnière[1] m'avait promis un lanier[2], mais il m'écrivit naguère qu'il était devenu poussif. Les perdrix nous mangeront les oreilles cette année. Je
95 ne prends point de plaisir à la tonnelle[3], car je m'y morfonds. Si je ne cours, si je ne tracasse[4], je ne suis point à mon aise. Il est vrai que, sautant les haies et buissons, mon froc y laisse du poil. J'ai recouvré un gentil lévrier. Je donne au diable si un lièvre lui échappe ! Un laquais le menait à monsieur de Maule-
100 vrier[5], je le détroussai. Fis-je mal ?

— Nenni[6], frère Jean, dit Gymnaste, nenni, de par tous les diables, nenni !

— Ainsi, dit le moine, je bois à ces diables, cependant qu'ils durent ! Vertudieu ! Qu'en eût fait ce boiteux ? Le cordieu ! il
105 prend plus de plaisir quand on lui fait présent[7] d'un couple de bœufs.

— Comment, dit Ponocrate, vous jurez, frère Jean ?

— Ce n'est, dit le moine, que pour orner mon langage. Ce sont couleurs de rhétorique cicéronienne[8]. »

Notes

1. Il s'agit d'un seigneur de Touraine.
2. **lanier** : faucon femelle.
3. **tonnelle** : manière de chasser les oiseaux.
4. **tracasse** : me hâte partout.
5. Seigneur des environs de *La Devinière*, connu pour son avarice.
6. **Nenni** : non.
7. **présent** : cadeau.
8. Allusion à Cicéron, homme d'État romain du Ier siècle av. J.-C., avocat et écrivain, auteur de traités de rhétorique fréquemment réédités au XVIe siècle.

CHAPITRE 40

POURQUOI LES MOINES SONT FUIS DU MONDE ET POURQUOI LES UNS ONT LE NEZ PLUS GRAND QUE LES AUTRES[1]

« Foi de chrétien, dit Eudémon, j'entre en grande rêverie considérant l'honnêteté de ce moine, car il nous ébaudit[2] tous. Et comment donc est-ce qu'on rechasse les moines de toutes les bonnes compagnies, les appelant "trouble-fête", comme les abeilles chassent les frelons d'autour de leurs ruches ? *Ignavum fucos pecus*, dit Maro, *a proesepibus arcent*[3]. »

À quoi répondit Gargantua :

« Il n'y a rien de si vrai que le froc et la cagoule[4] tirent à soi les opprobres, injures et malédictions du monde, tout ainsi que le vent dit Cécias[5], attire les nues. La raison péremptoire est parce qu'ils mangent la merde du monde, c'est-à-dire les péchés, et que, comme mâchemerdes, on les rejette en leurs lieux d'aisances[6] : ce sont leurs couvents et abbayes, séparés de conversation civile comme sont les lieux d'aisances d'une

---

Notes

1. Ce chapitre constitue une sévère critique contre les moines.
2. **ébaudit** : réjouit.
3. *Ignavum* [...] *arcent* (latin) : « elles chassent de leurs ruches la troupe oisive des frelons », écrit Virgile (Maro est le nom ancien de Virgile).
4. **froc, cagoule** : vêtements des moines.
5. **vent dit Cécias** : vent du Nord-Est.
6. **lieux d'aisances** : toilettes.

Gargantua

maison. Mais, si vous entendez pourquoi un singe en une famille est toujours moqué et harcelé, vous entendrez pourquoi les moines sont de tous fuis, et des vieux et des jeunes. Le singe ne garde point la maison, comme un chien; il ne tire pas l'areau[1], comme le bœuf; il ne produit ni lait ni laine, comme la brebis; il ne porte pas le faix[2], comme le cheval. Ce qu'il fait c'est de tout conchier et gâter, c'est pourquoi il reçoit de tous moqueries et bastonnades. Semblablement un moine — j'entends de ces moines oisifs — ne laboure, comme un paysan; ne garde le pays, comme l'homme de guerre; ne guérit les malades, comme le médecin; ne prêche ni n'endoctrine le monde, comme le bon docteur évangélique et pédagogue; ne porte les commodités et choses nécessaires à la république, comme le marchand. C'est la cause pourquoi ils sont de tous hués et abhorrés[3].

— Voire, mais, dit Grandgousier, ils prient Dieu pour nous.

— Rien de moins, répondit Gargantua. Il est vrai qu'ils molestent tout leur voisinage à force de trinqueballer leurs cloches.

— Voire, dit le moine, une messe, des matines[4], des vêpres[5] bien sonnées sont à demi dites.

— Ils marmonnent grand renfort de légendes et de psaumes nullement par eux entendus. Ils comptent force patenôtres, entrelardées de longs *Ave Maria*, sans y penser ni entendre, et j'appelle cela "moque-Dieu", non "oraison". Mais que Dieu les aide s'ils prient pour nous, et non par peur de perdre leurs miches[6] et soupes grasses! Tous vrais chrétiens, de tous états, en tous lieux, en tous temps, prient Dieu, et l'Esprit prie et intercède pour eux, et Dieu les prend en grâce. Maintenant tel est notre bon frère Jean. Pourtant chacun le souhaite en sa

---

1. areau : charrue.
2. faix : fardeau.
3. abhorrés : détestés.
4. matines : premiers offices religieux de la journée.
5. vêpres : offices religieux du soir.
6. miches : gros pains ronds.

compagnie. Il n'est point bigot, il n'est point déguenillé[1] ; il est honnête, joyeux, décidé, bon compagnon. Il travaille, il peine, il défend les opprimés, il réconforte les affligés, il subvient aux souffreteux, il garde le clos de l'abbaye…

— Je fais, dit le moine, bien davantage, car, en dépêchant nos matines et anniversaires au chœur, je fais en même temps des cordes d'arbalètes, je polis des traits et des gevrots[2], je fais des rets[3] et des poches à prendre les lapins. Jamais je ne suis oisif. Mais or çà, à boire ! à boire ! çà. Apporte le fruit. Ce sont des châtaignes du bois d'Estrocs[4]. Avec du bon vin nouveau, vous voilà composeur de pets. Vous n'êtes encore céans émoustillés. Pardieu ! Je bois à tous gués, comme un cheval de promoteur. »

Gymnaste lui dit :

« Frère Jean, ôtez cette roupie[5] qui vous pend au nez.

— Ha, ha ! dit le moine, serais-je en danger de me noyer, vu que je suis en l'eau jusqu'au nez ? Non, non. *Quare ? Quia*[6] :

> *Elle en sort bien, mais point n'y entre,*
> *Il est antidoté de pampre*[7].

Ô mon ami, qui aurait des bottes d'hiver en tel cuir pourrait pêcher hardiment aux huîtres, car jamais elles ne prendraient eau.

— Pourquoi est-ce, dit Gargantua, que frère Jean a un si beau nez[8] ?

— Parce qu'ainsi Dieu l'a voulu, répondit Grandgousier, lequel nous fait en telle forme et telle fin, selon son divin arbitre, que fait un potier ses vases.

Notes

1. **déguenillé** : vêtu de loques, de guenilles.
2. **gevrots** : flèches.
3. **rets** : filets.
4. **bois d'Estrocs** : lieu situé en Vendée.
5. **roupie** : goutte, morve.
6. ***Quare ? Quia*** (latin) : « pourquoi ? parce que ».
7. ***pampre*** : raisin, vigne.
8. François Ier avait aussi un grand nez.

— Parce que, dit Ponocrate, il fut des premiers à la foire des nez. Il prit des plus beaux et des plus grands.

— Allons donc ! dit le moine. Selon la vraie philosophie monastique, c'est parce que ma nourrice[1] avait les tétins mollets[2] : en la tétant, mon nez s'y enfonçait comme en beurre, et là s'élevait et croissait comme la pâte dans la maie[3]. Les durs tétins de nourrices font les enfants camus[4]. Mais gai ! gai ! *ad formam nasi cognoscitur ad te levavi*[5] ; je ne mange jamais de confitures. Page, à la beuverie ! Item[6], rôties[7] ! »

Notes

1. **nourrice** : femme qui allaite au sein un enfant qui n'est pas forcément le sien.
2. **tétins mollets** : tétons doux et agréables au toucher.
3. **maie** : meuble dans lequel on pétrissait le pain.
4. **camus** : qui ont le nez court et plat.
5. *ad* [...] *levavi* (latin) : « à la forme du nez, on connaît celle du *vers-toi-j'ai-levé* » (autrement dit : « à la forme du nez correspond celle du sexe masculin »).
6. **Item** : et en plus.
7. **rôties** : pain grillé.

CHAPITRE 41

COMMENT LE MOINE FIT DORMIR GARGANTUA, ET DE SES HEURES ET BRÉVIAIRE

Le souper achevé, ils consultèrent sur l'affaire instante, et il fut conclu qu'environ la mi-nuit ils sortiraient à l'escarmouche[1] pour savoir quel guet et quelle diligence faisaient leurs ennemis ; et en attendant qu'ils se reposeraient quelque peu pour être plus frais.

Mais Gargantua ne pouvait dormir en quelque façon qu'il se mît. Dont lui dit le moine :

« Je ne dors jamais bien à mon aise, sinon quand je suis au sermon ou quand je prie Dieu. Je vous supplie, commençons, vous et moi, les sept psaumes pour voir si tantôt vous ne serez endormi. »

L'invention plut très bien à Gargantua, et, commençant le premier psaume sur le point de *Beati quorum*[2], ils s'endormirent l'un et l'autre.

Mais le moine ne faillit oncques à s'éveiller avant la mi-nuit, tant il était habitué à l'heure des matines claustrales[3].

Notes
1. à l'escarmouche : pour une petite lutte.
2. Début du deuxième psaume.
3. claustrales : propres au cloître.

Lui éveillé tous les autres éveilla, chantant à pleine voix la chanson :

> *Ho ! Regnault, réveille-toi, vieille,*
> *Ô Regnault, réveille-toi !*[1]

Quand tous furent réveillés, il dit :

« Messieurs, l'on dit que matines commencent par tousser et souper après boire. Faisons au rebours : commençons maintenant nos matines par boire, et ce soir, à l'entrée du souper, nous tousserons à qui mieux mieux. »

Ce qui fit dire à Gargantua :

« Boire sitôt après dormir ? Ce n'est pas vivre en régime de médecine. Il se faut d'abord écurer l'estomac des superfluités et excréments.

— C'est, dit le moine, bien médeciné. Cent diables me sautent au corps s'il n'y a pas plus de vieux ivrognes qu'il n'y a de vieux médecins[2]. J'ai composé avec mon appétit un tel pacte que toujours il se couche avec moi, et à cela je donne bon ordre le jour durant ; aussi avec moi il se lève. Rendez tant que vous voudrez vos flegmes[3], je m'en vais après mon tiroir.

— Quel tiroir, dit Gargantua, entendez-vous dire ?

— Mon bréviaire, dit le moine, car tout ainsi que les fauconniers, avant que de repaître leurs oiseaux, les font tirer quelque pied de poule pour leur purger le cerveau des flegmes[4] et pour les mettre en appétit, ainsi, prenant ce joyeux bréviaire au matin, je m'écure[5] tout le poumon et me voilà prêt à boire.

— À quel usage, dit Gargantua, dites-vous ces belles heures ?

Notes

1. Il s'agit d'une chanson populaire.
2. Proverbe de l'époque, qui laisse à penser que le vin est un meilleur remède que les médicaments.

3. **Rendez tant que vous voudrez vos flegmes** : faites-vous vomir si vous voulez.
4. **flegmes** : liquides des humeurs dans l'ancienne médecine.
5. **écure** : nettoie en raclant.

— À l'usage, dit le moine, de Fécamp[1] : à trois psaumes et trois leçons, ou rien du tout qui ne veut. Jamais je ne m'assujettis à des heures : les heures sont faites pour l'homme, et non l'homme pour les heures. Pourtant je fais des miennes à guise d'étrivières, je les raccourcis ou les allonge quand bon me semble. *Brevis oratio penetrat cœlos, longa potatio evacuat Scyphos*[2]. Où est écrit cela ?

— Par ma foi, dit Ponocrate, je ne sais, mon petit couillaud, mais tu vaux trop.

— En cela, dit le moine, je vous ressemble. Mais *venite apotemus*[3]. »

L'on apprête grillades à force, et belles soupes de primes, et le moine but à son plaisir. D'aucuns lui tinrent compagnie, les autres s'en abstinrent. Après, chacun commença de s'armer et de s'accoutrer et ils armèrent le moine contre son vouloir, car il ne voulait d'autres armes que son froc devant son estomac, et le bâton de la croix en son poing. Toutefois, pour leur faire plaisir, il fut armé de pied en cap, et monté sur un bon coursier du royaume, et un gros braquemart au côté. Avec lui Gargantua, Ponocrate, Gymnaste, Eudémon et vingt-cinq des plus aventureux de la maison de Grandgousier, tous armés comme il sied, la lance au point, montés comme saint Georges[4], ayant un arquebusier en croupe.

Notes

1. Fécamp : ville de Normandie.
2. *Brevis* [...] *Scyphos* (latin) : « la brève oraison pénètre aux cieux, la longue beuverie vide les coupes » (proverbe de l'époque).
3. *venite apotemus* (latin) : « venez, buvons ».
4. saint Georges : martyr du IVe siècle, patron de la chevalerie chrétienne, souvent représenté à cheval en train de terrasser un dragon.

CHAPITRE 42

COMMENT LE MOINE DONNA COURAGE À SES COMPAGNONS ET COMMENT IL SE PENDIT À UN ARBRE

Or[1] s'en vont les nobles champions à leur aventure[2], bien décidés à entendre quelle rencontre il faudra poursuivre et de quoi il se faudra garder quand viendra la journée de la grande et horrible bataille. Et le moine leur donna courage en disant :
« Enfants, n'ayez ni peur ni doute ; je vous conduirai sûrement. Dieu et saint Benoît soient avec nous ! Si j'avais la force de même que le courage, par la morbleu ! je vous les plumerais comme un canard. Je ne crains rien, fors l'artillerie. Toutefois je sais quelque oraison que m'a baillée le sous-sacristain[3] de notre abbaye, laquelle garantit la personne de toutes bouches à feu. Mais elle ne me profitera de rien, car je n'y ajoute point foi. Toutefois mon bâton de croix fera diables[4]. Pardieu ! qui fera la cane de vous autres[5], je me donne au diable si je ne le

---

Notes

1. Or : alors, à ce moment.
2. On peut voir, dans cette expression, une parodie des romans de chevalerie.
3. sous-sacristain : le sacristain s'occupe de l'entretien de l'église (il n'y a pas de « sous-sacristain »).

4. fera diables : fera des merveilles.
5. qui fera la cane de vous autres : qui sera parmi vous une poule mouillée.

fais moine en mon lieu et l'enchevêtre de mon froc[1] : il porte médecine à la couardise[2] des gens. Avez-vous point ouï parler du lévrier de monsieur de Meurles[3] qui ne valait rien pour les champs ? Il lui mit un froc au col ; par le cordieu ! il n'échappait ni lièvre ni renard devant lui, et qui plus est, il couvrit toutes les chiennes du pays, lui qui auparavant était éreinté, *et de frigidis et maleficiatis*[4]... »

Le moine, en disant ces paroles en colère, passa sous un noyer, tirant vers la saulaie, et embrocha la visière de son heaume à la brisure d'une grosse branche de noyer. Ce nonobstant, il donna farouchement des éperons à son cheval, lequel était chatouilleux à la pointe, de telle manière que le cheval bondit en avant, et que le moine lâche la bride, et de la main se pend aux branches, cependant que le cheval se dérobe sous lui. Par ce moyen le moine demeura pendant au noyer, et criant à l'aide et au meurtre, protestant aussi de trahison.

Eudémon le premier l'aperçut et, appelant Gargantua :
« Sire, venez et voyez Absalon[5] pendu. »

Gargantua venu considéra la contenance du moine et la façon dont il pendait, et dit à Eudémon :

« Vous avez mal rencontré[6], en le comparant à Absalon, car Absalon se pendit par les cheveux, mais le moine, ras de tête, s'est pendu par les oreilles.

— Aidez-moi, dit le moine, de par le diable ! N'est-il pas bien le temps de jaser ? Vous me semblez les prêcheurs décrétalistes[7] qui disent que quiconque verra son prochain en danger

---

Notes

1. **l'enchevêtre de mon froc** : si je ne l'affuble de mon froc.
2. **couardise** : lâcheté.
3. Personnage inconnu.
4. ***et de frigidis et maleficiatis*** (latin) : « de ceux qui sont frigides et rendus impuissants par des sortilèges ».
5. **Absalon** : personnage de la Bible (*Livres de Samuel*). Lors d'une bataille, il se pend par les cheveux, qu'il portait longs, à la branche d'un arbre. Ce qui permet à Joab de le tuer.
6. **rencontré** : choisi.
7. Moquerie contre les *Décrétales* du pape Grégoire IX (XIIIe s.), textes très formalistes.

de mort, il le doit, sous peine d'excommunication trisulce[1], plutôt admonester de se confesser et mettre en état de grâce que de lui aider. Quand donc, je les verrai tombés en la rivière et prêts d'être noyés, au lieu de les aller quérir et bailler la main, je leur ferai un beau et long sermon *de contemptu mundi et fuga seculi*[2] ; et lorsqu'ils seront raides morts, je les irai pêcher.

— Ne bouge pas, dit Gymnaste, mon mignon ; je te vais quérir, car tu es un gentil petit *monachus*[3] :

> *Monachus in claustro*
> *Non valet ova duo ;*
> *Sed quando est extra,*
> *Bene valet triginta*[4].

» J'ai vu des pendus plus de cinq cents, mais je n'en vis oncques qui eût meilleure grâce en pendillant, et si je l'avais aussi bonne, je voudrais ainsi pendre toute ma vie.

— Aurez-vous, dit le moine, tantôt assez prêché ? Aidez-moi de par Dieu, puisque de par l'Autre vous ne voulez. Par l'habit que je porte, vous vous en repentirez, *tempore et loco prœlibatis*[5]. »

Alors Gymnaste descendit de son cheval, et, montant au noyer, souleva le moine par les goussets d'une main et de l'autre défit sa visière du croc de l'arbre, et ainsi le laissa tomber à terre, et lui après. Dès qu'il fut descendu, le moine se défit de tout son harnachement, et jeta l'une pièce après l'autre parmi le champ, et reprenant son bâton de la croix, remonta sur son cheval qu'Eudémon avait retenu dans sa fuite.

Ainsi ils s'en vont joyeusement, tenant le chemin de la Saulaie.

Notes

1. **trisulce** : à trois pointes (vise le pape).
2. ***de contemptu mundi et fuga seculi*** (latin) : « sur le mépris du monde et de la fuite du siècle » (ici, *siècle* veut dire « la vie du monde », opposée à la vie religieuse).
3. ***monachus*** (latin) : « moine ».
4. « Le moine dans le cloître / Ne vaut pas deux œufs. / Mais quand il est dehors, / Il en vaut bien trente. »
5. ***tempore et loco prœlibatis*** (latin) : « en temps et lieu choisis ».

CHAPITRE 43

COMMENT L'ESCARMOUCHE[1] DE PICROCHOLE FUT RENCONTRÉE PAR GARGANTUA, ET COMMENT LE MOINE TUA LE CAPITAINE TIRAVANT[2], ET PUIS FUT PRISONNIER PAR LES ENNEMIS

Picrochole, à la relation[3] de ceux qui avaient échappé à la déroute lorsque Tripet fut étripé, fut pris d'un grand courroux, en entendant dire que les diables avaient couru sur ses gens ; et il tint son conseil toute la nuit, auquel Hastiveau[4] et Touquedillon conclurent que sa puissance était telle qu'il pourrait défaire tous les diables d'enfer, s'ils y venaient. Ce que Picrochole ne croyait pas tout à fait : aussi ne s'en défiait-il.

Pourtant il envoya, sous la conduite du comte Tiravant, pour découvrir le pays, seize cents chevaliers, tous montés sur des chevaux légers, en escarmouche, tous bien aspergés d'eau bénite, et chacun ayant pour leur insigne une étole[5] en écharpe, à toutes aventures, s'ils rencontraient des diables, que

---

Notes
1. **escarmouche** : ici, petite troupe.
2. **Tiravant** : nom pouvant signifier « aller en avant » et « se tire avant », autrement dit « fuit avant la défaite ».
3. **à la relation** : au récit.
4. **Hastiveau** : nom dans lequel on entend « se hâte trop ».
5. **étole** : bande d'étoffe.

par vertu tant de cette eau grégorienne[1] que des étoles, ils les
15 fissent disparaître et s'évanouir.

Ils coururent donc jusqu'auprès de La Vauguyon et de la Maladrerie[2], mais oncques ne trouvèrent personne à qui parler ; de là ils repassèrent par les hauteurs, et, dans la case et cabane des pâtres, près le Coudray, ils trouvèrent les cinq pèlerins,
20 qu'ils emmenèrent liés et garrottés comme s'ils étaient des espions, nonobstant les exclamations, adjurations et requêtes qu'ils firent.

Descendus de là vers Seuilly, ils furent entendus par Gargantua, lequel dit à ses gens :

25 « Compagnons, il y a ici rencontre[3], et ils sont en nombre dix fois plus que nous : choquerons-nous sur eux[4] ?

— Que diable ferons-nous donc ? dit le moine. Estimez-vous les hommes par nombre, et non par vertu et hardiesse ? »

Puis il s'écria :

30 « Choquons, diables ! choquons. »

Ce qu'entendant, les ennemis pensaient certainement que c'étaient de vrais diables ; ils commencèrent donc à fuir à bride abattue, excepté Tiravant, lequel coucha sa lance en l'arrêt, et en férit à toute outrance le moine au milieu de la poitrine,
35 mais rencontrant le froc horrible, elle s'émoussa par le fer, comme si vous frappiez avec une petite bougie contre une enclume. Alors le moine, avec son bâton de croix, lui donna entre le cou et le collet[5], sur l'os acromion[6], si rudement qu'il l'étourdit et lui fit perdre tout sens et mouvement, et il tomba
40 aux pieds du cheval.

Et voyant l'étole qu'il portait en écharpe, il dit à Gargantua :

Notes

1. **eau grégorienne** : eau bénite à la manière de saint Grégoire.
2. **Maladrerie** : hôpital où l'on soignait les lépreux, près de Chinon.
3. **rencontre** : ici, bataille.
4. **choquerons-nous sur eux** : les cognerons-nous.
5. **collet** : partie entre la tête et les épaules.
6. **acromion** : de l'omoplate.

« Ceux-ci ne sont que prêtres, ce n'est qu'un commencement de moine. Par saint Jean ! je suis moine parfait, je vous en tuerai comme des mouches. »

45 Puis il courut après au grand galop, tant qu'il attrapa les derniers et les abattait comme seigle[1], frappant à tort et à travers. Gymnaste interrogea sur l'heure Gargantua s'ils les devaient poursuivre. À quoi dit Gargantua : jamais il ne faut mettre son ennemi en lieu de désespoir.

50 « Nullement, car selon la vieille discipline militaire parce que telle nécessité lui multiplie la force et accroît le courage, qui déjà était abattu et défaillant, et il n'y a meilleur remède de salut à des gens étourdis et recrus de fatigue que de n'espérer aucun salut. Combien de victoires ont été ôtées des mains des
55 vainqueurs par les vaincus, quand ils ne se sont contentés de raison, mais ont tenté de tout mettre à carnage et de détruire totalement leurs ennemis, sans en vouloir laisser un seul pour en porter les nouvelles ! Ouvrez toujours à vos ennemis toutes les portes et chemins, et faites-leur plutôt un pont d'argent
60 afin de les renvoyer.

— Voire, mais, dit Gymnaste, ils ont le moine.

— Ont-ils le moine ? dit Gargantua. Sur mon honneur, que ce sera à leur dommage ! Mais afin de survenir à tous hasards, ne nous retirons pas encore ; attendons ici en silence,
65 car je pense déjà assez connaître le génie de nos ennemis ; ils se guident par le sort, non par le conseil. »

Eux attendant ainsi sous les noyers, cependant[2] le moine poursuivait[3], choquant tous ceux qu'il rencontrait,

Sans de nulli
70 *Avoir merci*[4],

Notes

1. **seigle** : céréale.
2. **cependant** : pendant ce temps.
3. **poursuivait** : allait toujours à la poursuite de.

4. « Sans avoir pitié de personne. »

jusqu'à ce qu'il rencontrât un chevalier qui portait en croupe un des pauvres pèlerins.

Et là, le voulant mettre à sac[1], le pèlerin s'écria :

« Ha ! monsieur le prieur, mon ami, monsieur le prieur, sauvez-moi, je vous en prie. »

Laquelle parole entendue, les ennemis se retournèrent en arrière, et voyant qu'il n'y avait là que le moine qui faisait cet esclandre[2], ils le chargèrent de coups comme on fait[3] un âne de bois, mais il ne ressentait rien du tout, même quand ils frappaient sur son froc, tant il avait la peau dure. Puis ils le baillèrent à garder à deux archers[4], et, tournant bride, ils ne virent personne en face d'eux ; ils estimèrent donc que Gargantua avait fui avec sa bande. Alors ils coururent vers les Noirettes[5], tant raidement qu'ils purent, pour les rencontrer, et ils laissèrent là le moine seul avec deux archers de garde.

Gargantua entendit le bruit et hennissement des chevaux, et dit à ses gens :

« Compagnons, j'entends le train[6] de nos ennemis, et déjà j'aperçois quelques-uns d'entre eux qui viennent contre nous en bande. Serrons-nous ici et tenons le chemin en bon rang : par ce moyen nous les pourrons recevoir pour leur perte et pour notre honneur. »

Notes

1. **mettre à sac** : abattre.
2. **esclandre** : tapage.
3. **comme on fait** : comme on charge.
4. Les ennemis ont donc capturé frère Jean.
5. Lieu inconnu.
6. **train** : bruit de la marche.

CHAPITRE 44

COMMENT LE MOINE SE DÉFIT
DE SES GARDES, ET COMMENT L'ESCARMOUCHE
DE PICROCHOLE FUT DÉFAITE

Le moine, les voyant partir en désordre, conjectura[1] qu'ils allaient charger sur Gargantua et ses gens, et il s'attristait merveilleusement[2] de ce qu'il ne les pouvait secourir. Puis il avisa[3] la contenance[4] de ses deux archers de garde, lesquels eussent volontiers couru après la troupe pour y butiner quelque chose, et toujours ils regardaient vers la vallée en laquelle ils descendaient.

De plus, il raisonnait, disant :

« Ces gens-ci sont bien mal exercés en faits d'armes, car oncques ils ne m'ont demandé parole et ils ne m'ont ôté mon braquemart[5]. »

Aussitôt après il tira son braquemart et il en férit l'archer qui le tenait à droite, lui coupant entièrement les veines jugulaires[6] et artères sphagitides[7] du cou, avec le gavion[8], jusqu'aux deux

---

Notes

1. **conjectura** : supposa.
2. **merveilleusement** : énormément, vraiment beaucoup.
3. **avisa** : remarqua.
4. **contenance** : allure, attitude.
5. **braquemart** : voir note 7, p. 26.
6. **veines jugulaires** : veines du cou.
7. **artères sphagitides** : autres veines du cou.
8. **gavion** : luette, partie saillante du palais qui sert à la déglutition.

Gargantua

15 glandes[1], et, retirant le coup, lui entr'ouvrit la moelle épinière[2] entre la seconde et la troisième vertèbre : l'archer tomba là tout mort. Et le moine, tournant son cheval à gauche, courut sur l'autre, lequel, voyant son compagnon mort et le moine ayant l'avantage sur lui, criait à haute voix :

20 « Ha ! monsieur le prieur[3], je me rends, monsieur le prieur, mon bon ami, monsieur le prieur ! »

Et le moine criait de même :

« Monsieur le postérieur[4], monsieur le postérieur, vous aurez sur vos postères[5].

25 — Ha ! disait l'archer, monsieur le prieur, mon mignon, monsieur le prieur, que Dieu vous fasse abbé !

— Par l'habit que je porte, disait le moine, je vous ferai ici cardinal[6]. Rançonnez-vous les gens de religion ? Vous aurez un chapeau rouge à cette heure de ma main. »

30 Et l'archer criait :

« Monsieur le prieur, monsieur le prieur, monsieur l'abbé futur, monsieur le cardinal, monsieur le tout ! Ha, ha ! hé ! non, monsieur le prieur, mon bon petit seigneur le prieur, je me rends à vous.

35 — Et je te rends, dit le moine, à tous les diables ! »

Lors d'un coup il lui trancha la tête, lui coupant le crâne sur les os pierreux[7] et enlevant les deux os pariétaux[8] et la commissure sagittale[9], avec une grande partie de l'os coronal[10], ce que faisant il lui trancha les deux méninges[11] et ouvrit

---

Notes

1. **glandes** : les deux amygdales.
2. **moelle épinière** : substance molle du système nerveux qui se trouve le long des vertèbres.
3. **prieur** : désigne à la fois le moine supérieur d'un couvent et celui qui vient en premier, le plus en avant.
4. **postérieur** : désigne à la fois celui qui vient après et les fesses.
5. **postères** : fesses.
6. C'est-à-dire en lui donnant un chapeau rouge, comme celui des cardinaux, mais rouge de son propre sang.
7. **os pierreux** : os pétreux, de la tempe.
8. **os pariétaux** : os plats du crâne.
9. **commissure sagittale** : point de jonction en forme de flèche.
10. **os coronal** : os du front.
11. **méninges** : membranes qui entourent le cerveau.

profondément les deux ventricules[1] postérieurs du cerveau, et le crâne lui demeura pendant sur les épaules à la peau du péricrâne[2] par derrière, en forme d'un bonnet de docteur, noir par-dessus, rouge par dedans. Ainsi il tomba raidement par terre.

Cela fait, le moine donna des éperons à son cheval, et poursuivit la voie que tenaient les ennemis, lesquels avaient rencontré Gargantua et ses compagnons au grand chemin, et ils étaient tant diminués en nombre pour l'énorme massacre qu'y avait fait Gargantua avec son grand arbre, Gymnaste, Ponocrate, Eudémon et les autres, qu'ils commençaient à battre en retraite avec diligence, tout effrayés et perturbés de sens et d'entendement, comme s'ils voyaient l'espèce et la forme propre de la mort devant leurs yeux. Et, comme vous voyez un âne, quand il a au cul un taon[3] de Junon[4] ou une mouche qui le pique, courir çà et là sans voie ni chemin, jetant sa charge par terre, rompant son frein[5] et ses rênes, sans aucunement respirer ni prendre de repos — et l'on ne sait pas qui le meut, car l'on ne voit rien qui le touche —, ainsi fuyaient ces gens, dépourvus de sens, sans savoir la cause de leur fuite, tant seulement les poursuit une terreur panique, qu'ils avaient conçue en leurs âmes.

Le moine, voyant que toute leur pensée n'était qu'à gagner au pied[6], descend de son cheval et monte sur une grosse roche qui était sur le chemin, et avec son grand braquemart il frappait sur ces fuyards à grands tours de bras, sans se ménager ni s'épargner. Il en tua et mit tant par terre qu'il rompit son braquemart en deux pièces.

Notes

1. ventricules : cavités.
2. péricrâne : membrane de la surface externe du crâne.
3. taon : grosse mouche piqueuse.
4. Selon certaines légendes mythologiques, Junon (voir note 1, p. 25) aurait envoyé un taon à sa rivale Io, transformée en vache par Jupiter.
5. frein : mors placé dans la bouche du cheval et attaché aux rênes.
6. à gagner au pied : fuir.

Alors il pensa en lui-même que c'était assez massacrer et tuer, et que le reste devait s'échapper pour en porter les nouvelles. Pourtant il saisit en son poing une hache de ceux qui gisaient là morts, et retourna derechef sur la roche, passant son temps à voir ses ennemis fuir et culbuter entre les corps morts, excepté qu'à tous il faisait laisser leurs piques, épées, lances et arquebuses, et ceux qui portaient les pèlerins liés, il les mettait à pied et délivrait leurs chevaux aux dits pèlerins, les retenant avec lui à l'orée de la haie, et Touquedillon, lequel il retint prisonnier.

« Comment l'escarmouche de Picrochole fut défaite. »
Illustration de Gustave Doré, 1873.

Voir Méthode, p. 330

Se préparer à l'oral du Bac
Analyse de l'extrait (pp. 200-202)

💬 Conseils pour la lecture à voix haute

> Entraînez-vous à lire correctement les mots du champ lexical de l'anatomie pour en rendre l'humour.

> Changez de ton selon que vous lisez les répliques du moine ou celles de l'archer.

📖 Explication linéaire

Introduction rédigée

Ce passage constitue le début du chapitre 44, l'un de ceux consacrés à la guerre que Picrochole a déclenchée contre les terres et les hommes de Grandgousier. Dans les combats, les compagnons de Gargantua se caractérisent par un courage et une hardiesse extraordinaires, qui s'opposent à la cruauté et à la lâcheté des soldats de Picrochole. Cet extrait met en scène la prouesse au combat de frère Jean, un moine humaniste qui représente l'esprit nouveau.

I. Un moine intelligent (l. 1 à 8)

1 Quelle est la situation du moine au début de l'extrait ? Quelle proposition montre sa volonté d'aider Gargantua ? Relevez les verbes qui désignent son activité intellectuelle.

2 Quelle image le début du texte donne-t-il des ennemis de frère Jean ?

II. Un exposé anatomique (l. 9 à 19)

3 Lignes 9 à 11 : Relevez, dans la parole rapportée du moine, un terme polysémique*. À quel registre* appartient-il ? En quoi est-il représentatif de la prose de Rabelais ?

Polysémique : qui a plusieurs sens.

Registre : manière de s'exprimer. On distingue le registre soutenu (ou littéraire), le registre courant, le registre familier et le registre grossier.

4 Lignes 12 à 19 : Relevez les termes anatomiques et ceux liés au combat : lesquels semblent les plus importants ? Quel effet produit l'utilisation du lexique médical ?

III. Un dialogue comique et moqueur (l. 20 à 35)

5) Quel type de phrase l'archer utilise-t-il dans ses répliques ? Pourquoi l'emploi du mot *« prieur »* est-il ici comique ? Qu'y a-t-il de ridicule dans sa deuxième réplique ? De quelles figures de style use-t-il dans sa troisième réplique ?

6) Quel jeu de mots la première réponse du moine contient-elle ? Montrez comment ses répliques reprennent celles de l'archer. Qu'y a-t-il de comique dans son avant-dernière réplique ? Quel est le double sens de sa dernière phrase ?

IV. Une fin parodique (l. 36 à 44)

7) En quoi la fin du texte reprend-elle le procédé du début ? Relevez la dernière image : où réside sa force ? Le lecteur s'y attend-il ?

8) Quelle image ce texte donne-t-il de frère Jean ? En quoi peut-on parler de « parodie » ?

Conclusion rédigée

Avec ce passage, Rabelais offre un portrait en action du « bon moine » : intelligent, savant et connaisseur du corps humain, courageux physiquement et moralement, loyal envers ses compagnons et sans pitié pour la bêtise et le bellicisme. Ce portrait lui permet aussi, par la dévalorisation des éléments traditionnels du registre épique, de parodier les romans de chevalerie, encore en vogue à son époque. Rabelais met ainsi le rire au service de la réflexion contre la guerre.

Grammaire

> **L'interrogation directe et l'interrogation indirecte**
> • L'**interrogation directe** est une **proposition indépendante** qui se caractérise toujours par le point d'interrogation à l'écrit et l'intonation ascendante à l'oral. Dans un registre soutenu, le sujet est inversé par rapport au verbe.
> Ex. : *Quel âge as-tu ?*
> • L'**interrogation indirecte** apparaît dans une **proposition subordonnée** :
> – introduite par un mot interrogatif (*qui, quel, comment, si, combien*, etc.) ;
> – dépendant d'un verbe qui exprime le questionnement (*se demander, savoir, ignorer*, etc.) ;
> – s'insérant dans une phrase déclarative (pas de point d'interrogation).
> Ex. : *Je me demande quel âge tu as.*

9) Relevez et analysez, grammaticalement et stylistiquement, la phrase interrogative présente dans l'extrait.

CHAPITRE 45

COMMENT LE MOINE AMENA LES PÈLERINS, ET LES BONNES PAROLES QUE LEUR DIT GRANDGOUSIER

1   Cette escarmouche terminée, Gargantua se retira avec ses gens, excepté le moine, et ils se rendirent sur la pointe du jour chez Grandgousier, lequel en son lit priait Dieu pour leur salut et victoire, et, les voyant tous saufs et entiers, les embrassa de
5 bon amour, et demanda des nouvelles du moine. Mais Gargantua lui répondit que sans doute leurs ennemis avaient le moine.

«Ils auront donc malencontre[1]», dit Grandgousier, ce qui avait été bien vrai. C'est pourquoi le proverbe est encore en
10 usage de bailler le moine à quelqu'un[2].

Adonc il commanda qu'on apprêtât très bien à déjeuner pour les rafraîchir. Le tout apprêté, l'on appela Gargantua; mais il lui pesait tant de ce que le moine ne comparaissait aucunement qu'il ne voulait ni boire ni manger.
15 Tout soudain le moine arriva, et, dès la porte de la basse-cour, il s'écria : «Vin frais, vin frais, Gymnaste, mon ami!»

---

1. Ils auront donc malencontre : c'est malencontreux (dommageable) pour eux.

2. *bailler* (donner) *le moine à quelqu'un* : proverbe du XVIe siècle signifiant «porter malheur».

Gymnaste sortit et il vit que c'était frère Jean qui amenait cinq pèlerins et Touquedillon prisonnier.

Lors Gargantua sortit au-devant, et ils lui firent le meilleur accueil qu'ils purent et le menèrent devant Grandgousier, lequel l'interrogea sur toute son aventure. Le moine lui disait tout, et comment on l'avait pris, et comment il s'était défait des archers, et la boucherie qu'il avait faite par le chemin, et comment il avait recouvré les pèlerins et amené le capitaine Touquedillon.

Puis ils se mirent à banqueter joyeusement tous ensemble. Cependant Grandgousier interrogeait les pèlerins de quel pays ils étaient, d'où ils venaient et où ils allaient.

Lasdaller pour tous répondit :

« Seigneur, je suis de Saint-Genou en Berry ; celui-ci est de Palluau, celui-ci d'Onzay, celui-ci est d'Argy, et celui-ci de Villebernin[1]. Nous venons de Saint-Sébastien près de Nantes, et nous nous en retournons à petites journées.

— Voire, mais, dit Grandgousier, qu'alliez-vous faire à Saint-Sébastien ?

— Nous allions, dit Lasdaller, lui offrir nos vœux contre la peste.

— Ô pauvres gens, dit Grandgousier, estimez-vous que la peste vienne de Saint-Sébastien ?

— Oui vraiment, dit Lasdaller, nos prêcheurs nous l'affirment.

— Oui, dit Grandgousier, les faux prophètes vous annoncent-ils de tels abus. Blasphèment-ils de cette façon les justes et saints de Dieu qu'ils les font semblables aux diables, qui ne font que le mal entre les humains, comme Homère écrit que la peste fut mise en l'armée des Grecs par Apollon[2], et comme les poètes imaginent un grand tas de démons

---

Notes

1. Ces lieux sont situés dans le Centre de la France, de la Vendée au Berry.

2. Référence à l'*Iliade*, livre I, où Homère raconte qu'Apollon a envoyé la peste décimer l'armée grecque.

et dieux malfaisants? Ainsi prêchait à Cinais¹ un cafard² que saint Antoine mettait le feu aux jambes, saint Eutrope faisait les hydropiques³, saint Gildas les fous, saint Genou les gouttes. Mais je le punis en tel exemple, quoiqu'il m'appelât "hérétique", que depuis ce temps cafard quelconque n'eût osé entrer en mes terres, et je m'ébahis si votre roi les laisse prêcher par son royaume de tels scandales, car ils sont plus à punir que ceux qui, par art magique ou autre procédé, auraient mis la peste par le pays. La peste ne tue que le corps, mais de tels imposteurs empoisonnent les âmes. »

Comme il disait ces paroles, le moine entra tout décidé, et il leur demanda :

« D'où êtes-vous, vous autres, pauvres hères⁴?

— De Saint-Genou, dirent-ils.

— Et comment, dit le moine, se porte l'abbé Tranchelion⁵, le bon buveur? Et les moines, quelle chère font-ils? Cordieu! ils bécotent⁶ vos femmes, cependant que vous êtes en romain pèlerinage.

— Hin, hen! dit Lasdaller, je n'ai pas peur de la mienne, car qui la verra de jour ne se rompra jamais le cou à l'aller visiter la nuit.

— C'est, dit le moine, bien rentré de piques⁷. Elle pourrait être aussi laide que Proserpine⁸, elle aura, pardieu! la saccade⁹, puisqu'il y a des moines autour, car un bon ouvrier met indifféremment toutes pièces en œuvre. Que j'aie la vérole¹⁰ au cas où vous ne les trouvez engrossées à votre retour, car seulement l'ombre du clocher d'une abbaye est féconde.

Notes

1. **Cinais** : village proche de Chinon.
2. **cafard** : personne malfaisante qui dénonce calomnieusement.
3. **hydropiques** : malades d'hydropisie, épanchement anormal de liquide dans certaines parties du corps.
4. **hères** : hommes misérables.
5. **abbé Tranchelion** : personnage réel.
6. **bécotent** : donnent de petits baisers à.
7. **piques** : allusion aux cartes de piques ; manière de dire qu'il s'agit d'une erreur.
8. **Proserpine** : voir note 2, p. 25.
9. **saccade** : image qui désigne l'acte sexuel.
10. **vérole** : maladie avec éruption de boutons laissant des cicatrices.

Gargantua

— C'est, dit Gargantua, comme l'eau du Nil en Égypte, si vous croyez Strabon[1], et Pline, *liv. VII, chap.* III. Comprenez qu'il s'agit de la miche[2], des habits[3] et des corps[4]. »

Lors dit Grandgousier :

« Allez-vous-en, pauvres gens, au nom de Dieu le Créateur, Lequel vous soit en guide perpétuel ; et dorénavant ne soyez faciles à[5] ces oisifs et inutiles voyages. Entretenez vos familles, travaillez, chacun en sa profession, instruisez vos enfants, et vivez comme vous enseigne le bon apôtre saint Paul. Ce faisant, vous aurez la garde de Dieu, des anges et des saints avec vous, et il n'y aura ni peste ni mal qui vous porte nuisance. »

Puis Gargantua les mena prendre leur réfection[6] en la salle ; mais les pèlerins ne faisaient que soupirer, et ils dirent à Gargantua :

« Oh! qu'heureux est le pays qui a pour seigneur un tel homme! Nous sommes plus édifiés[7] et instruits par ces propos qu'il nous a tenus qu'en tous les sermons qui jamais nous furent prêchés en notre ville.

— C'est, dit Gargantua, ce que dit Platon, *liv. V de Rep.*, que les républiques seraient heureuses lorsque les rois philosopheraient ou que les philosophes régneraient. »

Puis il leur fit remplir leurs besaces de vivres, leurs bouteilles de vin, et à chacun il donna un cheval pour se soulager au reste du chemin et quelques carolus[8] pour vivre.

Notes

1. **Strabon** : géographe et historien grec (Ier s. av. et ap. J.-C.) qui rappelle que certains considèrent que l'eau du Nil (fleuve d'Afrique) favorise la fécondité.
2. **miche** : allusion aux céréales qui poussent près du Nil.
3. **habits** : allusion aux bienfaits du Nil pour la fabrique du textile.
4. **corps** : allusion aux bienfaits de l'eau du Nil pour la santé.
5. **ne soyez faciles à** : ne vous laissez plus tenter par.
6. **réfection** : repas.
7. **édifiés** : rendus meilleurs moralement.
8. **carolus** : pièces d'argent.

CHAPITRE 46

COMMENT GRANDGOUSIER TRAITA HUMAINEMENT TOUQUEDILLON PRISONNIER

Touquedillon fut présenté à Grandgousier et interrogé par lui sur l'entreprise et les affaires de Picrochole, à quelle fin il prétendait par ce tumultueux vacarme. À quoi il répondit que sa fin et sa destinée étaient de conquérir tout le pays, s'il pouvait, pour l'injure faite à ses fouaciers.

« C'est, dit Grandgousier, trop entreprendre : qui trop embrasse peu étreint[1]. Le temps n'est plus d'ainsi conquérir les royaumes, avec dommage de son prochain frère chrétien. Cette imitation des anciens Hercule, Alexandre, Hannibal, Scipion, César[2] et autres tels est contraire à l'enseignement de l'Évangile, par lequel il nous est commandé de garder, sauver, régir et administrer chacun ses pays et terres, non d'hostilement envahir les autres, et ce que les Sarrasins et Barbares jadis appelaient "prouesses", maintenant nous l'appelons "brigandages et méchancetés". Il eût mieux fait de se contenir en

---

Notes

1. qui trop embrasse peu (ou mal) **étreint** : proverbe qui existe depuis la fin du XIVe siècle et qui signifie que celui qui entreprend trop de choses, ou des choses trop importantes, court le risque de tout rater.

2. Liste de grands conquérants, réels ou mythiques.

210 | *Gargantua*

sa maison, en la gouvernant royalement, que d'insulter à[1] la mienne, en la pillant hostilement, car il l'eût augmentée en la gouvernant bien; en me pillant il s'est détruit. Allez-vous-en, au nom de Dieu, suivez une bonne entreprise, remontrez à votre roi les erreurs que vous connaîtrez, et ne les conseillez jamais en ayant égard à votre profit particulier, car avec le bien commun, le vôtre propre aussi est perdu. Quant à votre rançon, je vous la donne entièrement, et je veux qu'il vous soit rendu armes et cheval : ainsi faut-il faire entre voisins et anciens amis, vu que ce différend[2] entre nous n'est point proprement la guerre. Comme Platon, *liv. V de Rep.*, voulait être non "guerre" nommée[3], mais "sédition", quand les Grecs portaient les armes les uns contre les autres, et si cela arrive par mauvaise fortune, il commande qu'on use de toute modestie. Si vous la nommez "guerre", elle n'est que superficielle, elle n'entre point au secret profond de nos cœurs, car nul de nous n'est outragé en son honneur, et il n'est question, somme toute, que de réparer quelque faute commise par nos gens, j'entends et vôtres et nôtres, laquelle, encore que vous le connussiez, vous deviez laisser couler outre, car les personnages querellants étaient plus à mépriser qu'à se rappeler, même leur donnant satisfaction selon le grief, comme je m'y suis offert. Dieu fera juste estimation de notre différend, Lequel je supplie de m'ôter plutôt par la mort de cette vie et de faire périr mes biens devant mes yeux qu'Il ne soit offensé en vain par moi ni par les miens. »

Ces paroles adressées, il appela le moine, et devant tous lui demanda :

« Frère Jean, mon bon ami, êtes-vous celui qui avez pris le capitaine Touquedillon ici présent ?

Notes

1. **insulter à** : attaquer.
2. **différend** : désaccord, conflit, querelle.
3. **voulait [...] nommée** : ne voulait pas que l'on nomme « guerre ».

« — Sire, dit le moine, il est présent ; il a âge et discernement ; j'aime mieux que vous le sachiez par sa confession que par ma parole. »

Alors Touquedillon dit :

« Seigneur, c'est lui véritablement qui m'a pris, et je me rends son prisonnier franchement[1].

— Ne l'avez-vous pas mis à rançon ? dit Grandgousier au moine.

— Non, dit le moine ; de cela je ne me soucie.

— Combien, dit Grandgousier, voudriez-vous de sa prise ?

— Rien, rien, dit le moine, cela ne me mène pas. »

Lors Grandgousier commanda que, Touquedillon présent, fussent comptés au moine soixante-deux mille saluts[2] pour cette prise, ce qui fut fait, cependant qu'on fit la collation au dit Touquedillon, auquel Grandgousier demanda s'il voulait demeurer avec lui ou s'il aimait mieux retourner à son roi. Touquedillon répondit qu'il tiendrait le parti qu'il lui conseillerait.

« Donc, dit Grandgousier, retournez à votre roi, et Dieu soit avec vous ! »

Puis il lui donna une belle épée de Vienne[3], avec le fourreau d'or fait avec de belles vignettes d'orfèvrerie, et un collier d'or pesant sept cent deux mille marcs, garni de fines pierreries, de l'estimation de cent soixante mille ducats[4], et dix mille écus par présent honorable.

Après ces propos, Touquedillon monta sur son cheval. Gargantua, pour sa sûreté, lui bailla trente hommes d'armes et cent vingt archers sous la conduite de Gymnaste, pour le mener jusqu'aux portes de la Roche-Clermaud si besoin était.

Notes

1. **franchement** : ici, résolument et clairement.
2. **saluts** : pièces d'une monnaie d'or représentant la salutation évangélique.
3. **Vienne** : ville du Sud-Est de la France.
4. **ducats** : pièces d'une monnaie d'or.

Celui-ci parti, le moine rendit à Grandgousier les soixante-deux mille saluts qu'il avait reçus, en disant :

«Sire, ce n'est pas maintenant que vous devez faire de tels dons, attendez la fin de cette guerre, car l'on ne sait quelles affaires pourraient survenir, et guerre faite sans bonne provision d'argent n'a qu'un souffle de vigueur. Les nerfs des batailles sont les écus.

— Donc, dit Grandgousier, à la fin je vous contenterai par une honnête récompense, et tous ceux qui m'auront bien servi.»

CHAPITRE 47

COMMENT GRANDGOUSIER ENVOYA QUÉRIR SES LÉGIONS, ET COMMENT TOUQUEDILLON TUA HASTIVEAU, PUIS FUT TUÉ PAR LE COMMANDEMENT DE PICROCHOLE

1   En ces mêmes jours, ceux de Bessé, du Marché Vieux, du bourg Saint-Jacques, du Trainneau, de Parilly, de Rivière, des Roches-Saint-Paul, du Vaubreton, de Pontillé, du Bréhemont, du Pont-de-Clam, de Cravant, de Grandmont, des Bordes, de la Villaumaire, d'Huismes, de Ligré, d'Ussé, de Saint-Louant, de Panzoust, des Coudreaux, de Véron, de Coulaine, de Chouzé, de Varennes, de Bourgueil, de l'Isle-Bouchard, du Croulay, de Narsay, de Candes, de Montsoreau et autres lieux voisins[1] envoyèrent vers Grandgousier des ambassades pour lui dire qu'ils étaient avertis des torts que lui faisait Picrochole, et pour leur ancienne confédération, ils lui offraient tout leur pouvoir, tant de gens que d'argent et autres munitions de guerre.

L'argent de tous montait, par les pactes qu'ils lui envoyaient, à cent quatre millions deux écus et demi d'or. Les gens étaient quinze mille hommes d'armes, trente-deux mille chevau-

---

Note
1. Les lieux cités ici sont situés dans les environs de Chinon.

légers, quatre-vingt-neuf mille arquebusiers, cent quarante mille aventuriers, onze mille deux cents canons, doubles canons, basilics et spiroles, quarante-sept mille pionniers : le tout soudoyé[1] et travaillé[2] pour six mois et quatre jours.

Laquelle offre Gargantua ne refusa ni n'accepta tout à fait ; mais, les remerciant grandement, il dit qu'il arrangerait cette guerre par un tel artifice qu'il ne serait besoin d'embarrasser tant de gens de bien. Il envoya seulement quelqu'un qui amènerait en ordre les légions qu'il entretenait ordinairement en ses places de la Devinière, de Chavigny, de Gravot et de Quinquenais[3], montant au nombre de deux mille cinq cents hommes d'armes, soixante-six mille hommes de pied, vingt-six mille arquebusiers, deux cents grosses pièces d'artillerie, vingt-deux mille pionniers et six mille chevau-légers, tous par bandes, si bien assorties de leurs trésoriers, de vivandières[4], de maréchaux, d'armuriers et autres gens nécessaires au train de bataille, si bien instruits en art militaire, si bien armés, si bien reconnaissant et suivant leurs enseignes, si soudains à entendre et à obéir à leurs capitaines, si dégagés pour courir, si forts pour charger, si prudents à l'aventure, qu'ils ressemblaient mieux à une harmonie d'orgues et à un accord d'horloges, qu'à une armée ou gendarmerie.

Touquedillon, arrivé, se présenta à Picrochole et lui conta au long ce qu'il avait fait et vu. À la fin il conseillait, par de fortes paroles, qu'on fît un accommodement avec Grandgousier, qu'il avait éprouvé être le plus homme de bien du monde, ajoutant que ce n'était ni profit ni raison de molester ainsi ses voisins, dont jamais ils n'avaient eu que tout bien, et, au regard du principal, qu'ils ne sortiraient jamais de cette entreprise qu'à leur grand dommage et malheur, car la puissance

---

Notes

1. soudoyé : ici, payé.
2. travaillé : ici, ravitaillé.
3. Ces lieux sont situés dans la région de Chinon.
4. vivandières : femmes suivant les troupes pour leur vendre boissons et vivres.

de Picrochole n'était pas telle que Grandgousier ne les pût aisément mettre à sec.

Il n'eut pas achevé cette parole que Hastiveau dit tout haut :

«Bien malheureux est le prince qui est servi par tels gens, qui sont si facilement corrompus, comme je connais Touquedillon, car je vois son courage si changé qu'il se fût adjoint volontiers à nos ennemis pour batailler contre nous et nous trahir, s'ils l'eussent voulu retenir. Mais comme la vertu est louée et estimée de tous, tant amis qu'ennemis, aussi[1] la méchanceté est tôt connue et suspecte, et supposé que les ennemis s'en servent à leur profit, ils n'en ont pas moins toujours les méchants et les traîtres en abomination.»

À ces paroles Touquedillon, impatient[2], tira son épée, et en transperça Hastiveau un peu au-dessus de la mamelle gauche, dont il mourut incontinent, et, retirant son coup du cœur, dit franchement :

«Ainsi périsse qui féaux serviteurs blâmera[3] ! »

Picrochole soudain entra en fureur, et, voyant l'épée et le fourreau si diaprés[4], il dit :

«T'avait-on donné ce fer pour tuer malignement en ma présence mon si bon ami Hastiveau ? »

Lors il commanda à ses archers qu'ils le missent en pièces, ce qui fut fait sur l'heure, si cruellement que la chambre était toute pavée de sang. Puis il fit honorablement inhumer le corps de Hastiveau et jeter celui de Touquedillon par-dessus les murailles en la vallée.

Les nouvelles de ces outrages furent sues par toute l'armée, ce dont plusieurs commencèrent à murmurer contre Picrochole, si bien que Grippeminault[5] lui dit :

Notes

1. **aussi** : de même.
2. **impatient** : ici, très irrité.
3. **qui féaux serviteurs blâmera** : celui qui blâmera les fidèles serviteurs.
4. **diaprés** : en soie de couleurs variées.
5. **Grippeminault** : nom moqueur, *grippe*, à l'époque, pouvant renvoyer au vol.

« Seigneur, je ne sais quelle sera l'issue de cette entreprise. Je vois vos gens peu affermis en leur courage. Ils considèrent que nous sommes ici mal pourvus de vivres, et déjà beaucoup diminués en nombre par deux ou trois sorties[1]. De plus, il vient un grand renfort de gens à vos ennemis. Si nous sommes assiégés une fois, je ne vois point comment ce ne soit à notre ruine totale.

— Bien, bien ! dit Picrochole, vous ressemblez aux anguilles de Melun[2] : vous criez avant qu'on vous écorche[3]. Laissez-les seulement venir ! »

Notes

1. sorties : attaques.
2. Melun : ville française située en Seine-et-Marne, en Île-de-France.

3. vous criez avant qu'on vous écorche : proverbe de l'époque, qui signifie qu'on fait les choses à l'envers, en référence au fait qu'on écorche les anguilles en commençant par leur extrémité inférieure.

CHAPITRE 48

COMMENT GARGANTUA ASSAILLIT PICROCHOLE DANS LA ROCHE-CLERMAUD ET DÉFIT L'ARMÉE DU DIT PICROCHOLE

1   Gargantua eut la charge totale de l'armée. Son père demeura en son fort, et, leur donnant courage par de bonnes paroles, promit de grands dons à ceux qui feraient quelques prouesses. Puis ils gagnèrent le gué de Vède, et par bateaux et ponts
5 légèrement faits, passèrent outre d'une traite. Puis, considérant l'assiette de la ville, qui était en lieu haut et avantageux, il délibéra cette nuit sur ce qu'il y avait à faire. Mais Gymnaste lui dit :

«Seigneur, telle est la nature et la complexion des Français
10 qu'ils ne valent qu'à la première pointe[1] : lors[2] ils sont pires que les diables. Mais s'ils séjournent[3], ils sont moins que des femmes. Je suis d'avis qu'à l'heure présente, après que vos gens auront quelque peu respiré et se seront repus, vous fassiez donner l'assaut.»

15 L'avis fut trouvé bon.

Notes
1. **pointe** : opération, charge.
2. **lors** : alors, à ce moment-là.
3. **s'ils séjournent** : si cela dure.

Donc il déploya toute son armée en plein champ, mettant les réserves du côté de la montée. Le moine prit avec lui six enseignes de gens de pied et deux cents hommes d'armes, et, en grande diligence, traversa les marais et gagna au-dessus du Puy[1] jusqu'au grand chemin de Loudun[2].

Cependant l'assaut continuait : les gens de Picrochole ne savaient s'il était meilleur de sortir dehors et de les recevoir, ou bien de garder la ville sans bouger. Mais Picrochole fit une furieuse sortie avec une bande d'hommes d'armes de sa maison, et là il fut reçu et festoyé à grands coups de canon qui grêlaient vers les coteaux, d'où les Gargantuistes se retirèrent au val, pour mieux donner lieu à l'artillerie. Ceux de la ville se défendaient le mieux qu'ils pouvaient, mais les traits passaient outre par-dessus, sans férir personne. D'aucuns de la bande, sauvés de l'artillerie, donnèrent farouchement sur nos gens, mais ils avancèrent peu, car tous furent reçus entre les rangs et là abattus par terre. Ce que voyant, ils voulaient se retirer, mais cependant le moine avait occupé le passage, par quoi ils se mirent en fuite sans ordre ni maintien. D'aucuns voulaient leur donner la chasse, mais le moine les retint, craignant qu'en poursuivant les fuyards ils perdissent leurs rangs, et qu'à ce moment ceux de la ville chargeassent sur eux. Puis, attendant quelque temps et nul ne comparaissant à sa rencontre, il envoya le duc Phrontiste[3] pour exhorter Gargantua à ce qu'il avançât pour gagner le coteau à gauche, pour empêcher la retraite de Picrochole par cette porte. Ce que fit Gargantua en toute diligence, et il y envoya quatre légions de la compagnie de Sébaste[4] ; mais ils ne purent si tôt gagner le haut qu'ils n'y rencontrassent face à face Picrochole et ceux qui avec lui s'étaient éparpillés.

Notes

1. Puy : lieu situé près de la Roche-Clermault.
2. Loudun : lieu situé près de Chinon.
3. Phrontiste : nom issu du grec et signifiant « réfléchi ».
4. Sébaste : nom issu du grec et signifiant « respectable ».

Lors ils leur chargèrent sus roidement[1] ; toutefois ils furent grandement endommagés par ceux qui étaient sur les murs, en coups de trait et d'artillerie. Ce que voyant, Gargantua alla en grande puissance les secourir, et son artillerie commença à viser ce quartier de murailles, si bien que toute la force de la ville y fut rappelée.

Le moine, voyant le côté qu'il tenait assiégé dénué[2] de gens et de gardes, tira[3] magnanimement[4] vers le fort, et tant fit qu'il monta dessus, lui et d'aucuns de ses gens, pensant que ceux qui surviennent dans un conflit donnent plus de crainte et de fureur que ceux qui combattent alors avec leurs forces. Toutefois il ne fit oncques[5] clameurs pour effrayer, jusqu'à ce que tous les siens eussent gagné la muraille, excepté les deux cents hommes d'armes qu'il laissa dehors pour les hasards.

Puis il s'écria horriblement, et les siens ensemble, et ils tuèrent sans résistance les gardes de cette porte, et ils l'ouvrirent aux hommes d'armes, et ils coururent ensemble en toute fureur vers la porte de l'Orient[6] où était le désarroi[7], et ils renversèrent derrière toute leur force.

Les assiégés les voyant de tous côtés, et s'apercevant que les Gargantuistes avaient gagné la ville, se rendirent au moine à merci. Le moine leur fit rendre les fers et les armes, et les fit tous retirer et resserrer dans les églises, saisissant tous les bâtons des croix et mettant des gens aux portes pour les empêcher de sortir. Puis, ouvrant cette porte orientale, il sortit au secours de Gargantua. Mais Picrochole pensait que le secours lui venait de la ville, et, par outrecuidance, il se hasarda plus qu'auparavant, jusqu'à ce que Gargantua s'écriât :

« Frère Jean, mon ami, frère Jean, soyez le bienvenu ! »

Notes

1. **ils leur chargèrent sus roidement :** ils les attaquèrent vivement.
2. **dénué :** dépourvu.
3. **tira :** se déplaça, alla.
4. **magnanimement :** avec grandeur.
5. **oncques :** ici, aucune.
6. **porte de l'Orient :** côté Est.
7. **où était le désarroi :** où avait lieu la déroute.

75   Alors Picrochole et ses gens, reconnaissant que tout était désespéré, prirent la fuite en tous endroits. Gargantua les poursuivit jusque près de Vaugaudry, tuant et massacrant; puis il sonna la retraite.

La bataille contre Picrochole.
Illustration du XVIᵉ siècle.

CHAPITRE 49

COMMENT PICROCHOLE FUYANT FUT SURPRIS PAR LA MAUVAISE FORTUNE ET CE QUE FIT GARGANTUA APRÈS BATAILLE

1   Picrochole, ainsi désespéré, s'enfuit vers l'Île-Bouchard[1], et, au chemin de Rivière[2], son cheval broncha[3] par terre, de quoi il fut si indigné qu'il le tua de son épée dans sa colère. Puis ne trouvant personne qui le remontât[4], il voulut prendre un
5   âne du moulin qui était près de là ; mais les meuniers le meurtrirent tout de coups, et le détroussèrent de ses habillements, et lui baillèrent pour se couvrir une méchante souquenille[5].

Ainsi s'en alla le pauvre colérique ; puis passant l'eau au Port-Huault[6] et racontant ses infortunes, il fut avisé par une vieille
10 ribaude[7] que son royaume lui serait rendu à la venue des coquecigrues[8] ; depuis on ne sait ce qu'il est devenu.

Notes

1. **Île-Bouchard** : lieu situé près de Chinon.
2. **Rivière** : lieu situé dans les environs de Chinon.
3. **broncha** : trébucha.
4. **ne trouvant [...] remontât** : personne ne lui fournit un autre cheval.
5. **méchante souquenille** : misérable blouse.
6. **Port-Huault** : lieu situé dans le Centre de la France.
7. **ribaude** : prostituée, sorcière.
8. **coquecigrues** : animaux imaginaires.

Toutefois l'on m'a dit qu'il est à présent gagne-denier[1] à Lyon, colérique comme auparavant, et que toujours il s'enquiert à tous les étrangers de la venue des coquecigrues, espé-
rant certainement, selon la prophétie de la vieille, être à leur venue réintégré en son royaume.

Après leur retraite, Gargantua premièrement recensa les gens, et trouva que peu d'entre eux avaient péri dans la bataille, à savoir quelques gens de pied de la bande du capitaine Tolmère[2] et Ponocrate qui avait un coup d'arquebuse en son pourpoint. Puis il les fit rafraîchir chacun par sa bande, et commanda à ses trésoriers que ce repas leur fût défrayé et payé, et que l'on ne fît outrage quelconque en la ville, vu qu'elle était sienne, et qu'après leur repas, ils comparussent en la place devant le château, et que là ils seraient payés pour six mois ; ce qui fut fait.

Puis il fit réunir devant lui en la dite place tous ceux qui restaient du parti de Picrochole, auxquels, en présence de tous ses princes et capitaines, il parla comme il s'ensuit…

Notes

1. **gagne-denier** : qui vit de petits salaires. 2. **Tolmère** : nom issu du grec et signifiant « audacieux ».

CHAPITRE 50

LA HARANGUE QUE FIT GARGANTUA AUX VAINCUS

1   « Nos pères, aïeux et ancêtres de toute mémoire ont été de ce sens et de cette nature[1] que, des batailles par eux consommées, ils ont, pour signe mémorial des[2] triomphes et des victoires, érigé plus volontiers des trophées et des monuments
5   dans les cœurs des vaincus, par grâce[3], que dans les terres par eux conquises, par architecture, car ils estimaient plus acquise la vive souvenance des humains par leur libéralité que par la muette inscription des arcs, colonnes et pyramides, sujette aux calamités de l'air et à l'envie de chacun.

10   » Il vous souvient peut-être assez de la mansuétude[4] dont ils usèrent envers les Bretons à la journée de Saint-Aubin-du-Cormier[5] et à la démolition de Parthenay[6]. Vous avez enten-

---

Notes

1. de ce sens et de cette nature : par raison et par nature.
2. pour signe mémorial des : pour la mémoire de leurs.
3. par grâce : par leur clémence.
4. mansuétude : indulgence qui conduit à pardonner généreusement.
5. À partir de 1465, la guerre de Bretagne oppose cette région à la France dont elle veut faire sécession. En 1488, le duc Louis de La Trémoille remporte la victoire de Saint-Aubin-du-Cormier sur l'armée de Bretagne.
6. Parthenay : ville du Centre ouest de la France, abritant en janvier 1487 le fugitif Louis II d'Orléans, futur Louis XII, et reprise par l'armée de Charles VIII, qui fit cependant preuve de clémence.

Gargantua

du, vous admirez le bon traitement qu'ils firent aux barbares d'Espanola[1] qui avaient pillé, dépeuplé et saccagé les confins maritimes d'Olonne et du Talmondois[2]. Tout ce ciel a été empli des louanges et congratulations que vous-mêmes et vos pères fîtes lorsque Alpharbal[3], roi de Canarre, non assouvi de ses fortunes, envahit furieusement le pays d'Aunis[4], exerçant la piraterie en toutes les îles Armoriques[5] et dans les régions limitrophes. Il fut, en une juste bataille navale, pris et vaincu par mon père, auquel Dieu soit garde et protecteur. Mais quoi ? dans un cas où les autres rois et empereurs, voire qui se font nommer catholiques[6], l'eussent misérablement traité, durement emprisonné et extrêmement rançonné, il le traita courtoisement, amicalement, le logea avec lui dans son palais, et, par une incroyable débonnaireté[7], le renvoya avec un sauf-conduit[8], chargé de dons, chargé de grâces, chargé de tous les bons offices de l'amitié.

» Qu'en est-il advenu ? Retourné en ses terres, il fit rassembler tous les princes et états de son royaume, leur exposa l'humanité qu'il avait connue en nous, et les pria de délibérer sur ce point, de façon que le monde eût aussi en eux un exemple d'honnêteté gracieuse, comme il en avait déjà eu en nous de gracieuseté honnête. Là il fut décrété, par un consentement unanime, que l'on offrirait entièrement leurs terres, domaines et royaumes, pour en faire selon notre arbitre.

» Alpharbal, en propre personne, s'en retourna soudain avec neuf mille trente-huit grands navires de charge, emmenant non seulement les trésors de sa maison et lignée royale, mais

---

Notes

1. **Espanola** : il s'agit d'Hispaniola à Haïti.
2. Rabelais joue, ici, avec la géographie puisque Olonne et le Talmondois sont en Vendée.
3. **Alpharbal** : nom fantaisiste.
4. **pays d'Aunis** : ancienne province française autour de La Rochelle.
5. **Armoriques** : de l'Armorique, région ancienne qui s'étend de Nantes à Dieppe.
6. Allusion à Charles Quint qui fit emprisonner François Ier.
7. **débonnaireté** : indulgence.
8. **sauf-conduit** : laissez-passer.

presque de tout le pays, car s'embarquant pour faire voile au vent d'ouest-nord-est, chacun jetait en foule dans ceux-ci de l'or, de l'argent, des bagues, des joyaux, des épiceries, des drogues et des odeurs aromatiques, des perroquets, des pélicans, des guenons, des civettes, des genettes, des porcs-épics. Il n'était fils réputé de bonne mère qui ne jetât devant ce qu'il avait de singulier.

» Dès qu'il fut arrivé, il voulait baiser les pieds de mon dit père : le fait fut estimé indigne et ne fut pas toléré, mais il fut embrassé sociablement[1] ; il offrit ses présents : ils ne furent pas reçus, pour être trop excessifs ; il se donna comme esclave et serf volontaire : ce ne fut pas accepté, parce que ce ne sembla pas équitable ; il céda, pour le décret des États, ses terres et son royaume, offrant la transaction et le transport signés, scellés et ratifiés de tous ceux qui devaient le faire : ce fut totalement refusé, et les contrats jetés au feu. La fin fut que mon dit père commença par se lamenter de pitié et pleurer copieusement, considérant le franc vouloir et la simplicité des Canariens et, par mots exquis et sentences congrues[2], il diminuait[3] le bon procédé qu'il avait eu pour eux, disant ne leur avoir fait du bien qui fût à l'estimation d'un bouton[4], et que, s'il leur avait montré un rien d'honnêteté, il était tenu de le faire. Mais Alpharbal l'augmentait[5] d'autant plus.

» Quelle fut l'issue ? Au lieu que, pour sa rançon prise à toute extrémité, nous eussions pu tyranniquement exiger vingt fois cent mille écus et retenir pour otages ses enfants aînés[6], ils se sont faits tributaires perpétuels et obligés de nous bailler chaque année deux millions d'or affiné à vingt-quatre carats. Ils nous furent, la première année, payés ici ; la seconde, de

---

Notes

1. **sociablement** : amicalement.
2. **congrues** : bien adaptées.
3. **diminuait** : rabaissait, minimisait.
4. **à l'estimation d'un bouton** : qui ne valait pas plus qu'un bouton.
5. **l'augmentait** : le louait.
6. Comme Charles Quint qui avait pris en otage les deux fils de François Ier et exigé une rançon importante.

Gargantua

franc vouloir, ils en payèrent vingt-trois fois cent mille écus ; la troisième, vingt-six fois cent mille ; la quatrième, trois millions, et augmentant ainsi toujours tant de leur bon gré que nous serons contraints de les empêcher de ne rien nous apporter de plus. C'est la nature de la gratuité, car le temps, qui ronge et diminue toute chose, augmente et accroît les bienfaits, parce qu'un bon procédé, libéralement eu à l'égard d'un homme de raison, s'accroît continuellement par la noble pensée et la reconnaissance. Ne voulant donc aucunement dégénérer de la débonnaireté héréditaire de mes parents, je vous absous[1] maintenant et vous délivre, et vous rends francs et libres comme auparavant.

» Par surcroît, vous serez à la sortie des portes payés chacun pour trois mois, pour pouvoir vous retirer en vos maisons et familles, et six cents hommes d'armes et huit mille hommes de pied vous conduiront en sûreté sous la conduite de mon écuyer Alexandre, afin que vous ne soyez pas outragés par les paysans. Dieu soit avec vous !

» Je regrette de tout mon cœur que Picrochole ne soit pas ici, car je lui eusse donné à entendre que cette guerre était faite sans ma volonté, sans espoir d'accroître ni mon bien ni mon nom. Mais puisqu'il est perdu et qu'il s'est évanoui on ne sait où ni comment, je veux que son royaume demeure entier à son fils, lequel, parce qu'il est trop en bas-âge — car il n'a pas encore cinq ans accomplis — sera gouverné et instruit par les anciens princes et gens savants du royaume. Et, parce qu'un royaume ainsi désolé serait facilement ruiné, si on ne refrénait la convoitise et l'avarice de ses administrations, j'ordonne et je veux que Ponocrate soit le surintendant[2] de tous ses gouverneurs, avec l'autorité à ce requise[3], et assidu avec l'enfant

---

Notes

1. **absous** : pardonne.
2. **surintendant** : officier chargé de la surveillance de l'administration d'un territoire.
3. **avec l'autorité à ce requise** : avec l'autorité requise pour cette tâche.

jusqu'à ce qu'il le reconnaisse capable de pouvoir régir et régner par lui-même.

» Je considère qu'une facilité trop énervée[1] et trop dissolue[2] à pardonner aux malfaisants leur est une occasion de mal faire derechef[3] plus légèrement, par cette pernicieuse confiance qu'ils ont d'être graciés. Je considère que Moïse[4], le plus doux homme qui fût sur la terre de son temps, punissait sévèrement les mutins[5] et les séditieux[6] au royaume d'Israël[7]. Je considère que Jules César, empereur si débonnaire que Cicéron dit de lui que sa fortune n'avait rien de plus souverain sinon qu'il pouvait, et que sa vertu n'avait rien de meilleur sinon qu'il voulait toujours faire grâce et pardonner à un chacun, mais que toutefois, ce nonobstant, il punit rigoureusement en certains endroits les auteurs de rébellion.

» Suivant ces exemples, je veux que vous me livriez avant le départ : premièrement, ce beau Marquet, qui a été la source et la cause première de cette guerre par sa vaine outrecuidance ; secondement, ses compagnons fouaciers, qui furent négligents à corriger sa tête folle sur l'instant ; et finalement, tous les conseillers, capitaines, officiers ou domestiques de Picrochole, lesquels l'auraient incité, loué ou lui auraient conseillé de sortir de ses frontières pour nous inquiéter ainsi. »

1. énervée : vidée de sa force.
2. dissolue : molle.
3. derechef : de nouveau.
4. Moïse : personnage le plus important de la Bible (Ancien Testament).
5. mutins : rebelles.
6. séditieux : qui organisent la sédition, la révolte.
7. royaume d'Israël : selon la Bible, royaume des douze tribus d'Israël de 930 à 720 av. J.-C.

CHAPITRE 51

COMMENT LES GARGANTUISTES VAINQUEURS FURENT RÉCOMPENSÉS APRÈS LA BATAILLE

1   Cette harangue faite par Gargantua, les séditieux par lui requis furent livrés, excepté Spadassin, Merdaille et Menuail, lesquels avaient fui six heures avant la bataille, l'un jusqu'au col d'Agnello[1], d'une traite, l'autre jusqu'au val de Vire[2],
5   l'autre jusqu'à Logrono[3], sans regarder derrière eux ni prendre haleine en route, et deux fouaciers, lesquels périrent en la journée. Gargantua ne leur fit d'autre mal, sinon qu'il leur ordonna de tirer les presses[4] de son imprimerie, qu'il avait nouvellement fondée.

10   Puis ceux-là qui étaient morts, il les fit honorablement inhumer en la vallée des Noirettes et au camp de Brûlevieille[5]. Les blessés, il les fit panser et traiter en son grand hôpital. Après il avisa aux dommages faits à la ville et aux habitants, et les fit rembourser de tous leurs intérêts, à leur confession et serment ;
15   et il y fit bâtir un château fort, y mettant gens et guet, pour mieux se défendre à l'avenir contre les émeutes soudaines.

Notes

1. **col d'Agnello** : lieu situé dans les Alpes-Maritimes et reliant la France et l'Italie.
2. **Vire** : lieu situé en Normandie, dans le Calvados.
3. **Logrono** : lieu situé en Espagne.
4. **tirer les presses** : actionner la barre de l'imprimerie qui fait pression sur la feuille.
5. **Brûlevieille** : lieu inconnu.

«Comment les gargantuistes vainqueurs
furent récompensés après la bataille.»
Illustration de Gustave Doré, 1873.

Au départ, il remercia gracieusement tous les soudards[1] de ses légions, qui avaient été à cette défaite, et les renvoya hiverner en leurs postes et garnisons, excepté d'aucuns de la dixième légion qu'il avait vus faire quelques prouesses en la journée et les capitaines des bandes, qu'il amena avec lui vers Grandgousier.

À leur vue et à leur venue, le bonhomme fut si joyeux qu'il serait impossible de le décrire. Donc il leur fit un festin, le plus magnifique, le plus abondant et le plus délicieux qui fût vu depuis le temps du roi Assuérus[2]. À la sortie de table, il distribua à chacun d'eux toute la garniture de son buffet, qui était du poids de dix-huit cent mille quatorze besants d'or, en grands vases à l'antique, grands pots, grands bassins, grandes tasses, coupes, potets[3], candélabres[4], jattes, nacelles, vases à fleurs, drageoirs[5] et autre telle vaisselle, toute d'or massif, outre la pierrerie, l'émail et l'ouvrage, qui, à l'estimation de tous, excédait en prix leur matière. De plus il leur fit compter de ses coffres à chacun douze cent mille écus comptants, et, par surcroît, il donna à chacun d'eux à perpétuité — excepté s'ils mouraient sans hoirs[6] — ses châteaux et terres voisines, selon qu'ils leur étaient le plus commodes. À Ponocrate, il donna la Roche-Clermaud ; à Gymnaste, Le Coudray ; à Eudémon, Montpensier ; Le Rivau, à Tolmère ; à Ithybole[7], Montsoreau ;

Notes

1. **soudards** : soldats.
2. **Assuérus** : selon la Bible (*Esther*, I), roi qui régna de l'Inde à l'Éthiopie et qui donna à tous ses hommes un festin qui dura 180 jours, puis au peuple tout entier un festin de 7 jours.
3. **potets** : petits pots.
4. **candélabres** : grands chandeliers.
5. **drageoirs** : coupes où l'on met des sucreries.
6. **hoirs** : héritiers.
7. **Ithybole** : nom issu du grec et signifiant « lancé en ligne droite ».

40 à Acamas[1], Candes; Varennes, à Chironacte[2]; Gravot, à Sébaste; Quinquenais, à Alexandre; Ligré, à Sophrone[3], et ainsi de ses autres places[4].

Notes

1. Acamas : nom issu du grec et signifiant « infatigable ».
2. Chironacte : nom issu du grec et signifiant « qui travaille de ses mains ».
3. Sophrone : nom issu du grec et signifiant « sage ».
4. Les lieux cités dans ce passage sont situés en Touraine et dans la région de Chinon.

CHAPITRE 52

COMMENT GARGANTUA FIT BÂTIR POUR LE MOINE L'ABBAYE DE THÉLÈME[1]

Restait seulement le moine à pourvoir, lequel Gargantua voulait faire abbé de Seuilly, mais il le refusa. Il voulut lui donner l'abbaye de Bourgueil ou de Saint-Florent[2], celle qui lui conviendrait le mieux, ou toutes deux, s'il les prenait à gré. Mais le moine lui fit réponse péremptoire[3], que de moines il ne voulait charge ni gouvernement :

« Car comment, disait-il, pourrais-je gouverner autrui, moi qui ne saurais me gouverner moi-même ? S'il vous semble que je vous aie rendu, et que je puisse à l'avenir vous rendre, un service agréable, octroyez-moi de fonder une abbaye selon mon plan. »

La demande plut à Gargantua, et il offrit tout son pays de Thélème, jouxtant la rivière de la Loire, à deux lieues de la grande forêt du Port-Huault ; et il requit à Gargantua d'instituer sa règle religieuse au contraire de toutes les autres.

Notes

1. Thélème : nom issu du grec et signifiant « volonté », « désir », de Dieu ou de l'homme.

2. Ces lieux sont situés dans la région de Chinon.

3. péremptoire : catégorique.

« Premièrement donc, dit Gargantua, il ne faudra plus bâtir de murailles d'enceinte, car toutes les autres abbayes sont farouchement murées.

— Voire, dit le moine, et non sans cause : où mur il y a, et devant et derrière, il y a force murmures, envies et conspirations mutuelles. »

De plus, vu qu'en certains couvents de ce monde il est en usage que si femme y entre — j'entends des prudes[1] et pudiques — on nettoie la place par laquelle elles sont passées, il fut ordonné que, si des religieuses ou religieux y entraient par un cas fortuit[2], on nettoierait soigneusement tous les lieux par lesquels ils seraient passés, et parce qu'aux couvents de ce monde tout est compassé[3], limité et réglé par heures, il fut décrété qu'il n'y aurait là ni horloge ni cadran aucun. Mais, selon les occasions et opportunités, toutes les œuvres seraient dispensées[4]. Car, disait Gargantua, la plus vraie perte de temps qu'il sût[5] était de compter les heures. Quel bien en advient-il ? Et la plus grande rêverie[6] du monde était de se gouverner au son d'une cloche, et non à la dictée du bon sens et entendement.

Item, parce qu'en ce temps-là on ne mettait au couvent des femmes, sinon celles qui étaient borgnes, boiteuses, bossues, laides, défaites, folles, insensées, mal formées et tarées, ni les hommes, sinon catarrheux[7], mal nés, niais et empêchés pour la maison...

« À propos, dit le moine, une femme qui n'est ni belle ni bonne, à quoi vaut toile[8] ?

Notes

1. **prudes** : ici, honnêtes.
2. **par un cas fortuit** : par hasard.
3. **compassé** : contraint.
4. **toutes les œuvres seraient dispensées** : toutes les activités s'organiseraient selon les occasions et opportunités.
5. **sût** : connût.
6. **rêverie** : folie.
7. **catarrheux** : atteints de catarrhe, une inflammation des muqueuses.
8. Jeu de mots sur *t-elle* et *toile* qui se prononcent presque de la même manière à l'époque.

— À mettre au couvent, dit Gargantua.

— Voire, dit le moine, et à faire des chemises »... il fut ordonné que là ne seraient reçus que les belles, bien formées et de belle nature, et les beaux, bien formés et de belle nature.

Item, parce qu'aux couvents des femmes n'entraient les hommes, sinon à la dérobée et clandestinement, il fut décrété que jamais ne seraient là les femmes au cas où les hommes n'y fussent, ni les hommes au cas où n'y fussent les femmes.

Item, parce que tant hommes que femmes, une fois reçus en religion, après l'année d'épreuve, étaient forcés et astreints d'y demeurer perpétuellement leur vie durant, il fut établi que tant hommes que femmes là reçus sortiraient quand bon leur semblerait, librement et entièrement.

Item, parce qu'ordinairement les religieux faisaient trois vœux, à savoir de chasteté[1], de pauvreté et d'obéissance, il fut constitué que là on pût être honorablement marié, que chacun fût riche et vécût en liberté.

Au regard de l'âge légitime, les femmes y étaient reçues depuis dix jusqu'à quinze ans, les hommes depuis douze jusqu'à dix-huit.

---

1. **chasteté** : absence de relations sexuelles.

CHAPITRE 53

COMMENT FUT BÂTIE ET DOTÉE[1] L'ABBAYE DES THÉLÉMITES

Pour le bâtiment et ravitaillement de l'abbaye, Gargantua fit livrer comptant deux millions sept cent mille huit cent trente et un moutons à la grand'laine[2], et, pour chaque année jusqu'à ce que le tout fût achevé, assigna sur la recette de la Dive[3] seize cent soixante-neuf mille écus au soleil, et autant à l'étoile poussinière[4].

Pour sa fondation et son entretien, il donna à perpétuité deux millions trois cent soixante-neuf mille cinq cent quatorze nobles à la rose[5] de rente foncière, garantis, amortis et solvables[6] chaque année à la porte de l'abbaye, et, de cela, il leur passa de belles lettres[7].

Le bâtiment fut en forme d'hexagone, de telle façon qu'à chaque angle était bâtie une grosse tour ronde, de la capacité

Notes

1. **dotée** : équipée, munie.
2. **moutons à la grand'laine** : il s'agit de pièces d'or.
3. **Dive** : rivière située près de *La Devinière*, à Chinon.
4. **étoile poussinière** : monnaie imaginaire.
5. **nobles à la rose** : pièces de monnaie d'or.
6. **solvables** : payables.
7. **de belles lettres** : un contrat en bonne et due forme.

de soixante pas en diamètre, et elles étaient toutes pareilles en
grosseur et figure. La Loire coulait sur la face de septentrion[1].
Au pied de celle-ci était assise une des tours, nommée Artice[2].
En tirant vers l'orient était une autre, nommée Calaer[3]. L'autre
en suivant, Anatole[4] ; l'autre après, Mésembrine[5] ; l'autre après,
Hespérie[6] ; la dernière, Crière[7]. Entre chaque tour était un
espace de trois cent douze pas. Le tout bâti à six étages, comprenant les caves sous terre pour un. Le second était voûté à
la forme d'une anse de panier, le reste était revêtu de gypse[8]
de Flandre, en forme de culs-de-lampe[9]. Le dessus, couvert
d'ardoise fine, avec le faîte[10] de plomb, à figures de petits mannequins et animaux bien assortis et dorés, avec les gouttières
qui sortaient hors de la muraille entre les croisées, peintes en
forme de diagonale d'or et d'azur jusqu'à la terre, où elles
finissaient en grands canaux, qui tous conduisaient à la rivière
par-dessous le logis.

Le dit bâtiment cent fois plus magnifique que n'est Bonivet[11],
ni Chambord[12], ni Chantilly[13] ; car il y avait dans celui-ci neuf
mille trois cent trente-deux chambres, chacune garnie d'une
arrière-chambre, d'un cabinet, d'une garde-robe, d'une chapelle et d'une sortie sur une grande salle. Entre chaque tour,
au milieu du dit corps de logis[14], était un escalier tournant
coupé par des paliers dans le corps même de celui-ci, dont les

---

Notes

1. **face de septentrion** : face nord.
2. **Artice** : nom issu du grec et signifiant « septentrionale ».
3. **Calaer** : nom issu du grec et signifiant « bel air ».
4. **Anatole** : nom issu du grec et signifiant « Orient ».
5. **Mésembrine** : nom issu du grec et signifiant « méridionale ».
6. **Hespérie** : nom issu du grec et signifiant « occidentale ».
7. **Crière** : nom issu du grec et signifiant « glacée ».
8. **gypse** : minéral, type de roche.
9. **culs-de-lampe** : ici, ornements architecturaux.
10. **faîte** : sommet, toit.
11. **Bonivet** : château situé près de Poitiers, dont il ne reste que des vestiges.
12. **Chambord** : château situé dans le Centre de la France.
13. **Chantilly** : château situé dans l'Oise.
14. **corps de logis** : partie principale de l'habitation.

marches étaient en partie en porphyre[1], partie en pierre de Numidie[2], partie en marbre serpentin[3], longues de vingt-six pieds; l'épaisseur en était de trois doigts, l'assiette au nombre de douze entre chaque repos[4]. En chaque repos étaient deux beaux arceaux à l'antique, par lesquels était reçue la clarté, et par ceux-ci on entrait en un cabinet fait à claire-voie[5], de la largeur du dit escalier; et il montait jusqu'au-dessus de la couverture, et finissait là en pavillon[6]. Par cet escalier tournant on entrait de chaque côté en une grande salle, et des salles dans les chambres.

Depuis la tour Artice jusqu'à Crière étaient les belles grandes bibliothèques en grec, latin, hébreu, français, toscan et espagnol, réparties sur les divers étages selon ces langages. Au milieu était un merveilleux escalier, dont l'entrée était par le dehors du logis en un arceau large de six toises[7]. Il était fait en telle symétrie et capacité que six hommes d'armes, la lance sur la cuisse, pouvaient monter ensemble de front jusqu'au-dessus de tout le bâtiment.

Depuis la tour Anatole jusqu'à Mésembrine étaient de belles galeries, toutes peintes des antiques prouesses, histoires et descriptions de la terre. Au milieu, étaient une montée et une porte, pareilles à celles comme nous avons dit, du côté de la rivière. Sur cette porte était écrit en grosses lettres antiques ce qui s'ensuit...

Notes

1. **porphyre** : roche rouge foncé mêlée de cristaux blancs.
2. **pierre de Numidie** : marbre rouge provenant d'Afrique du Nord.
3. **marbre serpentin** : marbre de couleur verte.
4. **au nombre de douze entre chaque repos** : douze marches entre chaque palier.
5. **à claire-voie** : qui présente des vides pour faire passer le jour.
6. **pavillon** : petit bâtiment.
7. **six toises** : environ 12 m.

CHAPITRE 54

INSCRIPTION MISE SUR LA GRANDE PORTE DE THÉLÈME[1]

1   Ci[2] n'entrez pas, hypocrites, bigots,
    Vieux matagots, marmiteux boursouflés,
    Tors-cous[3], badauds, plus que n'étaient les Goths,
    Ni Ostrogoths, précurseurs des magots[4],
5   Hères, cagots, cafards empantouflés,
    Gueux mitouflés, frapparts écorniflés,
    Bafoués, enflés, fagoteurs de tabus[5],
    Tirez ailleurs[6] pour vendre vos abus.
                Vos abus méchants
10   Rempliraient mes camps
                De méchanceté ;
                Et par fausseté
                Troubleraient mes chants
                Vos abus méchants.

Notes

1. Ce chapitre évoque le « cri », invitation en forme d'énumération poétique qu'on lançait aux invités.
2. **Ci** : en ce lieu.
3. **hypocrites [...] Tors-cous** : hypocrites, vaniteux.
4. « *Goths* », « *Ostrogoths* » et « *magots* » désignent, globalement, les Barbares.
5. **Hères [...] fagoteurs de tabus** : ces désignations visent les pratiques hypocrites de certains ordres religieux.
6. **Tirez ailleurs** : allez ailleurs.

15 Ci n'entrez pas, mâchefoins praticiens,
Clercs, bascochiens, mangeurs de populaire,
Officiaux, scribes et pharisiens,
Juges anciens¹, qui les bons paroissiens
Ainsi que chiens mettez au capulaire²;
20 Votre salaire est au patibulaire³.
Allez-y braire; ici n'est fait excès
Dont en vos cœurs on doit mouvoir procès.
      Procès et débats
      Peu font ci d'ébats,
25   Où l'on vient s'ébattre.
      À vous pour débattre
      Soient pleins cabas
      Procès et débats.

Ci n'entrez pas, vous, usuriers chichards,
30 Biffauts, léchards, qui toujours amassez,
Grippeminaults, avaleurs de frimards⁴,
Courbés, camards⁵, qui en vos coquemards⁶
De mille marcs jà⁷ n'auriez assez.
Point dégoûtés n'êtes, quand cabassez
35 Et entassez, poltrons à chiche face;
La male⁸ mort sur-le-champ vous défasse!
      Face non humaine
      De tels gens qu'on mène

Notes

1. Clercs [...] Juges anciens : cette énumération vise les juges et hommes de loi.
2. mettez au capulaire : poussez à la dernière extrémité.
3. patibulaire : potence.
4. usuriers [...] frimards : cette énumération s'en prend aux avares, aux gens cupides et aux usuriers.
5. camards : qui ont le nez écrasé.
6. coquemards : coquemars, bouilloires.
7. jà : déjà.
8. male : cruelle.

Raser hors[1] — céans
Ne serait séant[2] —
Videz ce domaine,
Face non humaine.

Ci n'entrez pas, vous, radoteurs mâtins,
Soirs et matins, vieux chagrins et jaloux ;
Ni vous aussi, séditieux mutins,
Larves, lutins, de Dangier palatins[3],
Grecs ou Latins, plus à craindre que loups ;
Ni vous galeux, vérolés jusqu'à l'ous[4] ;
Portez vos loups ailleurs paître en bonheur,
Croûtelevés[5], remplis de déshonneur.
    Honneur, los[6], déduit[7],
    Céans est déduit[8]
    Par joyeux accords ;
    Tous sont sains de corps ;
    Partant, bien leur duit[9] :
    Honneur, los, déduit.

Ci entrez, vous, et soyez bienvenus
Et parvenus, tous nobles chevaliers.
Ci est le lieu où sont les revenus
Bien advenus ; afin qu'entretenus,
Grands et menus, tous soyez par milliers.
Mes familiers serez, en péculiers[10] :

Notes

1. qu'on mène / Raser hors : qu'on les mène raser ailleurs.
2. céans / Ne serait séant : ici, cela serait inconvenant.
3. Dangier palatins : gardes de Danger, personnage du mari jaloux dans le *Roman de la Rose*, œuvre poétique française du xiiie siècle, d'abord de Guillaume de Loris puis de Jean de Meung, et qui met en scène l'amour courtois.
4. ous : os.
5. Croûtelevés : couverts de croûtes.
6. los : bonne réputation.
7. déduit : plaisir.
8. est déduit : existe.
9. duit : dit.
10. en péculiers : en tant que particuliers.

Frisquets[1], galiers[2], joyeux, plaisants, mignons,
En général tous gentils compagnons.
       Compagnons gentils,
       Sereins et subtils,
       Hors de vilité[3],
       De civilité
       Ci sont les outils,
       Compagnons gentils.

Ci entrez, vous, qui le Saint Évangile
En sens agile[4] annoncez, quoi qu'on gronde :
Céans aurez un refuge et bastille[5]
Contre l'hostile erreur, qui tant postille[6]
Par son faux style empoisonner le monde :
Entrez, qu'on fonde ici la foi profonde,
Puis qu'on confonde, et par voix et par rôle,
Les ennemis de la Sainte Parole.
       La Parole Sainte,
       Jà[7] ne soit éteinte
       En ce lieu très saint ;
       Chacun en soit ceint[8] ;
       Chacune ait enceinte[9]
       La Parole Sainte.

Ci entrez, vous, dames de haut parage[10],
En franc courage entrez-y en bonheur,
Fleurs de beauté à céleste visage,
À droit corsage[11], à maintien prude et sage.

Notes
1. **Frisquets** : pimpants.
2. **galiers** : gaillards.
3. **vilité** : bassesse.
4. **sens agile** : intelligence vive.
5. **bastille** : château fort.
6. **postille** : ne cesse de.
7. **Jà** : maintenant, aussitôt.
8. **ceint** : enveloppé.
9. **enceinte** : portée en soi.
10. **haut parage** : naissance noble.
11. **À droit corsage** : au corps ferme.

En ce passage est le séjour d'honneur.
90 Le haut seigneur, qui du lieu fut donneur
Et guerdonneur[1], pour vous l'a ordonné,
Et pour frayer a tout prou[2] or donné.
    Or donné par don
    Ordonne pardon
95   À cil qui le donne,
    Et très bien guerdonne
    Tout mortel prudhom[3]
    Or donné par don.

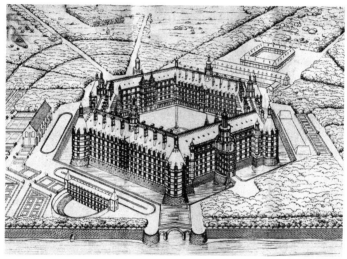

Vue de l'abbaye de Thélème.
Restitution extraite de *Rabelais et l'architecture de la Renaissance*, de Charles Lenormant, 1840.

Notes

1. **guerdonneur** : celui qui récompense en distribuant.
2. **pour frayer a tout prou or donné** : pour anticiper toutes les dépenses a donné beaucoup d'or.
3. **Tout mortel prudhom** : tout homme de valeur.

CHAPITRE 55

COMMENT ÉTAIT LE MANOIR DES THÉLÉMITES

Au milieu de la basse-cour[1] était une fontaine magnifique de bel albâtre[2] ; au-dessus, les trois Grâces[3], avec des cornes d'abondance[4], et elles jetaient l'eau par les mamelles, la bouche, les oreilles, les yeux et les autres ouvertures du corps.

Le dedans du logis sur la dite basse-cour était sur gros piliers de calcédoine[5] et de porphyre, avec de beaux arcs à l'antique, au-dedans desquels étaient de belles galeries longues et amples, ornées de peintures et de cornes de cerfs, licornes, rhinocéros, hippopotames, dents d'éléphants et autres choses dignes d'être vues.

Le logis des dames comprenait[6] depuis la tour Artice jusqu'à la porte Mésembrine. Les hommes occupaient le reste. Devant le dit logis des dames, afin qu'elles eussent de quoi s'ébattre, entre les deux premières tours, au-dedans, étaient les lices[7],

---

Notes

1. **basse-cour** : cour intérieure.
2. **albâtre** : roche blanche.
3. **les trois Grâces** : déesses romaines de la Joie, la Fécondité et la Beauté.
4. **cornes d'abondance** : cornes ou coquilles contenant des fruits et des sucreries.
5. **calcédoine** : minéral de couleurs variées.
6. **comprenait** : ici, s'étendait.
7. **lices** : espaces clos où se déroulent les tournois.

Gargantua

l'hippodrome, le théâtre et les piscines de natation, avec les bains mirifiques à triple étage, bien garnis de tous assortiments et d'eau de myrrhe à foison.

Jouxtant la rivière était le beau jardin de plaisance ; au milieu de celui-ci, le beau labyrinthe. Entre les deux autres tours étaient les jeux de paume et de grosse balle. Du côté de la tour Crière était le verger, plein de tous les autres fruitiers, tous ordonnés en quinconces[1]. Au bout était le grand parc, foisonnant de toutes bêtes sauvages. Entre les troisièmes tours étaient les buttes pour l'arquebuse, l'arc et l'arbalète. Les offices, hors de la tour Hespérie, à simple étage. L'écurie, au-delà des offices. La fauconnerie au-devant de ceux-ci, gouvernée par des autoursiers[2] bien experts en leur art, et elle était annuellement fournie par les Canadiens, Vénitiens et Sarmates de toutes sortes d'oiseaux modèles : aigles, gerfauts, autours, sacres, laniers, faucons, éperviers, émerillons[3] et autres, tant bien faits et domestiqués que, partant du château pour s'ébattre dans les champs, ils prenaient tout ce qu'ils rencontraient. La vènerie[4] était un peu plus loin, en tirant vers le parc.

Toutes les salles, les chambres et les cabinets étaient tapissés de sortes diverses, selon les saisons de l'année. Tout le pavé était couvert de drap vert. Les lits étaient de broderie. En chaque arrière-chambre était un miroir de cristal, enchâssé dans l'or fin, garni autour de perles, et qui était de telle grandeur qu'il pouvait véritablement représenter toute la personne.

À la sortie des salles du logis des dames étaient les parfumeurs et les coiffeurs, par les mains desquels passaient les hommes quand ils visitaient les dames. Ceux-ci fournissaient

---

Notes

1. **en quinconces** : en allées régulières.
2. **autoursiers** : personnes s'occupant des oiseaux de chasse.
3. **aigles [...] émerillons** : les oiseaux cités sont de la famille des rapaces.
4. **vènerie** : pièce où l'on met ce qui sert à la chasse.

pour chaque matin les chambres d'eau de rose, d'eau de naphe[1] et d'eau d'ange[2], et à chacune la précieuse cassolette[3] vaporisant toutes les drogues[4] aromatiques.

Extrait de l'édition de 1537, chapitre 55.

Notes

1. **eau de naphe** : eau de fleur d'oranger.
2. **eau d'ange** : eau de myrrhe.
3. **cassolette** : brûle-parfum, récipient ajouré dans lequel on fait brûler un parfum.
4. **drogues** : ici, ingrédients.

246 | *Gargantua*

CHAPITRE 56

COMMENT ÉTAIENT VÊTUS LES RELIGIEUX ET RELIGIEUSES DE THÉLÈME

1   Les dames, au commencement de la fondation, s'habillaient à leur plaisir et à leur gré. Depuis elles furent réformées à leur franc vouloir[1] en la façon qui s'ensuit :

Elles portaient des chausses d'écarlate ou de migraine[2] ; et les dites chausses dépassaient le genou juste de trois doigts au-dessus, et cette lisière était de quelques belles broderies et découpures. Les jarretières étaient de la couleur de leurs bracelets et serraient le genou au-dessus et au-dessous. Les souliers, escarpins et pantoufles, de velours cramoisi, rouge ou violet, découpés en barde d'écrevisse[3].

Au-dessus de la chemise elles revêtaient la belle basquine[4], faite de quelque beau drap de soie. Par-dessus elles revêtaient la vertugade de taffetas[5] blanc, rouge, tanné[6], gris, etc. ; au-dessus la cotte de taffetas d'argent fait avec des broderies d'or fin, et entortillé à l'aiguille, ou comme bon leur semblait et

---

Notes
1. **à leur franc vouloir** : avec leur accord libre.
2. **migraine** : drap fin de couleur rouge.
3. **en barde d'écrevisse** : avec de fines découpures.
4. **basquine** : corset.
5. **vertugade de taffetas** : jupon de soie.
6. **tanné** : brun clair.

correspondant à la disposition de l'air, de satin, de damas[1], de velours orangé, tanné, vert, cendré[2], bleu, jaune clair, rouge cramoisi, blanc, de drap d'or, de toile d'argent, de canetille, de brodure, selon les fêtes.

20 Les robes, selon la saison, de toile d'or à frisure d'argent, de satin rouge recouvert de canetille d'or, de taffetas blanc, bleu, noir, tanné, de serge de soie, de drap de soie, de velours, de drap d'argent, de toile d'argent, d'or tiré, de velours ou de satin parfilé[3] d'or en diverses figures.

25 En été, pendant quelques jours, au lieu de robes elles portaient de beaux mantelets[4], avec les parures susdites, ou quelques mantilles[5] à la moresque[6], de velours violet à frisure d'or sur canetille d'argent, où à cordelière d'or, garnies aux rencontres[7] de petites perles des Indes ; et toujours le beau
30 panache[8], selon les couleurs des manchons, et bien garni de pampillettes[9] d'or. En hiver, des robes de taffetas des couleurs comme ci-dessus, fourrées de loup-cervier[10], genette[11] noire, martre[12] de Calabre, zibeline[13] et autres fourrures précieuses.

Les chapelets, anneaux, chaînes à mailles, colliers étaient
35 de fines pierreries, escarboucles[14], rubis, balais[15], diamants, saphirs, émeraudes, turquoises, grenats, agates, béryls[16], perles et assortiments de grosses perles.

Notes

1. **damas** : tissu comportant un dessin qui apparaît à l'endroit comme à l'envers, brillant d'un côté, mat de l'autre.
2. **cendré** : gris, comme la cendre.
3. **parfilé** : tissé de fils métalliques.
4. **mantelets** : capes.
5. **mantilles** : écharpes de dentelle.
6. **à la moresque** : selon la mode mauresque arabo-espagnole.
7. **rencontres** : coutures.
8. **panache** : faisceau de plumes ornant une coiffure.
9. **pampillettes** : petits bijoux.
10. **loup-cervier** : lynx d'Eurasie.
11. **genette** : petit mammifère à la robe tachetée.
12. **martre** : mammifère au pelage brun.
13. **zibeline** : genre de martre dont la fourrure est très recherchée.
14. **escarboucles** : pierres fines de couleur rouge foncé vif.
15. **balais** : rubis.
16. **béryls** : émeraudes claires.

L'accoutrement de la tête était selon le temps : en hiver, à la mode française ; au printemps, à l'espagnole ; en été, à la turque, excepté les fêtes et dimanches, pendant lesquels elles portaient l'accoutrement français, parce qu'il est plus honorable et sent plus la pudicité matronale[1].

Les hommes étaient habillés à leur mode : chausses, pour le bas, d'estamet[2] ou de serge[3] de drap, d'écarlate, de migraine, blanc ou noir ; les hauts, de velours de ces mêmes couleurs, ou de bien près approchantes, brodés et découpés selon leur invention ; le pourpoint, de drap d'or, d'argent, de velours, de satin, de damas, de taffetas des mêmes couleurs, découpés, brodés et accoutrés en modèle[4] ; les lacets, de soie des mêmes couleurs ; les ferrets[5], d'or bien émaillé ; les saies et chamarres[6], de drap d'or, de toile d'or, de drap d'argent, de velours parfilé à plaisir ; les robes, d'autant de prix que celles des dames ; les ceintures, de soie des couleurs du pourpoint. Chacun, la belle épée au côté ; la poignée dorée, le fourreau de velours de la couleur des chausses, le bout d'or et d'orfèvrerie ; le poignard de même ; le bonnet de velours noir, garni de force baies et boutons d'or ; la plume blanche par-dessus, mignonnement divisée par des paillettes d'or, au bout desquelles pendaient en pampillettes de beaux rubis, des émeraudes, etc.

Mais une telle sympathie était entre les hommes et les femmes que, pendant chaque jour, ils étaient vêtus de semblable parure, et, pour ne pas y manquer, certains gentilshommes étaient commis pour dire aux hommes, chaque matin, quelle livrée les dames voulaient porter en cette journée, car tout était fait selon le gré des dames.

Notes

1. matronale : digne d'une femme mariée.
2. estamet : étoffe de laine.
3. serge : tissu sec et serré.
4. accoutrés en modèle : faits le plus parfaitement.
5. ferrets : bouts métalliques achevant un lacet.
6. chamarres : motifs colorés qui décorent un vêtement.

Ne pensez qu'eux ni elles perdissent aucun temps en ces vêtements si propres et accoutrements si riches, car les maîtres des garde-robes avaient toute la vêture si prête chaque matin, et les femmes de chambre étaient si bien apprises[1] qu'en un moment elles étaient prêtes et habillées de pied en cap.

Et, pour avoir ces accoutrements en la meilleure opportunité[2], autour du bois de Thélème était un grand corps de maison, long d'une demi-lieue, bien clair et assorti, en laquelle demeuraient les orfèvres, lapidaires, brodeurs, tailleurs, tireurs d'or, veloutiers, tapissiers et haute-liciers, et là ils œuvraient chacun de son métier, et le tout pour les susdits religieux et religieuses. Ils étaient fournis de matière et d'étoffe par les mains du seigneur Nausiclète[3], lequel leur envoyait chaque année sept navires des îles de Perles et Cannibales[4], chargés de lingots d'or, de soie crue, de perles et de pierreries. Si quelques grosses perles tendaient à la vétusté et changeaient de leur blancheur naturelle, ils les ravivaient par leur art en les donnant à manger à quelques beaux coqs, comme on baille une purge à des faucons.

Notes

1. **apprises** : formées, instruites en la matière.
2. **en la meilleure opportunité** : de la manière la plus aisée.
3. **Nausiclète** : nom issu du grec et signifiant « célèbre pour ses vaisseaux ».
4. **îles de Perles et Cannibales** : Petites Antilles, archipel situé en mer des Caraïbes.

CHAPITRE 57

COMMENT ÉTAIENT RÉGLÉS LES THÉLÉMITES EN LEUR MANIÈRE DE VIVRE

Toute leur vie était employée, non par lois, statuts ou règles, mais selon leur vouloir et leur libre arbitre. Ils se levaient du lit quand bon leur semblait, buvaient, mangeaient, travaillaient, dormaient quand le désir leur venait. Nul ne les éveillait, nul ne les forçait ni à boire ni à manger ni à faire quelque autre chose. Ainsi l'avait établi Gargantua.

En leur règle n'était que cette clause :

FAIS CE QUE TU VOUDRAS,

parce que des gens libres, bien nés[1], bien instruits, conversant en compagnies honnêtes, ont par nature un instinct et un aiguillon qui les poussent toujours à des actes vertueux et les retirent du vice, lequel instinct ils nommaient « honneur ». Quand, par une vile[2] sujétion[3] et contrainte ils sont déprimés[4] et asservis, ils tournent cette noble affection[5] par laquelle ils

---

Notes
1. **bien nés** : ayant de bonnes inclinations.
2. **vile** : basse, ignoble, indigne.
3. **sujétion** : assujettissement, soumission.
4. **déprimés** : dégradés, abaissés.
5. **affection** : tendance naturelle, instinct.

tendaient librement à la vertu, à déposer[1] et à enfreindre[2] ce joug de servitude[3], car nous entreprenons toujours des choses défendues et convoitons ce qui nous est refusé.

Par cette liberté, ils entrèrent en louable émulation de faire tous ce qu'ils voyaient plaire à un seul. Si quelqu'un ou quelqu'une disait : « Buvons », tous buvaient ; s'il disait : « Jouons », tous jouaient ; s'il disait : « Allons nous ébattre aux champs », tous y allaient. Si c'était pour chasser au vol, les dames, montées sur de belles haquenées[4], avec leur fier palefroi[5], portaient chacune sur leur poing mignonnement ganté ou un épervier ou un laneret ou un émerillon[6] ; les hommes portaient les autres oiseaux.

Ils étaient si noblement appris qu'il n'était entre eux nul ou nulle qui ne sût lire, chanter, jouer d'instruments harmonieux, parler cinq ou six langues, et composer dans celles-ci tant en vers qu'en prose. Jamais ne furent vus chevaliers si preux[7], si galants, si adroits à pied et à cheval, plus verts[8], mieux remuants, mieux maniant toutes armes qu'ils étaient là. Jamais ne furent vues dames si propres, si mignonnes, moins fâcheuses, plus doctes à la main, à l'aiguille, à tout acte féminin honnête et libre qu'elles étaient là.

Par cette raison, quand le temps était venu que quelqu'un de cette abbaye, soit à la requête de ses parents, soit pour une autre cause, voulût sortir dehors, il emmenait avec soi une des dames, celle qui l'aurait pris pour son dévot[9], et ils étaient mariés ensemble ; et s'ils avaient bien vécu à Thélème en dévouement et amitié, encore mieux ils la continuaient en mariage,

---

Notes

1. **à déposer** : à destituer.
2. **à enfreindre** : à désobéir, à transgresser.
3. **servitude** : esclavage, soumission totale.
4. **haquenées** : chevaux aisés à monter, autrefois destinés aux dames.
5. **palefroi** : au Moyen Âge, cheval destiné à la promenade ou la parade, plus rapide que les haquenées.
6. **épervier, laneret, émerillon** : il s'agit d'oiseaux rapaces.
7. **preux** : vaillants, très courageux.
8. **verts** : vigoureux.
9. **dévot** : ici, amoureux.

d'autant s'aimaient-ils entre eux à la fin de leurs jours comme le premier de leurs noces.

Je ne veux pas oublier de vous décrire une énigme qui fut trouvée aux fondations de l'abbaye sur une grande lame[1] de bronze. C'était celle qu'il suit…

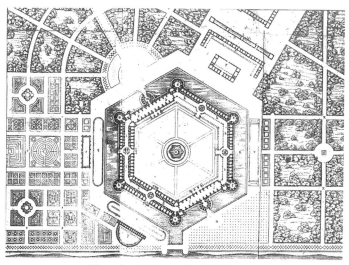

Plan de l'abbaye de Thélème.
Restitution extraite de *Rabelais et l'architecture de la Renaissance*, de Charles Lenormant, 1840.

Note

1. **lame** : plaque.

Voir Méthode, p. 330

Se préparer à l'oral du Bac
Analyse de l'extrait (pp. 251-252)

💬 Conseils pour la lecture à voix haute

> Variez votre ton selon que vous lisez les éléments narratifs à l'imparfait et au passé simple ou les propos généraux au présent.
> Aux lignes 18 à 22, mettez en valeur les phrases au discours direct.
> Entraînez-vous à lire les mots qui n'appartiennent plus au langage courant.

📖 Explication linéaire

Introduction rédigée

Pour récompenser frère Jean de sa loyauté et de sa bravoure pendant la guerre contre Picrochole, Gargantua lui offre la grande terre de Thélème et lui permet d'y bâtir une abbaye selon ses plans et ses principes, qui s'opposent à ceux en vigueur dans les abbayes de l'époque. Cet extrait du chapitre 57 détaille la manière de vivre des thélémites, en présentant d'abord leurs valeurs, puis quelques-unes de leurs pratiques et activités.

I. Une abbaye fondée sur la liberté (l. 1 à 8)

❶ Quels sont les deux champs lexicaux qui s'opposent dans la première phrase (l. 1-2) ? Définissez chacun des termes relevés en veillant aux nuances* qui les distinguent.

*__Nuance__ : différence délicate, fine et pas toujours aisée à distinguer entre des termes de sens proches.

❷ Quelles activités humaines la deuxième phrase de l'extrait (l. 2-4) cite-t-elle ? par quelle figure de style et pour quel effet ?

❸ Quelle valeur la devise de l'abbaye de Thélème met-elle en premier ?

II. L'apologie de la liberté (l. 9 à 17)

❹ Qu'introduit le connecteur qui ouvre le passage ? À quel temps sont la plupart des verbes de ce passage ? Quelle est sa valeur ici ? Quel argument ce passage introduit-il en faveur de la liberté ? Sur quelles antithèses* repose-t-il ?

*__Antithèse__ : procédé qui consiste à rapprocher deux termes ou deux idées opposés.

❺ Selon ces lignes, l'homme est-il naturellement bon ? En quoi ce passage est-il représentatif de l'humanisme ?

III. Un programme éducatif complet (l. 18 à 35)

❻ Lignes 18 à 26 : Sur quelle autre opposition s'articulent ces lignes ? Quelle conséquence de la liberté ce passage développe-t-il ? Qu'illustre l'exemple des femmes et de la chasse ?

❼ Lignes 27 à 35 : Quelle valeur fondamentale de l'humanisme ce paragraphe réintroduit-il ? Relevez tous les domaines de connaissance et de compétence cités et mettez-les en rapport avec l'éducation reçue par Gargantua.

❽ Que peut-on dire des relations hommes-femmes selon ce passage ?

Conclusion rédigée

Cet extrait, qui présente les coutumes des habitants de Thélème, dépeint une abbaye idéale bâtie de toutes pièces par Gargantua. Il s'agit donc, d'après ce passage, d'un monde fictif que rien d'extérieur ne vient troubler, fondé sur une conception optimiste de l'homme et sur les valeurs de l'humanisme, qui permet à ses habitants d'atteindre le bonheur. Ainsi, avec l'abbaye de Thélème, Rabelais s'inscrit dans la longue tradition littéraire de l'utopie.

✎ Grammaire

> **La négation**
> • La négation **lexicale** est portée par un mot, qui peut être :
> – l'**antonyme** d'un nom ou d'un adjectif obtenu par l'ajout d'un préfixe (*in-*, *il-*, *im-*, *ir-*) au radical ;
> Ex. : *capable* → *incapable*.
> – un **mot à valeur négative**.
> Ex. : *refuser* = *ne pas vouloir*.
> • La négation **grammaticale** est portée par la **structure syntaxique de la phrase** et, en général, est exprimée par deux termes en corrélation.
> Ex. : *Je ne veux pas venir*.
> • De même que l'affirmation, la négation grammaticale comporte plusieurs **nuances**. Elle peut être :
> – **totale** (elle porte sur toute la proposition) ;
> Ex. : *Il n'aime pas les gâteaux*.
> – **partielle** (elle ne porte que sur un élément de la proposition et double l'adverbe *ne* d'un mot négatif) ;
> Ex. : *Il ne mange aucun gâteau*.
> – **restrictive** (elle exclut tout ce qui n'est pas l'exception citée).
> Ex. : *Il n'aime que les tartes*.

❾ Relevez et analysez les différentes expressions de la négation dans le texte.

Se préparer à l'oral du Bac

Gargantua fait bâtir l'abbaye de Thélème pour récompenser frère Jean de ses exploits guerriers.
Illustration de Gustave Doré, 1873.

CHAPITRE 58

ÉNIGME[1] EN PROPHÉTIE

1   Pauvres humains qui bonheur attendez,
    Levez vos cœurs[2] et mes dits entendez.
    S'il est permis de croire fermement
    Que, par les corps qui sont au firmament,
5   Humain esprit de soi puisse advenir
    À prononcer les choses à venir,
    Ou, si l'on peut, par divine puissance,
    Du sort futur avoir la connaissance,
    Tant que l'on juge en assuré discours
10 Des ans lointains les destinée et cours,
    Je fais savoir à qui le veut entendre
    Que cet hiver prochain, sans plus attendre,
    Voire plus tôt, en ce lieu où nous sommes,
    Il sortira une manière d'hommes
15 Las du repos et fâchés du séjour,
    Qui librement iront, et de plein jour,

Notes

1. **Énigme** : ici, genre poétique développant une allégorie obscure. L'énigme de ce chapitre est empruntée, en grande partie, à une œuvre de Mellin de Saint-Gelais (v. 1491-1558), poète considéré, à son époque, comme l'un des meilleurs.

2. **Levez vos cœurs** : appel que fait le prêtre lors de la messe pour rendre les prières plus vives.

Suborner[1] gens de toutes qualités
À différend et partialités[2].
Et qui voudra les croire et écouter
20 — Quoi qu'il en doive advenir et coûter —,
Ils feront mettre en débats apparents
Amis entre eux et les proches parents ;
Le fils hardi ne craindra l'impropère[3]
De se bander[4] contre son propre père ;
25 Même les grands, de noble lieu saillis[5],
De leurs sujets se verront assaillis,
Et le devoir d'honneur et révérence
Perdra pour lors tout ordre et différence,
Car ils diront que chacun à son tour
30 Doit aller haut et puis faire retour ;
Et sur ce point sera tant de mêlées,
Tant de discords, venues et allées,
Que nulle histoire, où sont les grands merveilles,
N'a fait récit d'émotions pareilles.
35 Lors se verra maint homme de valeur,
Par l'aiguillon de jeunesse et chaleur
Et croire trop ce fervent appétit,
Mourir en fleur et vivre bien petit.
Et ne pourra nul laisser cet ouvrage,
40 Si une fois il y met le courage,
Qu'il n'ait empli par noises[6] et débats
Le ciel de bruit et la terre de pas.
Alors auront non moindre autorité
Hommes sans foi que gens de vérité ;
45 Car tous suivront la créance et l'étude
De l'ignorante et sotte multitude,

Notes

1. **Suborner** : détourner du droit chemin et pousser à.
2. **partialités** : esprit de clan.
3. **impropère** : outrage.
4. **se bander** : se lever, s'opposer.
5. **saillis** : sortis, issus.
6. **noises** : querelles.

Gargantua

Dont le plus lourd sera reçu pour juge.
Ô dommageable et pénible déluge !
Déluge, dis-je, et à bonne raison,
50 Car ce travail ne perdra sa saison
Ni n'en sera délivrée la terre
Jusques à tant qu'il en sorte à grand erre[1]
Soudaines eaux dont les plus attrempés[2]
En combattant seront pris et trempés,
55 Et à bon droit, car leur cœur, adonné
À ce combat, n'aura point pardonné
Même aux troupeaux des innocentes bêtes,
Que de leurs nerfs et boyaux déshonnêtes
Il ne soit fait, non aux Dieux sacrifice,
60 Mais aux mortels ordinaire service.
Or maintenant je vous laisse penser
Comment le tout se pourra dispenser[3]
Et quel repos en noise si profonde
Aura le corps de la machine ronde[4].
65 Les plus heureux, qui plus d'elle tiendront,
Moins de la perdre et gâter s'abstiendront,
Et tâcheront en plus d'une manière
À l'asservir et rendre prisonnière
En tel endroit que la pauvre défaite
70 N'aura recours qu'à celui qui l'a faite ;
Et, pour le pis de son triste accident,
Le clair Soleil, sans être en Occident,
Lairra[5] épandre obscurité sur elle
Plus que d'éclipse ou de nuit naturelle,
75 Dont en un coup perdra sa liberté
Et du haut ciel la faveur et clarté,
Ou pour le moins demeurera déserte ;

Notes

1. **à grand erre** : rapidement.
2. **attrempés** : modérés.
3. **se pourra dispenser** : pourra se passer.
4. **machine ronde** : ici, balle.
5. **Lairra** : laissera.

Mais elle, avant cette ruine et perte,
Aura longtemps montré sensiblement
80 Un violent et si grand tremblement,
Que lors Etna[1] ne fut tant agité
Quand sur un fils de Titan fut jeté ;
Et plus soudain ne doit être estimé
Le mouvement que fit Inarimé[2]
85 Quand Typhée si fort se dépita
Que dans la mer les monts précipita.
Ainsi sera en peu d'heure rangée
En triste état et si souvent changée
Que même ceux qui tenue l'auront
90 Aux survenants occuper la lairront[3].
Lors sera près le temps bon et propice
De mettre fin à ce long exercice :
Car grandes eaux dont oyez deviser
Feront chacun à retraite aviser ;
95 Et toutefois, avant le partement[4],
On pourra voir en l'air ouvertement
L'âpre chaleur d'une grand'flamme éprise,
Pour mettre à fin les eaux et l'entreprise.
Reste, en après ces accidents parfaits,
100 Que les élus joyeusement refaits
Soient de tous biens et de manne céleste,
Et, de surcroît, par récompense honnête,
Enrichis soient ; les autres à la fin
Soient dénués. C'est la raison afin
105 Que ce travail en tel point terminé

Notes

1. Selon certaines légendes mythologiques, Jupiter aurait enfermé sous l'Etna, volcan de Sicile, un Géant dont les mouvements déclencheraient des éruptions.

2. Selon le poète Virgile, dans l'*Énéide*, les tremblements de terre d'Inarimé, l'île d'Ischia, seraient dus aux mouvements du géant Typhée, enterré par Jupiter.
3. **la lairront** : la laisseront.
4. **partement** : départ.

Un chacun ait son sort prédestiné.
Tel fut l'accord. Oh! qu'est à révérer
Tel qui enfin pourra persévérer!¹

La lecture de ce monument parachevée, Gargantua soupira profondément et dit aux assistants :

«Ce n'est pas de maintenant que les gens retirés pour² la croyance évangélique sont persécutés; mais bienheureux est celui qui ne sera pas scandalisé, et qui toujours tendra au but en blanc³ que Dieu, par Son cher Fils, nous a fixé d'avance, sans être par ses affections charnelles distrait ni diverti!»

Le moine dit :

«Que pensez-vous, en votre entendement, être désigné et signifié par cette énigme?

— Quoi? dit Gargantua : le cours et maintien de la vérité divine.

— Par saint Goderan⁴, dit le moine, telle n'est pas mon idée : le style est de Merlin le Prophète⁵. Donnez-y des allégories et éclaircissements aussi graves que vous voudrez. Pour ma part, je n'y pense autre sens inclus qu'une description du jeu de paume, sous d'obscures paroles. Les suborneurs de gens sont les faiseurs de parties, qui sont ordinairement amis, et, après les deux services faits, celui qui y était sort du jeu et l'autre y entre. On croit le premier qui dit si la balle est sur ou sous la corde. Les eaux, ce sont les sueurs; les cordes des raquettes sont faites de boyaux de mouton ou de chèvre; la

---

Notes

1. Reprise d'une parole du Christ de l'Évangile selon Matthieu promettant une récompense à celui qui persévérera malgré l'injustice subie et le découragement.
2. **retirés pour** : amenés à.
3. **au but en blanc** : droit au but.
4. **Goderan** : évêque de Saintes, ville de Charente-Maritime, au XIᵉ siècle.
5. **Merlin le Prophète** : allusion aussi bien au poète Mellin de Saint-Gellais qu'au personnage légendaire Merlin l'Enchanteur.

machine ronde est la pelote ou la balle. Après le jeu, on se rafraîchit devant un feu clair, et l'on change de chemise, et l'on banquette volontiers, mais plus joyeusement ceux qui ont gagné, et grande chère ! »

L'essentiel sur l'œuvre

☑ **Fiche 1**
Structure et résumé de l'œuvre 264

☑ **Fiche 2**
Biographie de l'auteur 266

☑ **Fiche 3**
Contexte historique et culturel 269

☑ **Fiche 4**
Genèse et réception de l'œuvre 272

☑ **Fiche 5**
Genre de l'œuvre 275

☑ **Fiche 6**
Personnages de l'œuvre 281

☑ **Fiche 7**
L'œuvre et son contexte en images 284

Fiche 1
Structure et résumé de l'œuvre

Découpage	Thématique principale	Faits principaux
« Aux lecteurs »	/	Rabelais annonce un livre qui choisit de faire rire car « *rire est le propre de l'homme* ».
Prologue	/	Adressé aux « *buveurs très illustres* » : « *il faut ouvrir le livre et peser soigneusement ce qui y est exposé* ».
Chapitres 1 à 10	Naissance et petite enfance de Gargantua	– Les premiers chapitres retracent la généalogie des géants. – Gargantua (qui signifie « grande gorge ») naît pendant une fête. Il sort de l'oreille de sa mère, Gargamelle. – Son appétit est démesuré comme son habillement (digression sur la symbolique des couleurs).
Chapitres 11 à 13*	Jeunesse de Gargantua	– De ses 3 à 5 ans, Gargantua ne reçoit pas d'éducation à proprement parler. Il expérimente ce que ses instincts le conduisent à faire. – On offre à Gargantua un cheval de bois pour qu'il s'exerce à la chevalerie. – À 5 ans, Gargantua montre à son père, Grandgousier, ses poésies scatologiques et lui explique comment il se nettoie les parties intimes.
Chapitres 14 à 16*	Première éducation de Gargantua	– Grandgousier confie l'éducation de son fils à Thubal Holopherne puis à Jobelin Bridé, qui utilisent les méthodes d'apprentissage traditionnelles que critique Rabelais. – Grandgousier constate que Gargantua n'apprend rien. Il en discute avec Eudémon, « *un de ces jeunes gens d'aujourd'hui* ». – Grandgousier chasse Jobelin Bridé et engage un nouveau maître, Ponocrate (« bourreau de travail »). – Une énorme jument emmène Gargantua, Ponocrate et Eudémon à Paris.

STRUCTURE ET RÉSUMÉ DE L'ŒUVRE

Chapitres 17 à 24*	**Poursuite de l'éducation de Gargantua à Paris**	– Gargantua s'empare des cloches de Notre-Dame pour faire des clochettes à sa jument. – L'émissaire envoyé par l'Université pour récupérer les cloches tient un discours ridicule et grotesque. – Les cloches sont remises à leur place. – Ponocrate critique l'éducation inutile que Gargantua a reçue jusque-là. – Il lui délivre alors une éducation humaniste très complète (rencontre avec des gens savants, des artisans et des scientifiques, lecture des textes sacrés et des auteurs antiques, astronomie, activités extérieures, mathématiques, musique, chevalerie, prières, peinture).
Chapitres 25 à 51	**Guerre contre Picrochole**	– Picrochole, le tyran voisin, déclenche une guerre pour une histoire ridicule de galettes. – Grandgousier tente tout pour éviter cette guerre. – Gargantua quitte la capitale pour aider son père. Avec Gymnaste et frère Jean des Entommeures, il réalise des prouesses militaires contre les cruels soldats picrocholins. – Grandgousier et Gargantua sont victorieux. – Grandgousier fait preuve de reconnaissance envers ses alliés et de clémence envers les vaincus.
Chapitres 52 à 58	**Utopie de l'abbaye de Thélème**	– Gargantua fait bâtir l'abbaye de Thélème pour récompenser frère Jean. – L'abbaye prend le contrepied de toutes les règles habituelles des abbayes. Sa devise est *« Fais ce que tu voudras »*. – Le mode de vie des habitants de l'abbaye est fondé sur la liberté et les valeurs humanistes. – Le récit se termine sur une énigme finale en hommage à *« la vérité divine »*.

* Chapitres au programme des séries technologiques.

Fiche 2
Biographie de l'auteur

I – Une vie méconnue

François Rabelais naît, vraisemblablement, en 1483, dans le Centre de la France, au sein d'une famille de notables. Son père, Antoine Rabelais, est avocat à Chinon et sénéchal[1] de Lerné, dans les environs. La famille vit en Touraine, à *La Devinière*, métairie[2] du père. On ne sait presque rien sur la jeunesse de Rabelais, et nos connaissances sur sa vie d'adulte restent parcellaires.

II – Un grand intellectuel

Identité : François Rabelais

Naissance : 1483 (ou 1494) à *La Devinière*, propriété de son père près de Chinon (Touraine)

Décès : mars 1553 (à 59 ou 70 ans), à Paris

Genres pratiqués : roman et traductions d'ouvrages de médecins antiques

➦ **Une carrière religieuse**

Rabelais commence par embrasser une carrière monastique. Dès 1511, il est novice[3] dans un couvent franciscain près d'Angers. En 1520, il devient moine cordelier à Fontenay-le-Comte, en Vendée. Mais il étudie le grec (ce que condamne la Sorbonne) et, en 1523-1524, ses supérieurs lui confisquent provisoirement ses manuels. Il se rend alors dans une abbaye bénédictine, plus ouverte à la culture, où il continue de lire les auteurs grecs. En 1528, il renonce au service bénédictin et devient prêtre séculier.

➦ **Un médecin réputé**

Vers 1528-1530, Rabelais gagne Paris où il entreprend des études de médecine. Puis il est tantôt à Montpellier, dont l'Université le reçoit docteur en 1537, tantôt à Lyon, où il pratique une dissection, toujours en 1537. Dès 1532, Rabelais édite des textes des médecins antiques Hippocrate et Galien. Vers la fin de sa vie, il est médecin à Meudon, en

---

Les ordres religieux

Ce sont des groupes de personnes qui prononcent des vœux et obéissent à une même règle religieuse. L'ordre des Bénédictins, fondé au VIe siècle par saint Benoît, prône l'équilibre entre la prière et le travail ; l'ordre des Franciscains, créé au début du XIIIe siècle par François d'Assise, repose sur le vœu de pauvreté. Les cordeliers sont des franciscains qui portent une corde pour ceinture. Le prêtre séculier, lui, n'appartient à aucun ordre et vit parmi les laïcs.

Gargantua

région parisienne, et dans la Sarthe. Sa connaissance médicale et anatomique du corps humain se retrouve dans ses descriptions, même burlesques, et il semble qu'il ait trouvé, chez Hippocrate, l'idée que le rire est le meilleur des remèdes.

Un homme de lettres humaniste

Rabelais lit et fréquente les grands humanistes de son époque. Sa correspondance avec Guillaume Budé (1467-1540), à partir de 1521, le lance dans le monde des lettres. Il correspond aussi, dès 1532, avec Érasme (v. 1466/69-1536) qu'il désigne comme son père spirituel. Il connaît bien le poète Clément Marot (v. 1496-1544) ainsi qu'Étienne Dolet (1509-1546), avec lequel il se fâche en 1542 lors de l'édition édulcorée de *Gargantua-Pantagruel*.

Un érudit ouvert à toutes les cultures

À l'image de son Gargantua, Rabelais est un géant de la connaissance dont l'appétit de savoir est insatiable. Grand connaisseur des cultures grecque et latine, maîtrisant de nombreuses langues, il s'intéresse aussi aux cultures hébraïque, italienne et germanique.

III – Un témoin exceptionnel de son époque

Un écrivain constamment censuré et condamné

En 1532, Rabelais publie *Pantagruel* sous l'anagramme[4] d'Alcofribas Nasier afin que cet ouvrage ne nuise pas au sérieux de son activité de médecin. La Sorbonne condamne le roman, l'année suivante, pour obscénité. En 1534-1535, il publie *Gargantua*. En 1543, le Parlement censure, à la demande des théologiens, l'édition définitive de *Gargantua* et de *Pantagruel*, pourtant expurgée des attaques contre la Sorbonne. En 1546, bénéficiant d'un privilège royal, Rabelais publie le *Tiers Livre*, censuré aussitôt. En 1548, il publie une première partie du *Quart Livre*, qu'il achève en 1552 et qui est censuré aussi.

Un homme protégé par les puissants

Cependant, Rabelais est protégé par de puissantes figures de son temps et sera, toute sa vie, un soutien de la royauté. En 1524, il

> **HIPPOCRATE**
> Médecin grec (v. 460-v. 370 av. J.-C.), considéré comme le père de la médecine occidentale.

> **LA SORBONNE**
> Au XVIe siècle, la Sorbonne se confond avec la Faculté de théologie de Paris. Elle dénonce les écrits non conformes à l'orthodoxie catholique. En 1544, elle publie un catalogue des 230 livres qu'elle censure et dont le Parlement interdit la vente.

NOTES

1. sénéchal : officier royal exerçant des fonctions de justice.

2. métairie : domaine agricole loué à un exploitant qui en partage les revenus avec le propriétaire.

3. novice : qui entreprend des études religieuses avant de s'engager.

4. anagramme : mot obtenu par la permutation des lettres d'un autre mot.

BIOGRAPHIE DE L'AUTEUR

> **LE PRIVILÈGE**
> Il s'agit de l'autorisation royale, accordée exclusivement à un auteur ou à un éditeur, d'imprimer un ouvrage. Conçu comme une protection contre le piratage, il devient progressivement un instrument de censure.

devient le précepteur du neveu du prélat[1] Geoffroy d'Estissac, qui sera son mécène[2] jusqu'à sa mort en 1542. Dès 1533-1534, il se lie avec le cardinal Jean du Bellay et son frère, Guillaume, gouverneur du Piémont annexé par François Ier, et sera leur médecin régulier. En 1538, il appartient à la suite de François Ier et assiste à l'entrevue entre le roi de France et Charles Quint. Vers 1540, il réussit à obtenir du pape Paul III le pardon pour avoir abandonné son habit de moine, l'autorisation d'exercer la médecine et la reconnaissance de ses enfants nés hors mariage. Tout au long de sa vie, il bénéficie des privilèges royaux pour la publication de ses œuvres.

Un voyageur européen

En France, Rabelais circule entre le Poitou, où il naît et grandit, Paris et la région parisienne, Montpellier, Lyon et, vers la fin de sa vie, Metz, où il semble se réfugier après de nouvelles condamnations contre son œuvre. L'action de *Gargantua* se déroule d'ailleurs dans le Poitou et à Paris. En 1533, Rabelais part en Italie, avec Jean du Bellay. Il y retourne à de nombreuses reprises, attiré, comme tous les humanistes, par le pays père de la Renaissance. Voyager lui permet aussi d'échapper à la répression contre les partisans de la Réforme. Il meurt à Paris en 1553.

> **NOTES**
>
> **1. prélat :** ecclésiastique de haut niveau.
>
> **2. mécène :** personne riche qui aide et protège les artistes.

Fiche 3
Contexte historique et culturel

I – Un royaume contrasté

Vers le centralisme royal

Le XVIe siècle achemine peu à peu le royaume de France vers une monarchie absolutiste, malgré l'existence de parlements[1] qui font contrepoids à cette centralisation du pouvoir. Pendant la vie adulte de Rabelais, c'est François Ier qui règne principalement. Ce dernier monte sur le trône en 1515. Il y restera jusqu'à sa mort en 1547. Son deuxième fils, Henri II, lui succède.

Les guerres d'Italie

À la fin du XVe siècle, Charles VIII, prétendant au royaume de Naples, a déclenché les guerres d'Italie. Batailles, succès et défaites alternent jusqu'à la paix du Cateau-Cambrésis de 1559 par laquelle la France renonce à toute prétention italienne. En soixante-cinq ans, cette dernière a ainsi mené onze guerres.

Les conflits religieux

En France, la Réforme est plutôt bien accueillie par les milieux humanistes et évangéliques dont Rabelais fait partie. Mais l'affaire des Placards, en 1534, met fin à l'indulgence de François Ier envers les réformés (protestants). Les idées nouvelles sont toutes suspectes, et le roi devient intransigeant. La première guerre de Religion éclate en 1562, suivie par huit guerres civiles qui déchireront le pays.

II – Une société divisée

Une aristocratie dominante mais en déclin

L'aristocratie dispose de nombreux privilèges, en matière de justice, de fiscalité et d'emplois (certains lui sont réservés). Cependant, la noblesse ancienne, issue de la société médiévale, commence à connaître un certain déclin.

Un peuple de plus en plus pauvre

La misère des pauvres augmente, dans les villes, où le travail manque, et dans les campagnes, où les seigneurs abusent de leur domination. La classe moyenne, elle, a du mal à émerger.

L'essentiel sur l'œuvre

▶ **RÉFORME**
Lancée en Allemagne, au début du XVIe siècle par le moine Luther, la Réforme se caractérise par la contestation de l'autorité du pape, la volonté d'un retour aux sources du christianisme et le refus du commerce des indulgences (l'achat du pardon pour ses péchés).

▶ **AFFAIRE DES PLACARDS**
Lors de la nuit du 17 au 18 octobre 1534, des textes anticatholiques sont placardés sur des portes, à Paris et en province.

▶ **JEAN CALVIN (1509-1564)**
Ce théologien français rallie la Réforme et la diffuse en France, avant de s'exiler en Suisse. Il développe l'idée de la « prédestination » : l'action bonne n'est pas le moyen d'obtenir le salut divin mais le signe de la présence de Dieu.

NOTE

1. **parlements :** institutions judiciaires et administratives.

CONTEXTE HISTORIQUE ET CULTUREL

> **DÉMOGRAPHIE**
> En 1500, la population française atteint 18 millions ; 16 millions et demi en 1580.

III – Un monde plus grand, plus ouvert mais contrasté

Les Grandes Découvertes

Le monde connu s'élargit considérablement entre la fin du XVe siècle, quand naît Rabelais, et le milieu du XVIe, quand il meurt : découverte de l'Amérique en 1492, tour du monde de Magellan dans les années 1520 et exploration du Canada par Jacques Cartier la décennie suivante.

Dans les années 1540, Copernic démontre que la Terre tourne autour du Soleil en une année et sur elle-même en 24 heures.

L'anatomie humaine est de mieux en mieux connue, grâce aux travaux des médecins André Vésale (1514-1564) et Ambroise Paré (v. 1509/10-1590). En 1543, Vésale pratique une dissection publique. Paré est, quant à lui, considéré comme le premier chirurgien moderne.

> **ÉTIENNE DOLET (1509-1546)**
> Cet humaniste est l'éditeur de Rabelais. D'abord protégé par François Ier, il est finalement brûlé sur le bûcher, à Paris, pour athéisme.

La diffusion du livre

Tout au long du XVIe siècle, les imprimeries se multiplient et les publications sont de plus en plus nombreuses, concourant à la diffusion des connaissances et à la circulation des idées. Les penseurs humanistes, prônant le retour direct aux textes antiques, notamment sacrés, en proposent de nouvelles traductions.

La Renaissance

La Renaissance (XVe siècle en Italie, XVIe siècle dans le reste de l'Europe) se définit par la redécouverte directe de l'Antiquité et de sa littérature, c'est-à-dire par des traductions qui s'émancipent du jugement et des commentaires religieux des moines copistes du Moyen Âge. Durant cette période, l'humanisme[1] aspire à réconcilier l'homme avec lui-même.

> **NOTES**
> **1. humanisme :** doctrine qui prend pour fin l'être humain et qui apparaît à la Renaissance. Ses principes sont le retour aux textes grecs et latins, la valeur accordée à la raison, à la réflexion et à l'éducation, la tentative de concilier foi chrétienne et liberté humaine.

Un monde violent

Les Grandes Découvertes, géographiques et scientifiques, ne se font pas sans d'extrêmes violences. En Amérique, la conquête provoque l'hécatombe des Indiens. En 1542, Charles Quint doit promulguer un ensemble de lois visant à les protéger. Par ailleurs, les idées nouvelles, en particulier religieuses, sont vivement combattues et donnent lieu à de nombreuses arrestations et condamnations à mort.

IV – Le renouveau littéraire et artistique

⇒ Un roi ami des artistes et des lettrés

François Ier représente, à lui seul, l'esprit de la Renaissance : il accueille en France plusieurs artistes italiens, dont Léonard de Vinci ; il favorise le développement des imprimeries ; contre l'enseignement traditionnel hérité du Moyen Âge, il crée le Collège des lecteurs royaux qui dispense un enseignement humaniste ; il œuvre au rayonnement architectural par la construction de nombreux châteaux et subventionne des poètes comme Clément Marot.

⇒ Les progrès du français

En 1539, par l'ordonnance de Villers-Cotterêts, François Ier institue le français langue officielle et administrative du royaume de France. La langue française s'éloigne de plus en plus du latin, et son vocabulaire s'enrichit considérablement. En 1549, Du Bellay rédige un manifeste, *Défense et Illustration de la langue française*, qui expose le programme de la Pléiade pour hisser la langue française à l'excellence du grec ancien et du latin par l'enrichissement du vocabulaire avec de nouveaux mots et l'imitation des langues antiques.

⇒ Une prose nouvelle

La tradition du roman de chevalerie et du merveilleux, que Rabelais parodie dans ses romans, est toujours très vivace au XVIe siècle. Cependant, l'ambition humaniste de diffuser la culture va de pair avec le développement d'une écriture en prose plus réaliste qui prend, souvent, la forme de la nouvelle. Des auteurs, comme Bonaventure des Périers (*Nouvelles Récréations et Joyeux Devis,* 1558) ou Marguerite de Navarre (*L'Heptaméron*, 1559), insèrent le récit dans des conversations, multipliant ainsi les narrateurs-auditeurs.

⇒ Un rôle nouveau pour l'image

Les progrès de l'imprimerie entraînent la disparition progressive des enluminures et des images comme simples illustrations. Peu à peu, l'image devient un moyen d'expression de l'individu tel que l'humanisme le met à l'honneur. C'est ainsi que l'art du portrait se développe. Par ailleurs, tout au long du XVIe siècle, les peintres précisent leur maîtrise de la perspective, inventée au siècle précédent : celle-ci donne l'idée d'un monde à la fois infini et relatif au point de vue du spectateur.

▶ **LA PLÉIADE**

Groupe de sept poètes, dont Ronsard et Du Bellay, constitué en 1553 et dont le nom est une référence à l'Antiquité. S'appuyant sur le modèle italien, ces poètes favorisent une poésie amoureuse qui privilégie la forme du sonnet ainsi qu'une rhétorique précieuse et peint une figure idéalisée de la femme.

▶ **MARGUERITE DE NAVARRE (1492-1549)**

La sœur aînée de François Ier est une des figures puissantes qui protègent Rabelais. Lequel lui dédie, d'ailleurs, le *Tiers Livre*.

Fiche 4
Genèse et réception de l'œuvre

▶ DIFFUSION DES LIVRES
Au Moyen Âge et au début des Temps modernes, les livres se vendent dans les foires ou par colportage (commerce ambulant de marchandises).

I – La construction d'une œuvre

➡ La création d'une dynastie de géants

Écrit après *Pantagruel* (1532), dont il exploite le succès, *Gargantua* (publié fin 1534 ou début 1535) remonte en arrière dans la généalogie des géants. En effet, le récit est centré sur l'histoire du père de Pantagruel. L'ordre de publication ne respecte donc pas la chronologie de l'histoire. Fait notable à l'époque, Rabelais écrit et publie son roman en français (et non pas en latin).

➡ Une édition définitive

▶ LYON
Au XVIe siècle, Lyon est une capitale économique et un grand centre d'édition européen.

En 1542, Rabelais publie, à Lyon, une nouvelle et définitive édition de *Gargantua-Pantagruel*, expurgée des passages trop satiriques contre l'Église et la Sorbonne. C'est alors qu'apparaît le pseudonyme-anagramme « Alcofribas », que Rabelais a en partie utilisé, complété par le nom « Nasier », en signature de la première édition de *Pantagruel*.

➡ Un sous-titre plein de clins d'œil

La Vie très horrifique du grand Gargantua, père de Pantagruel, jadis composée par M. Alcofribas, abstracteur de quintessence[1].

Pour tout lecteur contemporain de Rabelais, l'expression « *La Vie très horrifique*[2] » évoque aussi bien les biographies des grands seigneurs que les vies de saints, genres très à la mode à la fin du Moyen Âge. Elle évoque également la trame traditionnelle des romans de chevalerie.

II – Les sources d'inspiration

➡ La culture populaire

▶ NOTES

1. **abstracteur de quintessence :** alchimiste qui extrait la partie la plus subtile, la plus légère d'un corps.

2. **horrifique :** extraordinaire, terrifiante.

3. **Chroniques :** genre littéraire en vogue au XVe siècle ; récits de faits historiques.

Le personnage de Gargantua existe dans le folklore médiéval : il s'agit d'un bon géant au service du roi Arthur. Rabelais s'inspire d'un ouvrage anonyme paru à Lyon en 1532 : *Les Grandes et Inestimables Chroniques*[3] *du grand et énorme géant Gargantua*. Le monstrueux du géant y est valorisé (appétits, besoins naturels du corps).

GENÈSE ET RÉCEPTION DE L'ŒUVRE

➡ Des lectures très diverses

Rabelais est un érudit qui a lu les auteurs antiques. Il a également lu *Utopia* de Thomas More (1516), le traité d'Érasme de 1529, *De l'éducation des enfants*, et celui de Guillaume Budé, le *De philologia* (1532). Il s'est certainement aussi inspiré de l'ouvrage de l'Italien Teofilo Folengo, *Baldus* (1517), qui raconte de manière burlesque les aventures du géant Fracasse. Par ailleurs, le prologue et le chapitre 13 de *Gargantua* fourmillent d'allusions au poète Clément Marot, auteur de *L'Adolescence clémentine* (1532-1538).

➡ L'actualité

Plusieurs épisodes de *Gargantua* renvoient à des événements du début des années 1530.

• Les conflits avec Charles Quint

Le personnage de Picrochole est une allusion à la politique de conquête belliqueuse de Charles Quint, rival de François Ier. Le chapitre 27 – l'assaut des troupes de Picrochole contre l'abbaye de Seuillé – renvoie le lecteur de l'époque au sac de Rome par les armées de Charles Quint le 6 mai 1527.

• La politique intérieure

Le chapitre 17 évoque *« la patience des rois de France »* face aux « séditions » et « complots », allusion aux désaccords entre l'entourage du roi et la Sorbonne ainsi qu'aux hésitations de François Ier, en 1533, quant à l'attitude à adopter envers les évangéliques.

• Les châteaux de François Ier

L'abbaye de Thélème est conçue en référence au château de Chambord et à celui de Madrid (situé dans le bois de Boulogne, à Paris), construits sur ordre de François Ier.

III – La réception de l'œuvre rabelaisienne

➡ Au XVIe siècle

Rabelais n'a pas un public populaire : ses écrits sont appréciés par les gens de lettres, comme Bonaventure des Périers, Marguerite de Navarre, Clément Marot ou Ronsard. Par ailleurs, Rabelais se heurte à la censure : l'édition définitive de 1542 de *Gargantua-Pantagruel* est condamnée par le Parlement, à la demande de la Sorbonne.

▸ **DE L'ÉDUCATION DES ENFANTS**
Dans ce traité, Érasme critique les méthodes anciennes et préconise l'apprentissage des langues antiques, la lecture des textes et une pédagogie plus active.

▸ **UN ROI BÂTISSEUR**
Durant son règne, François Ier fait construire ou rebâtir onze châteaux. Il lance, en 1519, la réalisation de Chambord. En 1539, il y reçoit Charles Quint.

GENÈSE ET RÉCEPTION DE L'ŒUVRE

> **L'ART DU ROMAN**
> « J'aime imaginer que François Rabelais a entendu un jour le rire de Dieu et que c'est ainsi que l'idée du premier grand roman européen est née. Il me plaît de penser que l'art du roman est venu au monde comme l'écho du rire de Dieu » (Milan Kundera, *L'Art du roman*, 1986).

De l'âge classique à la fin des Lumières

Au XVIIe siècle, sauf La Fontaine et Molière qui apprécient le comique subversif de son œuvre, le public lettré estime que Rabelais n'est conforme ni au bon goût de l'homme classique ni à l'exigence de bienséance. Au XVIIIe, les gens de lettres jugent son œuvre peu compréhensible et un intellectuel comme Voltaire n'aime pas son comique ordurier. Cependant, comme les libertins libres penseurs[1] des XVIIe et XVIIIe siècles, il apprécie sa satire contre les hommes d'Église.

La Révolution française voit en Rabelais un de ses précurseurs, alors même que l'homme était un fort soutien de la monarchie française et que les rois de France se faisaient lire son œuvre.

Depuis le XIXe siècle

Le romantisme de la première moitié du XIXe siècle considère Rabelais comme un génie, à l'instar de Shakespeare. Gustave Flaubert s'intéresse au travail de l'écrivain, à sa phrase et à son inventivité lexicale. Depuis, on est particulièrement sensible à la fantaisie verbale de Rabelais et à sa capacité de mettre en scène une pluralité de langages.

> **NOTE**
>
> **1. libertins libres penseurs :** intellectuels athées qui remettent en cause les dogmes de l'Église.

Fiche 5
Genre de l'œuvre

Au XVIe siècle, le roman de chevalerie et le merveilleux continuent de dominer en littérature : Rabelais et ses géants constituent donc une exception remarquable. De plus, la prose de Rabelais dépasse les genres et fonde une œuvre inclassable.

I – Un roman de formation

Une trame traditionnelle

Gargantua raconte une grande partie de la vie de son héros éponyme, en commençant par sa généalogie et l'histoire de ses parents (chap. 1 à 5), en passant par sa naissance (chap. 6), sa petite enfance (chap. 11 à 13), son éducation et ses voyages (chap. 14 à 24), ses exploits guerriers (chap. 36), pour le quitter encore jeune adulte. Rabelais se réfère aussi au genre des chroniques.

Un traité d'éducation humaniste

Gargantua reçoit d'abord une éducation scolastique[1], fondée sur l'apprentissage par cœur de règles et de traités purement formels et inutiles. Son père en constate l'échec (chap. 14 et 15) : Gargantua est assommé de travail, n'apprend rien, ne progresse pas et devient fou. L'interminable énumération des noms de jeux (plus de 200 !) que Gargantua a appris par cœur est un exemple implacable de la bêtise de cette ancienne éducation. Son père, conseillé par un vice-roi qui évoque Érasme et par Eudémon, le « bien doué », lui donne alors pour pédagogue Ponocrate, dont le nom exprime sa force de travail. Ponocrate est obligé de commencer par faire oublier à son élève tout ce qu'il a appris jusque-là (chap. 23). Puis il délivre à Gargantua un modèle d'éducation humaniste, qui développe le corps comme l'esprit : jeux et sports, chevalerie, fréquentation de savants, étude des auteurs antiques, lecture des textes sacrés, poésie, mathématiques, astronomie, musique, découverte des divers métiers et artisanats.

Une parodie[2] de genres nobles

Avec la figure de son géant buveur et scatologique, Rabelais parodie les romans de chevalerie qui racontent la vie de nobles chevaliers. Les chapitres consacrés à la guerre contre Picrochole (chap. 25 à 51) parodient le genre épique, avec le récit enlevé et comique des prouesses militaires de Gymnaste (chap. 35), de Gargantua (chap. 36) et de frère Jean des Entommeures (chap. 43 et 44). L'énorme jument d'Afrique (chap. 16) est une parodie du conte et du merveilleux.

> **TRACES DE LA TRADITION ORALE**
> À de rares reprises, Rabelais utilise la 1re personne dans son roman et, parfois, il interpelle directement ses lecteurs.

> **STUDIA HUMANITAS**
> L'expression (« étude de l'humanité ») désigne l'enseignement humaniste fondé sur l'étude des langues et littératures de l'Antiquité.

NOTE

1. scolastique : enseignement délivré dans les universités européennes du IXe au XVIIe siècle, qui mêle philosophie aristotélicienne et théologie chrétienne.

2. parodie : imitation comique, voire moqueuse, d'une œuvre ou d'un genre sérieux.

L'essentiel sur l'œuvre

GENRE DE L'ŒUVRE

> **BURLESQUE ET GROTESQUE**
> Le burlesque consiste à parler en termes bas et grossiers de thèmes ou de gens nobles et sérieux. Le grotesque est un comique de caricature pouvant aller jusqu'au fantastique.

II – Une farce burlesque

La figure de géants

Le géant, emprunté aussi bien à la mythologie qu'au folklore médiéval et au carnaval, déploie le comique du monstrueux : le corps et ses fonctions (digestives et sexuelles) sont démesurément exagérés, de telle sorte que ce qui est, en général, rabaissé devient essentiel.

Pitreries et obscénités

La conception et la naissance de Gargantua (chap. 3 et 4) relèvent de la facétie, comme l'épisode de la jument énorme et celui des cloches de Notre-Dame (chap. 16 et 17). Tout au long du roman, les propos liés aux fonctions excrémentielles et les évocations du plaisir sexuel (fin du chap. 11, par exemple) sont nombreux. Le chapitre 13, consacré au savoir *« torcheculatif »* du fils de Grandgousier, met à l'honneur, longuement, avec virtuosité poétique et humour, la toilette des parties intimes.

> **ÉPOPÉE**
> Genre littéraire racontant des événements extraordinaires et mettant en valeur les exploits d'un héros. À l'origine écrite en vers, comme l'*Iliade* et l'*Odyssée* d'Homère, l'épopée est un genre noble. L'épique est une tonalité et se dit de récits qui relèvent de l'épopée.

Un hommage au rire

Dès l'avis au lecteur, le thème du « rire » est posé : *« rire est le propre de l'homme »*. Rabelais propose à ses lecteurs, pour remédier à leur chagrin, un ouvrage qui traite du rire et qui les fasse rire. Dans la suite du récit, le rire est souvent provoqué par le ridicule ou l'inconvenance : par exemple, Ponocrate et Eudémon rient tellement après le discours de Janotus que Janotus lui-même rit (chap. 20). Les maîtres Janotus et Bandouille relèvent ainsi du carnaval. Quand il provient des obscénités, le rire se rapproche alors du rire bouffon.

III – Un ouvrage critique qui invite à la réflexion

La volonté de réconcilier l'homme avec lui-même

Rabelais, comme les humanistes, refuse l'image négative d'un homme perdu depuis le péché originel et il cherche, à l'image d'Érasme, à concilier christianisme et valeurs humanistes.

Gargantua est un modèle d'union du corps et de l'âme. Il respecte tous les besoins naturels de son corps et tous ses instincts. L'éducation humaniste que lui délivre Ponocrate s'adresse aussi bien au corps qu'à l'esprit. L'hygiène et le sport, notamment, y occupent une place importante.

> **FARCE**
> C'est au XVe siècle que le genre théâtral de la farce se développe. Ces petites pièces n'ont d'autre but que de faire rire sur des thèmes stéréotypés (obscénités, misogynie, tromperies...). Dans *Gargantua*, Rabelais fait de nombreuses allusions à la célèbre *Farce de Maître Pathelin* (v. 1456-1460).

Dans *Gargantua*, l'amitié est un lien sacré : c'est en son nom que Grandgousier et ses émissaires essaient de ramener Picrochole à la raison (chap. 28 et 31).

Tout au long de son roman, Rabelais rend hommage à la bonté divine. En effet, la prière occupe une place fondamentale dans l'éducation humaniste de Gargantua : la fin de la journée du géant est consacrée à prier et adorer Dieu (chap. 23). À l'opposé, la folie meurtrière de Picrochole est considérée comme un abandon de Dieu. Enfin, l'*« énigme »* sur laquelle s'achève le roman représente, selon Gargantua, *« le cours et maintien de la vérité divine »*.

→ La critique du conservatisme

Rabelais se moque des «sorbonnards», qu'il traite de sophistes[1], en faisant rire à leurs dépens. La satire passe par leur discrédit : le maître Holopherne finit par mourir de la vérole (ce qui traduit sa lubricité); l'émissaire des universitaires, Janotus de Bragmardo, censé représenter la connaissance, se ridiculise dans un discours qui ne veut rien dire. Les chapitres 18 à 20, qui racontent sa démarche auprès de Gargantua, relèvent du carnavalesque et mettent en scène le rire énorme que son discours incompréhensible déclenche.

→ Philosophie et gai savoir

Gargantua est un hommage constant au savoir. Le géant est d'abord une image de l'appétit de connaissance insatiable de la Renaissance et de Rabelais lui-même. Dès le prologue, l'auteur avertit que ce dont il va parler n'est pas aussi « frivole » que le titre pourrait le laisser croire et il invite à *« sucer la substantifique moelle »* de son ouvrage. Le géant est une figure de l'homme nouveau tel que le conçoit l'humanisme. Le *« pantagruélisme »*, mot qu'invente Rabelais, lie le savoir à la gaieté, comme Grandgousier qui rit et se réjouit devant le savoir *« torcheculatif »* de son fils (chap. 13), ou de Gargantua qui rappelle que, selon Platon, une république heureuse est une république gouvernée par la philosophie (chap. 45).

→ La critique de l'esprit de conquête

Les chapitres 25 à 51 sont consacrés à la guerre que le roi voisin de Grandgousier, Picrochole, déclenche. C'est l'occasion, pour Rabelais, de dénoncer l'esprit de conquête, tel que Charles Quint le représente alors pour les Français. La cause de la guerre discrédite l'attitude de Picrochole : une dispute anodine entre des marchands de galettes et des bergers. Picrochole déclenche la guerre, convaincu par ses courtisans qu'il va dominer le monde.

▶ RIRE
Un grand débat anime les humanistes du XVIe siècle : le rire est-il l'essence de l'homme ou n'en est-il qu'une propriété ?

▶ ÉDUCATION HUMANISTE DES GÉANTS
Dans *Pantagruel*, Gargantua écrit à son fils son programme pour faire de bonnes études : langues anciennes, mathématiques, musique, astronomie, droit et philosophie, sciences naturelles, médecine, chevalerie.

→ NOTE
1. **sophistes :** dans la Grèce antique, maîtres de rhétorique qui allaient, de ville en ville, enseigner l'art de bien parler sur n'importe quel sujet, sans souci de la vérité ni du bien. Platon les condamne. Un sophisme est un raisonnement séduisant mais faux.

> **LE PRINCE**
> Publié en 1532 à titre posthume, cet essai politique de Machiavel est très influent aux XVIe et XVIIe siècles. Décrivant le meilleur monarque possible, l'auteur pense la politique non pas en termes moraux mais en fonction des nécessités historiques.

➨ La figure du bon prince chrétien

À l'opposé de Picrochole, Grandgousier et Gargantua représentent le bon prince. Grandgousier, fidèle à son amitié de toujours pour Picrochole, fait d'abord tout pour éviter la guerre et sauver la paix (chap. 28 à 32). Avec son ambassadeur Gallet, il préfère la diplomatie à la guerre. Après la défaite de Picrochole et de ses troupes, les géants récompensent leurs alliés et font preuve de clémence envers les vaincus (chap. 50 à 52).

➨ Un hommage utopique à la liberté

À la fin du roman, pour récompenser frère Jean, Gargantua lui offre le pays de Thélème – mot grec signifiant « volonté », « désir » – afin que le moine y construise une abbaye à son idée (chap. 52). L'« *abbaye de Thélème* » constitue l'une des premières utopies de la littérature française. S'opposant en tous points aux abbayes traditionnelles (chap. 52), elle est gérée selon les « règles du bon sens et de l'intelligence ». Construite selon les principes architecturaux de la Renaissance italienne (chap. 53), elle n'est fermée par aucune muraille et a pour devise *« Fais ce que tu voudras »* (chap. 57). Ce choix du libre arbitre repose sur la conviction que l'homme est naturellement vertueux, que la répression le rend mauvais et que, au contraire, la liberté favorise le désir de bien se comporter. Rabelais précise que cette devise ne peut concerner que des *« gens libres, bien nés, bien instruits, conversant en compagnies honnêtes »*.

> **UTOPIE**
> Désigne, en littérature, la description d'un pays ou d'une société imaginaire qui offre à ses habitants un mode de vie idéal. Dès le IVe siècle av. J.-C., Platon, dans la *République*, imagine une cité idéale. En 1516, l'Anglais Thomas More publie en latin *Utopia* qui décrit une société idéale, contrepoint à sa société.

IV – L'invention d'une langue

➨ La participation au débat contemporain

Rabelais se passionne, comme les intellectuels de son temps, pour les questions linguistiques : origine et acquisition du langage, adéquation ou non du mot et de la chose. Cet intérêt se retrouve dans *Gargantua*, par exemple dans les chapitres 9 et 10. Rabelais prend position dans les débats de son époque en adoptant un système graphique et grammatical innovant (emploi des majuscules, utilisation d'une négation à deux termes, etc.).

> **OUVRAGES DE RÉFÉRENCE**
> La première grammaire française paraît en 1530 ; elle est l'œuvre d'un Anglais, John Palsgrave ! Le premier dictionnaire de français, de Robert Estienne, paraît en 1539.

➨ Une langue artificielle

Au XVIe siècle, personne ne parlait comme Rabelais écrit dans *Gargantua*. L'humaniste invente une langue artificielle, fruit de son érudition et de ses connaissances des autres langues, qu'il veut originale et déconcertante.

GENRE DE L'ŒUVRE

➥ **Une création lexicale inouïe**

Rabelais emploie des mots qui sont utilisés pour la première fois en français. Certains proviennent des dialectes et des patois : « *bourriquet* » (chap. 11) vient de Toulouse ; l'expression « *éculait ses souliers* » (chap. 11) d'un patois de l'Ouest et « *traquenard* » (chap. 12) du gascon ; etc.

D'autres sont empruntés aux autres langues, anciennes ou contemporaines : « *voltiger* » (chap. 12) de l'italien ; « *Gymnaste* » ou « *homonymies* » (chap. 9) du grec ancien ; etc. Enfin, Rabelais s'amuse à créer des mots compliqués. Par exemple, il invente « *rataconniculer* » (chap. 3) à partir de *rataconner* (*raccommoder*) ou « *torcheculatif* » (chap. 13) à partir de *torcher* et du mot grossier *torche-cul*. Quelques mots, comme le « *substantifique* » du prologue, incombent à l'imagination de l'écrivain.

Ainsi, la langue de Rabelais est une création personnelle qui relève de l'œuvre d'art.

> **MOTS NOUVEAUX**
> C'est dans *Pantagruel* que l'on trouve, pour la première fois en français, le mot « *encyclopédie* ».

« Sitôt qu'il fut né, il ne cria pas comme les autres enfants : "Mies ! mies !" Mais, à haute voix, il s'écriait : "À boire ! à boire !" »
Illustration de Gustave Doré, 1873.

Fiche 6
Personnages de l'œuvre

Rabelais donne à ses personnages des noms signifiants qui traduisent leurs caractères.

I – Gargantua, le héros

Sa naissance est extraordinaire : comme la légende qui voulait que le Christ ait été conçu par l'oreille de la Vierge, Gargantua naît par l'oreille de sa mère. Son nom (« grande gorge ») provient de ce que, dès sa venue au monde, il réclame à boire. Il a un appétit d'ogre. Les couleurs de sa livrée sont le blanc (la joie) et le bleu (le ciel). Il se caractérise par l'importance qu'il accorde à son corps et à ses besoins naturels, par son goût de la gaieté, par sa foi, par sa piété filiale et par son amour de la philosophie. Selon la théorie médicale des humeurs, il est le flegmatique, celui qui est dominé par son cerveau et sait garder son calme. À la fin de la guerre, il sait récompenser ses alliés et être clément avec les vaincus. Il représente l'homme nouveau de l'humanisme.

> **GARGANTUA**
> « Oh ! dit Grandgousier [à Gargantua], que tu as de bon sens, petit garçonnet ! Ces premiers jours, je te ferai passer docteur en Sorbonne, pardieu ! car tu as plus de raison que d'âge » (chap. 13).

II – Les proches de Gargantua

La famille

La famille de Gargantua appartient à la race des géants, dont Rabelais dresse la généalogie (chap. 1).

Grandgousier, son père. Son nom signifie « grand gosier ». Il est décrit comme un bon vivant qui aime boire, manger et s'amuser avec sa femme. Bon père, il s'occupe de l'éducation de son fils et lui choisit ses maîtres. Bon prince, il fait tout pour sauver la paix, quand Picrochole déclenche la guerre, et traite humainement ses prisonniers. Il est pieux et respectueux de ses amitiés.

Gargamelle, sa mère. Son nom provient d'un mot patois qui signifie « gosier ». Fille du roi légendaire des Parpaillots, elle est jolie et se caractérise par son grand appétit. Sa grossesse dure onze mois.

> **GRANDGOUSIER**
> Touquedillon, bien que soldat de Picrochole, reconnaît en Grandgousier « le plus homme de bien du monde » (chap. 47).

L'entourage

Eudémon est un page de douze ans, éduqué par Ponocrate et recommandé par don Philippe des Marais. Son nom, issu du grec, signifie « heureux ». Son visage traduit sa jeunesse, sa fraîcheur et sa modestie. Il accompagne Gargantua à Paris.

Gymnaste – « maître de gymnastique » en grec – est l'écuyer de Gargantua, à qui il enseigne la chevalerie. Lors d'un combat épique et comique, il tue nombre de soldats ennemis (chap. 35).

PERSONNAGES DE L'ŒUVRE

Anagnoste, dont le nom signifie en grec « lecteur », est le jeune page, très bon lecteur, qui lit à Gargantua des passages des textes sacrés.
Et la jument ! Offerte par un roi d'Afrique à Grandgousier, elle est énorme et se distingue par sa queue extraordinaire. Elle emmène Gargantua à Paris : son maître lui accroche au cou les cloches de Notre-Dame (chap. 17).

III – Les maîtres

➡ Les mauvais maîtres et les sophistes

> **LES MAUVAIS MAÎTRES**
> À propos des mauvais maîtres, Grandgousier comprend qu'il valait mieux que son fils n'apprenne rien plutôt que d'avoir de « *tels précepteurs, car leur savoir n'était que bêterie, et leur sapience que mitaines, abâtardissant les bons et nobles esprits et corrompant toute fleur de jeunesse* » (chap. 15).

Rabelais appelle « théologiens » ou « sophistes » les maîtres représentatifs de l'enseignement scolastique que dénoncent les humanistes.
Thubal Holopherne est le premier maître de Gargantua. Son nom est une référence à la Bible : le mot hébreu *tubal* désigne « la confusion » et, dans le récit biblique, le général Holopherne est un persécuteur lubrique. Ce mauvais maître fait apprendre à Gargantua des livres entiers par cœur. Rabelais le fait satiriquement mourir d'une maladie vénérienne. Il est remplacé par **maître Jobelin Bridé**, dont le nom évoque la crédulité et la bêtise.
Janotus de Bragmardo est le théologien envoyé par la Faculté pour récupérer les cloches (chap. 18). Son nom évoque à la fois la bêtise et le sexe masculin ; son accoutrement est grotesque. Il prononce un discours, ridicule et jargonnant, qui provoque un fou rire généralisé. Comme dans une farce, il se dispute avec un autre maître, **Jousse Baudouille**, qui porte aussi un nom moqueur.

➡ Les bons maîtres

Ponocrate devient le précepteur de Gargantua après la colère de son père contre les maîtres scolastiques (chap. 15). Son nom, issu du grec, signifie « force de travail ». À Paris, Ponocrate observe les habitudes de Gargantua, lui fait oublier tout ce qu'il a appris et le soumet à un programme éducatif humaniste complet. Il reste fidèle à Gargantua pendant les guerres picrocholines.
Théodore (« donné par Dieu » en grec) est le grand médecin auquel Ponocrate fait appel pour nettoyer le cerveau de Gargantua de toutes les bêtises que les mauvais maîtres lui ont inculquées.

IV – Les protagonistes de la guerre*

➡ Les alliés de Gargantua et Grandgousier

* Personnages des chapitres 25 à 58 hors programme pour les séries technologiques.

Les premiers protagonistes de la guerre sont les **bergers** (notamment **Frogier** et **Pillot**) qui veulent acheter des galettes aux fouaciers de Picrochole.

Gargantua

PERSONNAGES DE L'ŒUVRE

Frère Jean des Entommeures représente, de manière amusante, le moine idéal selon Rabelais. Il est jeune, intelligent, drôle, bon vivant et son nom (*« qui transforme ses ennemis en hachis »*) évoque la bravoure guerrière. Pendant la guerre, il se comporte en héros. Il incarne aussi la vertu et se montre clément envers son prisonnier. Il refuse les abbayes que Gargantua veut lui donner en récompense et préfère en construire une à son idée : ce sera l'utopique abbaye de Thélème.

Ulrich Gallet est l'ambassadeur de Grandgousier auprès de Picrochole. Homme de loi, il a les qualités nécessaires à la diplomatie : la sagesse, le discernement, la droiture et le bon sens. Son discours à Picrochole s'appuie sur les valeurs de l'amitié, de la raison, du droit et de la piété.

Lasdaller est un des pèlerins prisonniers de Picrochole et délivrés par les gens de Grandgousier : il permet la critique de la superstition.

Les ennemis de Gargantua

Picrochole (littéralement « bile amère ») est le roi de Lerné, en Touraine. Violant l'amitié qui le lie à Grandgousier, il déclenche la guerre. En proie à sa colère et son désir tyrannique de conquérir le monde, le souverain se laisse griser par les flatteries de ses gouverneurs et refuse toutes les tentatives de Grandgousier pour sauver la paix. À la fin du roman, il s'enfuit et le narrateur précise qu'il vit misérablement à Lyon. Picrochole est l'occasion, pour Rabelais, de critiquer l'attitude belliqueuse de Charles Quint.

Les proches de Picrochole se caractérisent par leur bêtise, leur mythomanie, leur esprit de courtisanerie et leur cruauté. Parmi eux, on trouve **le fouacier Marquet**, qui cause la guerre, les seigneurs **Trépelu** (« le miteux ») et **Spadassin**, les capitaines **Engoulevent** (« qui gobe le vent »), **Grippeminault**, **Merdaille**, au nom si parlant, et **Malcon**.

Échépron (« le prudent » en grec) appartient aussi à l'entourage de Picrochole mais se comporte différemment : il avertit le tyran des dangers inutiles de la guerre de conquête mais il n'est pas écouté.

Touquedillon (mot languedocien signifiant « fanfaron ») est un capitaine de Picrochole. Belliqueux au début de la guerre, il est impressionné par la grandeur d'âme de Grandgousier pendant sa captivité et prône ensuite la paix. Il tue l'ami de Picrochole, **Hastiveau**, qui l'avait insulté, et se fait tuer par Picrochole.

FRÈRE JEAN DES ENTOMMEURES

« En l'abbaye était pour lors un moine cloîtré nommé frère Jean des Entommeures, jeune, galant, pimpant, alerte, bien adroit, hardi, aventureux, décidé, haut, maigre, bien fendu de gueule, bien avantagé en nez, beau dépêcheur d'heures, beau débrideur de messes, beau décrotteur de vigiles, pour tout dire sommairement un vrai moine » (chap. 27).

PICROCHOLE

Gallet à propos de Picrochole : *« cet homme est tout hors de sens et délaissé de Dieu »* (chap. 32).

ÉCHÉPRON

« Là était présent un vieux gentilhomme éprouvé en divers hasards et vrai routier de guerre, nommé Échépron » (chap. 33).

Fiche 7
L'œuvre et son contexte en images

Doc. 1 Quentin Metsys (ou Massys), *Portrait d'Érasme de Rotterdam* (1517)

En bref !
Le portrait d'une figure majeure de l'humanisme, Érasme, que Rabelais désignait comme son père spirituel.

Né en 1466 et mort en 1530, Quentin Metsys (ou Massys) est un peintre de la Renaissance flamande, spécialiste de la peinture religieuse et du portrait. Érasme (1466/69-1536) est l'auteur de l'adage selon lequel « on ne naît pas homme, on le devient ». Lors de ses voyages, il rencontre les penseurs de son époque et correspond avec nombre d'entre eux, dont Rabelais dès 1532. Ce portrait représente Érasme assis à un pupitre, en train d'écrire à la plume sur un livre ouvert en son milieu. Habillé et coiffé de vêtements sombres, Érasme frappe par son visage clair, concentré et discrètement souriant. À l'arrière-plan, sur des étagères, figurent plusieurs livres et une paire de ciseaux, servant peut-être à séparer les pages des ouvrages. Un homme en paix et entouré de livres : ce tableau représente ainsi l'idéal humaniste. Comme Eudémon, comme Ponocrate et comme Gargantua, Érasme est ici l'incarnation de ce que le savoir et l'étude des lettres sont sources de sérénité.

1. En quoi ce portrait d'Érasme peut-il faire penser à l'éducation que Ponocrate délivre à Gargantua ?

Doc. 2 D'après des dessins de Barend van Orley, *La Bataille de Pavie – Siège du camp français et fuite de la suite royale* (1528-1531)

En bref !
La bataille de Pavie et la déroute française, auxquelles le roman de Rabelais fait plusieurs allusions.

Né vers 1488 et mort en 1541, Barend van Orley est un peintre belge de la Renaissance qui peint des portraits et des tableaux religieux. Il réalise aussi, sur carton, de nombreux dessins originaux de tapisseries, dont ceux d'une série consacrée à la bataille de Pavie. Cette bataille achève la sixième guerre d'Italie (1521-1525). Les armées impériales de Charles Quint font, dès la fin 1524, le siège du camp français et passent à l'attaque le 24 février 1525. La déroute française est totale. Capturé, François Ier sera emprisonné un an en Espagne. Cette tapisserie représente de manière panoramique le champ de bataille. Une impression générale de désordre domine. Au premier plan, on voit la Cour royale, dames et civils, fuir. Le chien blanc évoque celui de François Ier. On distingue ensuite les assaillants, qui attaquent violemment et mettent le feu, ainsi que les tentes du

L'ŒUVRE ET SON CONTEXTE EN IMAGES

camp. Cette scène de champ de bataille renvoie à la condamnation, dans *Gargantua*, de l'esprit de conquête et de la guerre.

> 1. Recherchez, dans le chapitre 39, ce que dit frère Jean à propos de cette bataille.
> 2. Recherchez, dans le chapitre 50, la critique indirecte de Rabelais contre Charles Quint.

Doc. 3 Anonyme, *L'enseignant enseigne la doctrine religieuse à un jeune ecclésiastique* (enluminure du XIIIe siècle)

En bref !

Une miniature représentant l'instruction des monastères à laquelle s'oppose l'éducation humaniste que défend Rabelais.

Une miniature est une enluminure, c'est-à-dire un ornement en couleurs dans un manuscrit du Moyen Âge, constituant l'illustration complète d'une scène. Jusqu'au XIVe siècle, les miniatures restent anonymes. Sur un fond bleu qui rappelle le ciel (une des couleurs de Gargantua est le bleu, car le bleu est la couleur des « choses célestes », chap. 9), un moine enseigne à un jeune garçon. Tous deux portent un vêtement religieux et leurs coiffures évoquent la tonsure ecclésiastique. L'élève tient un livre, base de l'enseignement, dans les mains et regarde attentivement son maître. Celui-ci le surplombe, manifestant ainsi son autorité et sa domination. Si l'élève semble sourire, le maître, lui, paraît triste et sévère. Il tient un gourdin de sa main gauche et dresse son index droit en guise d'avertissement. L'enseignant de la miniature fait penser aux deux premiers maîtres de Gargantua.

> 1. Quels rapprochements peut-on faire entre l'enseignant de la miniature et les deux premiers maîtres de Gargantua ?

Doc. 4 Gustave Doré, *L'Éducation de Gargantua – « Merveilleux entendement de Gargantua »* (1873), illustration pour les œuvres de Rabelais

En bref !

Cette gravure oppose le « *merveilleux entendement* » de Gargantua à la petitesse de ses maîtres sophistes.

Né à Strasbourg en 1832 et mort à Paris en 1883, Gustave Doré est un dessinateur, graveur et peintre. Passionné par Rabelais, il en illustre les textes à plusieurs reprises. Son œuvre est riche de plus de 10 000 pièces, qui relèvent de genres variés. Au premier plan de cette gravure, Gargantua observe un gigantesque globe terrestre. Le géant est dans son jeune âge ; il a un côté poupon, confirmé par la présence des femmes à l'arrière-plan, près d'une étagère de livres. Les maîtres entourent le globe ; deux d'entre eux le désignent de leur baguette. Cette gravure illustre

L'ŒUVRE ET SON CONTEXTE EN IMAGES

le chapitre 14 qui raconte sa première éducation, sophiste. L'air pensif de l'enfant évoque aussi le chapitre 15 où Grandgousier constate que l'éducation sophiste rend son fils *« tout rêveur »*. Cette éducation, étriquée même si le globe manifeste une ouverture au monde, n'est pas à la hauteur de l'intelligence phénoménale de l'enfant géant.

> 1. Comment cette gravure montre-t-elle le ridicule des maîtres sophistes?
> 2. À quels textes des groupements cette gravure peut-elle faire penser?

Doc. 5 Anonyme, *Le Bouffon riant* (milieu du XVIe siècle)

En bref !
Le bouffon représente l'ambiguïté du rire, à la fois frivole et sérieux, capable, comme chez Rabelais, de révéler la vérité.

Le bouffon du roi est un personnage comique attaché au souverain. Il est le seul membre de la Cour pouvant s'en moquer impunément. Parfois simple d'esprit, il s'apparente à la fête des Fous et au carnaval, où les valeurs et les rôles sociaux sont renversés. Le bouffon est généralement représenté vêtu d'un costume bicolore, coiffé d'un bonnet affublé de drôles d'oreilles et tenant une marotte – un bâton surmonté d'une tête grotesque. Celui de la peinture ressemble à la figure traditionnelle par ses vêtements et attributs. Les traits de son visage sont exagérés, son rire est central et ses mains sont mises en valeur : la gauche posée sur son visage, les doigts écartés autour des yeux, comme pour voir tout en se protégeant; la droite tenant des lunettes. Le bouffon semble nous inviter à regarder le monde autrement : il cherche d'abord à amuser et à faire plaisir, comme le rire, remède que Rabelais préconise. Le rire du bouffon est aussi porteur de savoir et d'humilité : il est le miroir grotesque qui révèle les vices des hommes (chap. 20).

> 1. Selon vous, pourquoi l'écrivain romantique Charles Nodier (1780-1844) a-t-il qualifié Rabelais d'*« Homère bouffon »*?

Gargantua

Parcours
VOIE GÉNÉRALE

Rire et savoir

☑ Thèmes de l'œuvre en lien avec le parcours
- › 1 : Le rire, considéré comme un obstacle au savoir … 288
  - Citations-clés … 289
- › 2 : Le rire au service du savoir … 290
  - Citations-clés … 291

☑ Groupement de textes
1. Montaigne, *Essais* … 292
2. Molière, *Le Malade imaginaire* … 293
3. Voltaire, *Micromégas* … 295
4. Jean-Jacques Rousseau, *Lettre à d'Alembert sur les spectacles* … 297
5. Umberto Eco, *Le Nom de la rose* … 299

💡 Conseil d'utilisation
À chaque thème du parcours, nous avons associé une dissertation, que vous retrouverez dans la partie « Objectif Bac » (p. 317). Nos explications, les citations-clés et les textes complémentaires que nous vous donnons ici vous aideront à bâtir votre plan et à trouver les arguments et les exemples nécessaires pour répondre au sujet.

Thème 1 : Le rire, considéré comme un obstacle au savoir

> **Parcours de lecture**
> Voici les extraits que nous vous conseillons de lire ou de relire pour bien comprendre ce thème :
> – dans *Gargantua* : prologue (pp. 14-18) ; chap. 3 (p. 27, l. 1-14) ; chap. 13 (p. 69, l. 1-14) ; chap. 14 (pp. 76-77, l. 25-55) ; chap. 17 (p. 87-88, l. 1-25) ; chap. 20 (pp. 97-98, l. 1-32) ; chap. 27 (pp. 138-140, l. 68-150) ; chap. 35 (p. 169, l. 42-67) ; chap. 44 (pp. 200-202, l. 1-44) ;
> – dans le groupement de textes : texte 1 (p. 292) ; texte 4 (p. 297) ; texte 5 (p. 299).

Comprendre ce thème

› Rire et savoir, deux notions longtemps antithétiques

Le rire et le savoir ont longtemps été considérés comme s'opposant. Le rire relève de la plaisanterie et du divertissement, tandis que le savoir exige sérieux et réflexion. Au nom de cette opposition, le rire a longtemps été exclu de l'éducation : les premiers maîtres de Gargantua ne rient pas (chap. 14, p. 76 ; citation 2) et Montaigne constate que l'on donne à la philosophie « *un visage renfrogné* » (texte 1, p. 292).

› Le rire, une réaction réflexe

Le rire est un réflexe involontaire qui échappe à la conscience et se manifeste par des réactions physiques (bruits, mimiques, respiration). De ce fait, il a longtemps été considéré comme ne relevant pas de l'esprit et a subi le même rejet, en particulier par les autorités religieuses, que le corps. Dans *Le Nom de la rose* d'Umberto Eco (texte 5, p. 299), le moine Jorge dit du rire que c'est un « *geste irréfléchi* » et une « *opération du ventre* ».

› Le rire lié aux plaisirs du corps

Le rire est souvent associé à des plaisirs dévalorisés. Ainsi, dans *Gargantua*, le rire accompagne les banquets où l'on mange et où l'on boit beaucoup (prologue, pp. 14-18 ; chap. 3, p. 27 ; citation 1). Le rire, associé à l'ivrognerie (texte 5, p. 299) et aux plaisirs charnels (chap. 3, p. 27), est condamné comme « *vile chose* » (texte 5, p. 299). Enfin, le rire peut être un rire scatologique (chap. 13, p. 69 ; chap. 17, pp. 87-88).

› Le rire proche de la folie et du danger

Le rire échappe à la raison, qui n'a de prise ni sur son déclenchement ni sur sa durée (citation 3). Il est souvent lié à l'excès (chap. 20, p. 98, l. 13-32). On parle d'ailleurs de « fou rire » pour désigner un rire que l'on ne parvient pas à arrêter. C'est le cas du rire de Ponocrate et d'Eudémon après la harangue grotesque de Janotus (citation 3), Rabelais rappelant la légende de l'auteur de comédies Philémon qui serait littéralement mort de rire (chap. 20, p. 97, l. 1-12).

> **Le rire et le renversement des valeurs**

Le rire accompagne le renversement des hiérarchies sociales : c'est ce qui se passe lors du carnaval et de la fête des Fous médiévale quand, grâce au travestissement, les rôles sociaux sont renversés (texte 5, p. 299). Le rire accompagne aussi le renversement des valeurs morales : ainsi, Rabelais, parodiant l'héroïsme des romans de chevalerie, fait rire son lecteur alors même qu'il raconte comment Gymnaste puis frère Jean tuent les hommes de Picrochole (chap. 27, pp. 138-140 ; chap. 35, p. 169 ; chap. 44, pp. 200-202).

> **Le rire, contraire à l'éducation des valeurs morales**

Jean-Jacques Rousseau conteste à la comédie et au rire la capacité de développer le savoir moral. Il reconnaît l'extrême talent de Molière à faire rire, mais montre que ce rire se déploie aux dépens de la bonté et au profit de la ruse et du mensonge : la sympathie et les rires du spectateur vont à ceux qui agissent contre la morale élémentaire (texte 4, p. 297).

Citations-clés

Voici des citations de *Gargantua* qui illustrent le thème étudié et que vous pourrez réutiliser lors des épreuves du Bac.

❶ « *Ils dansèrent au son des joyeux flageolets et des douces cornemuses, tant s'ébaudissant que c'était un passe-temps céleste de les voir ainsi rigoler* » (chap. 4, p. 32).
Venant à la suite d'un banquet où les parents de Gargantua et leurs amis mangèrent énormément, cette danse joyeuse et les rires qui l'accompagnent montrent que le rire est lié aux plaisirs de la bouche et à la satisfaction des besoins primaires du corps humain.

❷ « *Après, il en eut un autre vieux, tousseux, nommé "maître Jobelin Bridé", qui lui lut Hugutio [...] et quelques autres de semblable farine* » (chap. 14, p. 77).
Les deux premiers maîtres de Gargantua, membres de la Sorbonne, ne rient jamais : pour eux, le rire est incompatible avec le sérieux des études.

❸ « *Ponocrate et Eudémon s'esclaffèrent de rire tant profondément qu'ils en pensèrent rendre l'âme à Dieu* » (chap. 20, p. 97).
Le fou rire des pédagogues, en réaction à la harangue grotesque de l'envoyé de la Sorbonne, rappelle que le rire est incontrôlé, ce qui peut comporter un danger.

Thème 2 : Le rire au service du savoir

> **Parcours de lecture**
> Voici les extraits que nous vous conseillons de lire ou de relire pour bien comprendre ce thème :
> – dans *Gargantua* : « Aux lecteurs » (p. 13) ; prologue (pp. 14-18) ; chap. 13 (p. 69, l. 1-14) ; chap. 14 (pp. 76-77, l. 25-55) ; chap. 15 (p. 80, l. 1-9, et p. 82, l. 46-63) ; chap. 16 (p. 83, l. 1-13) ; chap. 17 (p. 87, l. 1-12) ; chap. 18 (pp. 90-91) ; chap. 19 (pp. 94-96) ; chap. 20 (pp. 97-98, l. 1-21, et pp. 99-100, l. 36-77) ; chap. 21 (p. 101, l. 1-15) ; chap. 22 (pp. 105-109) ; chap. 58 (pp. 261-262, l. 109-134) ;
> – dans le groupement de textes : texte 1 (p. 292) ; texte 2 (p. 293) ; texte 3 (p. 295) ; texte 5 (p. 299).

Comprendre ce thème

› Le rire, une propriété humaine

Dans *Les Parties des animaux*, le philosophe grec Aristote (IVe s. av. J.-C.) explique que l'homme est le seul animal qui puisse rire. Rabelais s'appuie sur ce texte : « *le rire est le propre de l'homme* » (« Aux lecteurs », p. 13 ; citation 1). Même si cette affirmation a été remise en cause, le rire reste une caractéristique humaine (texte 5, p. 299).

› Le rire, un remède pour la santé

Rabelais s'inscrit dans la tradition du médecin Hippocrate (v. 460-377 av. J.-C.) pour qui le rire était le meilleur des remèdes. Ceux qui ne rient pas n'ont pas le droit de rentrer dans l'abbaye de Thélème (citation 3). Les premiers maîtres de Gargantua, qui ne rient jamais, sont en mauvaise santé (chap. 14, p. 77). Pour Rabelais, le rire soigne de la peine et du deuil (« Aux lecteurs », p. 13).

› Le rire, une aide précieuse pour apprendre

Le rire rend l'apprentissage plaisant, en particulier pour les enfants. Gargantua, qui avec ses premiers maîtres ne rit pas, n'apprend et ne retient rien (chap. 15, p. 80). Montaigne mêle sagesse et gaieté (texte 1, p. 292) : il préconise de parler de philosophie aux enfants et même lors d'occasions festives. Pour Rabelais, le rire est ce qui permet d'accéder à la « *substantifique moelle* » des choses (prologue, p. 16 ; citation 2).

› Le rire pour relativiser et se défaire de ses illusions

Le rire oblige agréablement l'homme à modérer sa vanité. Dans *Gargantua* (chap. 16, p. 83, et 17, p. 87) et chez Voltaire (texte 3, p. 295), la comparaison amusante avec les géants amène l'homme à reconnaître sa petitesse. Le rire lié aux aspects scatologiques rappelle à l'homme qu'il est un animal

THÈMES DE L'ŒUVRE

(chap. 13). Le rire carnavalesque souligne la relativité des conventions sociales (chap. 18 ; texte 5, p. 299). Micromégas sourit de la prétention des philosophes terrestres à connaître le *« bout des choses »* (texte 3, p. 295). Le rire prend acte de l'incapacité humaine à connaître certains mystères (chap. 58, pp. 261-262 ; texte 3, p. 295).

> **Le rire qui démasque les pédants et le faux savoir**

Le rire est une réaction à ce que l'on juge ridicule (texte 3, p. 295). Rabelais fait la satire des mauvais maîtres de la Sorbonne (chap. 14 ; chap. 18 à 22). Ponocrate et Eudémon sont pris d'un fou rire à leur spectacle (chap. 20, p. 97). Chez Molière, la raillerie de la servante met au jour le ridicule et l'ignorance du médecin dont la fausse éloquence ne cache pas l'ignorance (texte 2, p. 293).

> **Le rire qui rend l'esprit libre**

Le rire libère l'esprit de ses croyances et de ses peurs. C'est ce que craint le moine dans *Le Nom de la rose* (texte 5, p. 299) : il a détruit le manuscrit d'Aristote qui révélait la puissance émancipatrice du rire par rapport à toutes les autorités. Voltaire (texte 3, p. 295) rappelle que le rire, depuis l'Antiquité, rapproche l'homme de la divinité.

Citations-clés

Voici des citations de *Gargantua* qui illustrent le thème étudié et que vous pourrez réutiliser lors des épreuves du Bac.

❶ *« Il vaut mieux traiter du rire que des larmes / Parce que le rire est le propre de l'homme »* (« Aux lecteurs », p. 13).

Reprenant Aristote, Rabelais fait du rire une propriété essentiellement humaine, justifiant ainsi la tonalité à la fois comique et sérieuse de son ouvrage.

❷ *« Interpréter dans un sens plus élevé ce que peut-être vous croyez dit de gaieté de cœur »* (prologue, p. 16).

Rabelais recommande de dépasser les apparences comiques de certains propos car ils permettent à l'homme d'accéder à l'essence des choses et aux sujets les plus sérieux.

❸ *« Ci n'entrez pas, vous, radoteurs mâtins, / Soirs et matins, vieux chagrins et jaloux »* (chap. 54, p. 241).

Dans l'utopique abbaye de Thélème, destinée à l'éducation parfaite et à l'épanouissement accompli des jeunes gens, n'entrent pas ceux qui sont incapables de rire.

Groupement de textes

Texte 1 — Montaigne, *Essais*

Montaigne (1533-1592) est un des plus grands humanistes français. De 1572 jusqu'à sa mort, il rédige ses *Essais*, œuvre originale qui mêle récit d'expériences et réflexions philosophiques. Le texte suivant est adressé à l'une de ses amies qui attend un enfant ; il contient l'essentiel des idées de l'auteur sur l'éducation. Montaigne préconise l'apprentissage de la philosophie aux enfants, afin de former leur jugement. Il conteste la difficulté et la sévérité de la philosophie et montre, au contraire, qu'elle va avec le plaisir et la joie.

On a grand tort de décrire [la philosophie] comme quelque chose d'inaccessible aux enfants, et de lui faire un visage renfrogné[1], sourcilleux[2] et terrible : qui donc lui a mis ce masque d'un visage blême et hideux[3] ? Il n'est rien de plus gai, de plus allègre et de plus enjoué, et pour un peu, je dirais même : folâtre[4]… Elle ne prêche que la fête et le bon temps. Une mine triste et abattue : voilà qui montre bien que ce n'est pas là qu'elle habite. Démétrius[5] le Grammairien rencontrant dans le temple de Delphes[6] un groupe de philosophes assis, leur dit : « Ou je me trompe, ou vous n'êtes pas en grande discussion entre vous, à voir votre contenance si paisible et si gaie. » À quoi l'un d'eux, Héracléon le Mégarique[7] répondit : c'est à ceux qui cherchent si le futur du verbe βάλλω[8] [« je lance »] a deux λ, ou qui cherchent la dérivation des comparatifs χείρον et βέλτιον[8] [« pire » et « meilleur »] et des superlatifs, χείριστον et βέλτιστον[8] [« le pire » et « le meilleur »], qu'on voit plisser le front quand ils discutent de leur science[9]. Mais les sujets philosophiques, d'ordinaire, égaient et réjouissent ceux qui les traitent, ils ne les attristent pas et ne leur font pas une mine renfrognée ! » […]

[La philosophie] s'emploie à calmer les tempêtes de l'âme, à faire rire de la faim et des fièvres ; non par quelques épicycles[10] imaginaires, mais par des arguments naturels et bien palpables.

[…]

L'orateur Isocrate[11], que l'on priait de parler de son art au cours d'un festin, eut bien raison de répondre : « Ce n'est pas le moment de montrer ce que je sais faire, et ce qu'il faudrait justement montrer, je ne sais pas le faire. » Et en effet, présenter des harangues[12] ou des joutes de rhétorique[13] à une compagnie de gens assemblés pour rire et faire bonne chère[14], ce serait mélanger des choses trop disparates[15]. Et l'on pourrait en dire autant des autres sciences. Mais la philosophie, elle, en ce qu'elle traite de l'homme, de ses devoirs et de ses actions, tous les sages ont toujours estimé qu'elle était propice à la conversation et que pour cette raison elle ne devait pas être rejetée, ni des festins, ni des jeux.

Montaigne, *Essais*, livre I, extrait du chapitre 26, traduction en français moderne de Guy de Pernon, d'après le texte de l'édition de 1595.

1. renfrogné : mécontent, maussade. **2. sourcilleux** : sévère. **3. hideux** : laid et repoussant. **4. folâtre** : qui aime plaisanter et jouer. **5. Démétrius** : philosophe grec, grammairien et maître de rhétorique (IVe-IIIe s. av. J.-C.). **6. Delphes** : sanctuaire de la Grèce antique. **7. Mégarique** : de Mégare, cité grecque. **8. βάλλω, χειρον, βέλτιον, χείριστον, βέλτιστον** : mots grecs. **9.** Futur, dérivation, comparatifs et superlatifs sont des notions grammaticales. **10. épicycles** : petits cercles qu'on supposait être ceux des astres. **11. Isocrate** : célèbre orateur grec né en 436 et mort en 338 av. J.-C., fondateur d'une école de rhétorique prestigieuse. **12. harangues** : discours solennels, parfois sévères et critiques. **13. joutes de rhétorique** : combats verbaux. **14. faire bonne chère** : faire un bon repas. **15. disparates** : discordantes, qui ne vont pas ensemble.

Texte 2 Molière, *Le Malade imaginaire*

Dans cette pièce, Molière met en scène Argan, un bourgeois hypocondriaque qui veut marier sa fille Angélique au fils du docteur Diafoirus afin d'avoir toujours un médecin près de lui. Mais Angélique, qui aime un autre homme, demande à Toinette, la servante, de l'aider à déjouer les projets d'Argan. Dans la scène 5 de l'acte II, le fils Diafoirus, Thomas, vient, avec son père, faire sa déclaration à Angélique et à Argan. Toinette tourne en ridicule sa prétendue science.

THOMAS DIAFOIRUS – Monsieur, je viens saluer, reconnaître, chérir, et révérer en vous un second père ; mais un second père auquel j'ose dire que je me trouve plus redevable[1] qu'au premier. Le premier m'a engendré ; mais vous m'avez choisi. Il m'a reçu par nécessité ; mais vous m'avez accepté par grâce. Ce que je tiens de lui est un ouvrage de son corps ; mais ce que je tiens de vous est un ouvrage de votre volonté ; et d'autant plus que les facultés spirituelles sont au-dessus des corporelles, d'autant plus je vous dois, et d'autant plus je tiens précieuse cette future filiation, dont je viens aujourd'hui vous rendre par avance les très humbles et très respectueux hommages.

TOINETTE – Vivent les collèges, d'où l'on sort si habile homme !

THOMAS DIAFOIRUS – Cela a-t-il bien été, mon père ?

MONSIEUR DIAFOIRUS – *Optime*[2].

ARGAN, *à Angélique* – Allons, saluez monsieur.

Thomas Diafoirus – Baiserai[3]-je ?
Monsieur Diafoirus – Oui, oui.
Thomas Diafoirus, *à Angélique* – Madame, c'est avec justice que le Ciel vous a concédé le nom de belle-mère, puisque l'on…
Argan – Ce n'est pas ma femme, c'est ma fille à qui vous parlez.
Thomas Diafoirus – Où donc est-elle ?
Argan – Elle va venir.
Thomas Diafoirus – Attendrai-je, mon père, qu'elle soit venue ?
Monsieur Diafoirus – Faites toujours le compliment[4] de mademoiselle.
Thomas Diafoirus – Mademoiselle, ne plus ne moins que la statue de Memnon[5] rendait un son harmonieux, lorsqu'elle venait à être éclairée des rayons du soleil : tout de même me sens-je animé d'un doux transport[6] à l'apparition du soleil de vos beautés. Et comme les naturalistes remarquent que la fleur nommée héliotrope[7] tourne sans cesse vers cet astre du jour, aussi mon cœur, dores-en-avant[8], tournera-t-il vers les astres resplendissants de vos yeux adorables, ainsi que vers son pôle unique. Souffrez donc, mademoiselle, que j'appende[9] aujourd'hui à l'autel[10] de vos charmes l'offrande de ce cœur, qui ne respire et n'ambitionne autre gloire, que d'être toute sa vie, mademoiselle, votre très humble, très obéissant, et très fidèle serviteur et mari.
Toinette, *en le raillant*[11] – Voilà ce que c'est que d'étudier, on apprend à dire de belles choses.

Molière, *Le Malade imaginaire*, extrait de l'acte II, scène 5, 1673.

1. redevable : état de la personne qui sait qu'elle doit sa position avantageuse à quelqu'un ; reconnaissant et plein de gratitude. **2. optime :** mot latin signifiant « parfaitement bien ». **3. baiserai :** embrasserai. **4. compliment :** petit discours préparé et solennel adressé à une personne que l'on respecte. **5. statue de Memnon :** très haute statue d'Égypte dont la pierre, chauffée au soleil, émettait un son musical. La comparaison de l'éloquence avec la voix de la statue était un lieu commun à l'époque. **6. transport :** sentiment passionné, enthousiasme, exaltation. **7. héliotrope :** plante fleurie qui se tourne vers le soleil (*hélio*). **8. dores-en-avant :** mot déjà vieilli à l'époque de Molière et qui signifie « dorénavant », « à partir de maintenant ». **9. que j'appende :** que je suspende, que j'accroche. **10. autel :** table où l'on célèbre la messe. **11. raillant :** se moquant, ridiculisant.

Texte 3 — Voltaire, *Micromégas*

Dans ce conte philosophique, Voltaire narre les aventures de Micromégas, un géant originaire d'une planète proche de Sirius qui, pour avoir écrit un livre très savant, est exilé. Il entreprend alors un voyage de planète en planète, au cours duquel il se lie d'amitié avec un scientifique saturnien qui le suit dans son périple. Arrivés sur Terre, les deux personnages rencontrent un vaisseau microscopique rempli de philosophes. Dans ce passage, qui clôt le conte, Voltaire fait rire Micromégas et le lecteur aux dépens des humains, dont le savoir n'est qu'une illusion.

Le voyageur se sentait ému de pitié pour la petite race humaine, dans laquelle il découvrait de si étonnants contrastes. « Puisque vous êtes du petit nombre des sages, dit-il à ces messieurs, et qu'apparemment vous ne tuez personne pour de l'argent, dites-moi, je vous en prie, à quoi vous vous occupez. — Nous disséquons des mouches, dit le philosophe, nous mesurons des lignes, nous assemblons des nombres ; nous sommes d'accord sur deux ou trois points que nous entendons[1], et nous disputons sur deux ou trois mille que nous n'entendons pas. »

Il prit aussitôt fantaisie au Sirien[2] et au Saturnien[3] d'interroger ces atomes pensants[4], pour savoir les choses dont ils convenaient[5]. « Combien comptez-vous, dit-il, de l'étoile de la Canicule à la grande étoile des Gémeaux ? » Ils répondirent tous à la fois : « Trente-deux degrés et demi. — Combien comptez-vous d'ici à la Lune ? — Soixante demi-diamètres de la Terre en nombre rond. — Combien pèse votre air ? » Il croyait les attraper, mais tous lui dirent que l'air pèse environ neuf cents fois moins qu'un pareil volume de l'eau la plus légère, et dix-neuf mille fois moins que l'or de ducat[6]. Le petit nain de Saturne, étonné de leurs réponses, fut tenté de prendre pour des sorciers ces mêmes gens auxquels il avait refusé une âme un quart d'heure auparavant.

Enfin Micromégas leur dit : « Puisque vous savez si bien ce qui est hors de vous, sans doute vous savez encore mieux ce qui est en dedans. Dites-moi ce que c'est que votre âme, et comment vous formez vos idées. » Les philosophes parlèrent tous à la fois comme auparavant ; mais ils furent tous de différents avis. Le plus vieux citait Aristote[7], l'autre prononçait le nom de Descartes[8] ; celui-ci, de Malebranche[9] ; cet autre, de Leibnitz[10] ; cet autre, de Locke[11]. Un vieux péripatéticien[12] dit tout haut avec confiance : « L'âme est une *entéléchie*[13], et une raison par qui elle a la puissance d'être ce qu'elle est. C'est ce que déclare expressément Aristote, page 633 de l'édition du Louvre. » Il cita le passage. « Je n'entends pas trop bien le grec, dit le géant. — Ni moi non plus, dit la mite[14] philosophique. — Pourquoi donc, reprit le Sirien, citez-vous un certain Aristote en grec ? — C'est, répliqua le savant, qu'il faut bien citer ce qu'on ne comprend point du tout dans la langue qu'on entend le moins. »

[...]

Un petit partisan de Locke était là tout auprès ; et quand on lui eut enfin adressé la parole : « Je ne sais pas, dit-il, comment je pense, mais je sais que je n'ai jamais pensé qu'à l'occasion de mes sens. Qu'il y ait des substances immatérielles et intelligentes, c'est de quoi je ne doute pas ; mais qu'il soit impossible à Dieu de communiquer la pensée à la matière, c'est de quoi je doute fort. Je révère la puissance éternelle ; il ne m'appartient pas de la borner : je n'affirme rien ; je me contente de croire qu'il y a plus de choses possibles qu'on ne pense. »

L'animal de Sirius sourit : il ne trouva pas celui-là le moins sage ; et le nain de Saturne aurait embrassé le sectateur[15] de Locke sans l'extrême disproportion. Mais il y avait là, par malheur, un petit animalcule[16] en bonnet carré qui coupa la parole à tous les animalcules philosophes ; il dit qu'il savait tout le secret, que tout cela se trouvait dans la *Somme* de saint Thomas[17] ; il regarda de haut en bas les deux habitants célestes ; il leur soutint que leurs personnes, leurs mondes, leurs soleils, leurs étoiles, tout était fait uniquement pour l'homme. À ce discours, nos deux voyageurs se laissèrent aller l'un sur l'autre en étouffant de ce rire inextinguible[18] qui, selon Homère, est le partage des dieux[19] : leurs épaules et leurs ventres allaient et venaient, et dans ces convulsions le vaisseau[20], que le Sirien avait sur son ongle, tomba dans une poche de la culotte du Saturnien. Ces deux bonnes gens le cherchèrent longtemps ; enfin ils retrouvèrent l'équipage, et le rajustèrent fort proprement. Le Sirien reprit les petites mites ; il leur parla encore avec beaucoup de bonté, quoiqu'il fût un peu fâché dans le fond du cœur de voir que les infiniment petits eussent un orgueil presque infiniment grand. Il leur promit de leur faire un beau livre de philosophie écrit fort menu pour leur usage, et que, dans ce livre, ils verraient le bout des choses. Effectivement, il leur donna ce volume avant son départ : on le porta à Paris à l'Académie des sciences ; mais quand le vieux secrétaire l'eut ouvert, il ne vit rien qu'un livre tout blanc : « Ah ! dit-il, je m'en étais bien douté. »

Voltaire, *Micromégas*, extrait du chapitre VII, 1752.

1. entendons : ici, comprenons. **2. Sirien** : de la planète qui tourne autour de Sirius (il s'agit de Micromégas). **3. Saturnien** : de la planète Saturne (il s'agit du scientifique que Micromégas a rencontré lors de son passage par Saturne et qui l'accompagne dans son périple). **4. atomes pensants** : désigne les êtres humains, minuscules par rapport au géant Micromégas. **5. dont ils convenaient** : sur lesquelles ils étaient d'accord. **6. or de ducat** : pièce d'or fin. **7. Aristote** : philosophe grec du IVe siècle av. J.-C. **8. Descartes** : philosophe français de la première moitié du XVIIe siècle. **9. Malebranche** : philosophe et théologien français du XVIIe siècle. **10. Leibniz** : philosophe et scientifique allemand du XVIIe siècle, dont Voltaire se moque dans *Candide* à travers Pangloss. **11. Locke** : philosophe anglais du XVIIe siècle. **12. péripatéticien** : philosophe qui suit la doctrine d'Aristote. **13. entéléchie** : chez Aristote, état de perfection. **14. mite** : tout petit insecte. **15. sectateur** : partisan. **16. animalcule** : animal microscopique. **17. saint Thomas** : théologien et philosophe italien du XIIIe siècle, auteur d'un traité rédigé en latin et intitulé *Somme théologique*. **18. inextinguible** : qu'on ne peut pas arrêter. **19. Homère**, *Iliade*, I, 599 : « *Un rire qui ne s'éteint pas s'éleva chez les dieux heureux / Quand ils virent Héphaïstos se démener à travers la maison* ». **20. vaisseau** : celui qui transporte les humains.

Texte 4 Jean-Jacques Rousseau, *Lettre à d'Alembert sur les spectacles*

Contrairement aux autres philosophes des Lumières, le philosophe et écrivain Jean-Jacques Rousseau (1712-1778) ne pense pas que le progrès des arts et de la civilisation conduise l'humanité au bonheur. Dans sa *Lettre à d'Alembert*, concepteur et auteur de l'*Encyclopédie*, il récuse l'idée selon laquelle le théâtre serait une école de raison et de morale. Après avoir examiné le cas de la tragédie, il passe à la comédie qu'il accuse de faire rire à mauvais escient.

Le plaisir même du comique étant fondé sur un vice du cœur humain, c'est une suite de ce principe que plus la comédie est agréable et parfaite, plus son effet est funeste aux mœurs : mais sans répéter ce que j'ai déjà dit de sa nature, je me contenterai d'en faire ici l'application, et de jeter un coup d'œil sur votre[1] théâtre comique.

Prenons-le dans sa perfection, c'est-à-dire à sa naissance. On convient et on le sentira chaque jour davantage, que Molière est le plus parfait auteur comique dont les ouvrages nous soient connus ; mais qui peut disconvenir[2] aussi que le théâtre de ce même Molière, des talents duquel je suis plus l'admirateur que personne, ne soit une école de vices et de mauvaises mœurs, plus dangereuse que les livres mêmes où l'on fait profession de les enseigner ? Son plus grand soin est de tourner la bonté et la simplicité en ridicule, et de mettre la ruse et le mensonge du parti pour lequel on prend intérêt ; ses honnêtes gens ne sont que des gens qui parlent, ses vicieux sont des gens qui agissent et que les plus brillants succès favorisent[3] le plus souvent ; enfin l'honneur des applaudissements, rarement pour le plus estimable, est presque toujours pour le plus adroit.

Examinez le comique de cet auteur : partout vous trouverez que les vices de caractère en sont l'instrument, et les défauts naturels le sujet ; que la malice

de l'un punit la simplicité[4] de l'autre; que les sots sont les victimes des méchants : ce qui, pour n'être que trop vrai dans le monde, n'en vaut pas mieux à mettre au théâtre avec un air d'approbation, comme pour exciter les âmes perfides à punir, sous le nom de sottise, la candeur des honnêtes gens. *Dat veniam corvis, vexat censura columbas*[5].
Voilà l'esprit général de Molière et de ses imitateurs. Ce sont des gens qui, tout au plus, raillent quelquefois les vices, sans jamais faire aimer la vertu; de ces gens, disait un Ancien, qui savent bien moucher la lampe, mais qui n'y mettent jamais d'huile[6].

Voyez comment, pour multiplier ses plaisanteries, cet homme trouble tout l'ordre de la société; avec quel scandale il renverse tous les rapports les plus sacrés sur lesquels elle est fondée; comment il tourne en dérision les respectables droits des pères sur leurs enfants, des maris sur leurs femmes, des maîtres sur leurs serviteurs! il fait rire, il est vrai, et n'en devient que plus coupable, en forçant, par charme[7] invincible, les sages mêmes de se prêter à des railleries qui devraient attirer leur indignation. J'entends dire qu'il attaque les vices; mais je voudrais bien que l'on comparât ceux qu'il attaque avec ceux qu'il favorise. Quel est le plus blâmable d'un Bourgeois sans esprit et vain qui fait sottement le Gentilhomme, ou du Gentilhomme fripon qui le dupe[8]? Dans la pièce dont je parle, ce dernier n'est-il pas l'honnête homme? N'a-t-il pas pour lui l'intérêt[9] et le public n'applaudit-il pas à tous les tours qu'il fait à l'autre? Quel est le plus criminel d'un paysan assez fou pour épouser une demoiselle[10], ou d'une femme qui cherche à déshonorer son époux[11]? Que penser d'une pièce où le parterre applaudit l'infidélité, au mensonge, à l'impudence de celle-ci, et de la bêtise du manant[12] puni? C'est un grand vice d'être avare et de prêter à usure; mais n'en est-ce pas un plus grand encore à un fils de voler son père, de lui manquer de respect, de lui faire mille insultants reproches, et, quand ce père irrité lui donne sa malédiction, de répondre d'un air goguenard qu'il n'a que faire de ses dons? Si la plaisanterie est excellente, en est-elle moins punissable; et la pièce où l'on fait aimer le fils insolent qui l'a faite, en est-elle moins une école de mauvaises mœurs?

Jean-Jacques Rousseau, *Lettre à d'Alembert sur les spectacles* (extrait), 1758.

1. votre : désigne d'Alembert, auquel s'adresse Jean-Jacques Rousseau. **2. disconvenir** : nier. **3. favorisent** : ici, récompensent. **4. simplicité** : ici, candeur, innocence. **5.** Vers extrait d'un texte (*Satires*, II, vers 63) de l'auteur latin Juvénal (55-128) et signifiant : « Indulgente aux corbeaux, la critique accable les colombes. » **6.** qui savent couper le bout de la mèche pour utiliser la lampe, mais ne réalimentent pas cette dernière. **7. charme** : pouvoir magique. **8.** Rousseau fait allusion à la pièce de Molière, *Le Bourgeois gentilhomme*. **9. intérêt** : sympathie du spectateur. **10. demoiselle** : jeune fille noble. **11.** Rousseau fait allusion à la pièce de Molière, *George Dandin*. **12. manant** : paysan.

Texte 5 | Umberto Eco, *Le Nom de la rose*

Umberto Eco (1932-2016) est un philosophe et romancier italien, auteur du *Nom de la rose*. L'intrigue de ce roman policier se passe au XIVe siècle, dans une abbaye bénédictine. Un ancien inquisiteur, Guillaume de Baskerville, enquête sur la mort de l'un des religieux. Ses investigations dévoilent que le moine Jorge a tué un abbé et volé un manuscrit d'Aristote sur le rire. Dans cet extrait, Guillaume interroge Jorge : pourquoi a-t-il voulu supprimer le livre du philosophe grec ?

« Mais qu'est-ce qui t'a fait peur dans ce discours sur le rire ? Tu n'élimines pas le rire en éliminant ce livre.

– Non, certes. Le rire est la faiblesse, la corruption[1], la fadeur[2] de notre chair. C'est l'amusette[3] pour le paysan, la licence[4] pour l'ivrogne, même l'Église dans sa sagesse a accordé le moment de la fête, du carnaval, de la foire, cette pollution diurne[5] qui décharge les humeurs et entrave d'autres désirs et d'autres ambitions... Mais ainsi le rire reste vile[6] chose, défense pour les simples, mystère[7] déconsacré[8] pour la plèbe[9]. L'apôtre même le disait, plutôt que de brûler, mariez-vous[10]. Plutôt que de vous rebeller contre l'ordre voulu par Dieu, riez et amusez-vous de vos immondes parodies de l'ordre, à la fin de repas, après avoir vidé les cruches et les fiasques[11]. Élisez le roi des fols[12], perdez-vous dans la liturgie de l'âne et du cochon, jouez à représenter vos saturnales[13] la tête en bas... Mais ici, ici... »

À présent, Jorge frappait du doigt sur la table, près du livre que Guillaume tenait devant lui.

« Ici, on renverse la fonction du rire, on l'élève à un art, on lui ouvre les portes du monde des savants, on en fait un objet de philosophie, et de perfide[14] théologie... Tu as vu hier comment les simples peuvent concevoir, et mettre en œuvre, les plus troubles hérésies[15], méconnaissant et les lois de Dieu et les lois de la nature. Mais l'Église peut supporter l'hérésie des simples, lesquels se condamnent eux-mêmes, ruinés par leur ignorance. L'inculte[16] folie de Dolcino[17] et de ses pairs ne mettra jamais en crise l'ordre divin. Il prêchera la violence et mourra dans la violence, il ne laissera point de trace, il se consumera[18] ainsi que se consume le carnaval, et peu importe si au cours de la fête se sera produite sur la terre, et pour un temps compté, l'épiphanie[19] du monde à l'envers. Il suffit que le geste ne se transforme pas en dessein[20], que cette langue vulgaire n'en trouve pas une latine qui la traduise. Le rire libère le vilain de la peur du diable, parce que, à la fête des fols, le diable même apparaît comme pauvre et fol, donc contrôlable. Mais ce livre pourrait enseigner que se libérer de la peur du diable est sapience[21]. Quand il rit, tandis que le vin gargouille dans sa gorge, le vilain se sent le maître, car il a renversé les rapports de domination : mais ce livre pourrait enseigner aux doctes[22] les artifices subtils, et à partir de ce moment-là illustres, par lesquels légitimer le bouleversement. Alors, ce qui, dans le geste irréfléchi du vilain, est encore et heureusement opération du ventre se changerait en opération de l'intellect. Que le rire soit le propre de l'homme est le signe de nos limites de pécheurs. Mais combien d'esprits corrompus comme le tien tireraient de ce livre l'extrême syllogisme[23], selon quoi le rire est le but de l'homme ! »

Umberto Eco, *Le Nom de la rose*, 1980, « Septième jour »,
traduction de Jean-Noël Schifano, Grasset & Fasquelle, 1982.

1. corruption : décomposition, dérèglement. **2. fadeur** : caractère de ce qui est insignifiant. **3. amusette** : passe-temps qu'on ne prend pas au sérieux. **4. licence** : liberté excessive, dérèglement. **5. pollution diurne** : décharge qui a lieu le jour. Jeu de mots de l'auteur qui évoque l'expression « pollution nocturne » qui désigne les éjaculations involontaires qui peuvent avoir lieu la nuit. **6. vile** : sans dignité, basse. **7. mystère** : au Moyen Âge, spectacle théâtral mettant en scène la souffrance du Christ. **8. déconsacré** : dont on a supprimé le caractère sacré. **9. plèbe** : mot péjoratif pour désigner le peuple. **10.** Première Épître de saint Paul aux Corinthiens. **11. fiasques** : bouteilles. **12. fols** : forme ancienne du mot « fous ». **13. saturnales** : fêtes populaires pendant l'Antiquité romaine. **14. perfide** : nuisible sans que cela se voie. **15. hérésies** : opinions contraires au dogme catholique. **16. inculte** : ignorante, analphabète. **17. Dolcino** : hérétique italien du XIIIe siècle ayant mené une révolte populaire. **18. se consumera** : s'épuisera, dépérira. **19. épiphanie** : manifestation d'une réalité cachée. **20. dessein** : but, finalité. **21. sapience** : science, sagesse. **22. doctes** : personnes savantes. **23. syllogisme** : raisonnement, parfois purement formel.

Parcours
VOIE TECHNOLOGIQUE

La bonne éducation

☑ Thème de l'œuvre en lien avec le parcours
› Qu'est-ce qu'une « bonne éducation » ? 302
    Citations-clés 303

☑ Groupement de textes
1. Montaigne, *Essais* 304
2. Jean-Jacques Rousseau, *Émile ou De l'éducation* 305
3. Victor Hugo, *Les Contemplations* 306
4. Michel Serres, « Éduquer au XXIe siècle » ... 308

> **Conseil d'utilisation**
> Nos explications, les citations-clés et les textes complémentaires que nous vous donnons ici vous aideront, à l'écrit si vous choisissez la contraction et l'essai, à l'oral si vous êtes interrogé(e) sur *Gargantua*.

Qu'est-ce qu'une « bonne éducation » ?

> **Parcours de lecture**
> Voici les textes que nous vous conseillons de lire ou de relire pour bien comprendre ce thème :
> – dans *Gargantua* : chap. 11 (p. 61, l. 1-5); chap. 14 (p. 75, l. 1-3); chap. 14 (pp. 76-77, l. 15-55); chap. 15 (p. 80, l. 1-9); chap. 15 (pp. 81-82, l. 17-46); chap. 18 (pp. 90-91); chap. 21 (pp. 101-104, l. 8-72); chap. 22 (p. 109, l. 116-135); chap. 23 (pp. 111-120); chap. 24 (pp. 123-126);
> – dans le groupement de textes : les quatre extraits proposés.

Comprendre ce thème

> **Qu'est-ce que l'éducation ?**

L'éducation désigne les moyens mis en œuvre pour assurer la formation d'un être humain, et particulièrement l'action exercée par un adulte sur un enfant en vue de développer ses capacités et de façonner son futur comportement (chap. 14, p. 76). L'étymologie du mot – le mot latin est construit sur le verbe *ducere*, « conduire », « mener » – exprime l'idée selon laquelle l'éducation est un chemin et une transformation.

> **Pourquoi réfléchir sur l'éducation ?**

Si l'éducation est une transformation, se pose alors la question du « comment » : quelle est la meilleure éducation pour assurer cette action ? Dès la Renaissance, l'humanisme, en plaçant l'homme au cœur de ses préoccupations, s'interroge sur la meilleure éducation possible et critique les méthodes traditionnelles (textes 2 et 3, pp. 305-306). Deux approches s'opposent : la contrainte, la répression ou la souplesse, la liberté (texte 3, p. 306 ; citation 3).

> **Les fondements des critiques contre une éducation inadaptée**

Les méthodes éducatives peuvent s'avérer mauvaises pour plusieurs raisons : elles ne prennent pas suffisamment en considération la spécificité de l'enfant (chap. 11, p. 61 ; textes 1 et 2, pp. 304-305) ; elles ne s'adaptent pas aux exigences de leur époque (chap. 14, p. 76 ; texte 4, p. 308) ; elles reposent sur une conception fausse du savoir (chap. 21, pp. 101-104 ; citation 1).

> **La critique des mauvais maîtres**

Les deux premiers maîtres de Gargantua, Thubal Holopherne et Jobelin Bridé, sont des sophistes réputés de la Sorbonne. Rabelais en brosse un portrait négatif et satirique (chap. 14, pp. 76-77) : ils sont en mauvaise santé à cause de leur absence d'hygiène, ils ignorent les avancées de leur époque, comme l'imprimerie. Laids et ridicules, ils sont aussi ignorants et incapables de logique (chap. 18, pp. 90-91).

THÈME DE L'ŒUVRE

> **La critique des mauvaises méthodes**

Ces maîtres n'apprennent à Gargantua que des choses inutiles qui prennent beaucoup de temps (chap. 14, p. 76 ; chap. 22, p. 109). Leurs préceptes ne respectent ni l'hygiène corporelle (chap. 21, p. 102) ni les besoins du corps. De plus, la foi qu'ils encouragent est fondée sur l'ignorance et la répétition (chap. 21, p. 103). Cette éducation a des conséquences graves sur l'état de Gargantua (chap. 15, p. 80 ; citation 1). Elle oblige Ponocrate à effacer radicalement toutes les mauvaises habitudes de son élève (chap. 23, p. 111).

> **Les fondements d'une bonne éducation**

Une bonne éducation repose sur le respect de la nature et des besoins du corps (chap. 15, p. 81 ; texte 2, p. 305) : elle enseigne l'hygiène et la pudeur et comporte de nombreuses activités physiques (chap. 23 ; texte 2, p. 305). Elle refuse la perte de temps. S'adressant au corps et à l'esprit de l'élève, elle le met en valeur avec bienveillance (citation 3). Elle propose un programme complet dans lequel la lecture directe des textes occupe la plus grande place (citation 2). Enfin, elle développe un rapport apaisé à la foi et à la culture religieuse (chap. 23 et 24 ; texte 3, p. 306). La pédagogie impose au maître de converser avec son élève sur les leçons apprises (texte 1, p. 304).

 Citations-clés

Voici des citations de *Gargantua* (chap. 11 à 24) qui illustrent le thème étudié et que vous pourrez réutiliser lors des épreuves du Bac.

❶ *« Mieux lui vaudrait rien n'apprendre qu'apprendre de tels livres, sous tels précepteurs, car leur savoir n'est que bêterie »* (chap. 15, p. 80).
C'est ce que répond le vice-roi au père de Gargantua qui se plaint des conséquences néfastes de l'enseignement délivré par les maîtres de la Sorbonne, enseignement qui rend son fils fou et sot.

❷ *« Il consommait tout son temps en lettres et honnête savoir »* (chap. 23, p. 112).
Avec Ponocrate, Gargantua reçoit une éducation humaniste fondée essentiellement sur la lecture directe et l'étude des textes sacrés et de ceux des grands auteurs de l'Antiquité, mais comportant aussi d'autres disciplines. Cet enseignement a pour but de faire de l'élève un homme complet.

❸ L'éducation de Gargantua *« ressemblait mieux à un passe-temps de roi qu'à l'étude d'un écolier »* (chap. 24, p. 125).
L'enseignement de Ponocrate sait respecter les besoins de son élève et lui rendre agréables le travail et l'apprentissage. De plus, il lui fournit toutes les connaissances qu'un homme cultivé de son époque doit posséder.

Groupement de textes

Texte 1 — **Montaigne, *Essais***

Montaigne (1533-1592) est un des plus grands humanistes français. De 1572 jusqu'à sa mort, il rédige ses *Essais*, œuvre originale qui mêle récit d'expériences et réflexions philosophiques. Le chapitre dont est extrait ce texte est adressé à l'une de ses amies qui attend un enfant. Inspiré par Érasme, comme Rabelais, Montaigne préconise un enseignement qui prenne en compte la nature de l'enfant, s'attache à former son jugement et développe ses capacités morales et physiques. Il expose dans ce passage plusieurs de ses principes, dont la nécessité pour le maître de se mettre au niveau de son élève.

Enfant, on ne cesse de crier à nos oreilles, comme si l'on versait dans un entonnoir, et l'on nous demande seulement de redire ce que l'on nous a dit. Je voudrais que le précepteur[1] change cela, et que dès le début, selon la capacité de l'esprit dont il a la charge, il commence à mettre celui-ci sur la piste, lui faisant apprécier, choisir et discerner les choses de lui-même. Parfois lui ouvrant le chemin, parfois le lui laissant ouvrir. Je ne veux pas qu'il[2] invente et parle seul, je veux qu'il écoute son élève parler à son tour. Socrate[3], et plus tard Arcésilas[4], faisaient d'abord parler leurs élèves, puis leur parlaient à leur tour.

L'autorité de ceux qui enseignent nuit généralement à ceux qui veulent apprendre. [Cicéron[5], *De natura deorum*, I, 5]

Il est bon qu'il le fasse trotter devant lui pour juger de son allure, et jusqu'à quel point il doit descendre pour s'adapter à ses possibilités. Faute d'établir ce rapport, nous gâchons tout. Et savoir le discerner, puis y conformer sa conduite avec mesure, voilà une des tâches les plus ardues que je connaisse ; car c'est le propre d'une âme élevée et forte que de savoir descendre au niveau de l'enfant, et de le guider en restant à son pas. Car je marche plus sûrement et plus fermement en montant qu'en descendant. […]

Que le maître ne demande pas seulement à son élève de lui répéter les mots de sa leçon, mais de lui en donner le sens et la substance[6]. Et qu'il juge du profit qu'il en aura tiré, non par le témoignage de sa mémoire, mais par celui de son comportement. Qu'il lui fasse reprendre de cent façons différentes ce qu'il vient d'apprendre, en l'adaptant à autant de sujets différents, pour voir s'il l'a vraiment bien acquis et bien assimilé ; et qu'il règle sa progression selon les principes pédagogiques de Platon[7]. Régurgiter la nourriture telle qu'on l'a avalée prouve qu'elle est restée crue sans avoir été transformée[8] : l'estomac n'a pas fait son travail, s'il n'a pas changé l'état et la forme de ce qu'on lui a donné à digérer.

Montaigne, *Essais*, livre I, extrait du chapitre 26, traduction en français moderne de Guy de Pernon, d'après le texte de l'édition de 1595.

1. précepteur : personne chargée de l'instruction d'un enfant de famille noble ou bourgeoise. **2. il** : ce pronom, ici, reprend « précepteur ». **3. Socrate** : philosophe grec du Ve siècle av. J.-C., considéré comme le père de la philosophie occidentale. **4 Arcésilas** : philosophe grec du IIIe siècle av. J.-C. **5. Cicéron** (106-43 av. J.-C.) : homme d'État, avocat et écrivain latin. Le traité dont est extraite cette citation est *De la nature des dieux*. **6. substance** : ce qui fait l'essence de quelque chose (rappelons-nous la « *substantifique moelle* » du prologue de *Gargantua*). **7.** Montaigne se réfère peut-être ici à la *République* de Platon. **8. restée crue sans avoir été transformée** : n'a pas été digérée.

Texte 2 — Jean-Jacques Rousseau, *Émile ou De l'éducation*

Rousseau (1712-1778) est un des plus grands philosophes et écrivains français. Sa réflexion embrasse de larges champs de la philosophie politique et morale. Sa critique de la civilisation l'amène à établir que l'homme est naturellement bon et que c'est la société qui le pervertit et le rend malheureux. Rousseau réfléchit donc à une éducation qui pourrait éviter cette dénaturation nuisible et il publie, en 1762, *Émile ou De l'éducation*. Dans ce texte, il recommande une éducation qui laisse la nature s'épanouir et qui soit *« négative »*, c'est-à-dire qui protège l'enfant de la civilisation et empêche les vices d'apparaître.

La première éducation doit donc être purement négative[1]. Elle consiste, non point à enseigner la vertu ni la vérité, mais à garantir le cœur du vice et l'esprit de l'erreur. Si vous pouviez ne rien faire et ne rien laisser faire ; si vous pouviez amener votre élève sain et robuste à l'âge de douze ans, sans qu'il sût distinguer sa main droite de sa main gauche, dès vos premières leçons les yeux de son entendement s'ouvriraient à la raison ; sans préjugés[2], sans habitudes il n'aurait rien en lui qui pût contrarier l'effet de vos soins. Bientôt il deviendrait entre vos mains le plus sage des hommes ; et en commençant par ne rien faire, vous auriez fait un prodige[3] d'éducation. Prenez le contrepied de l'usage, et vous ferez presque toujours bien. Comme on ne veut pas faire d'un enfant un enfant, mais un docteur, les pères et les maîtres n'ont jamais assez tôt[4] tancé[5], corrigé, réprimandé, flatté, menacé, promis, instruit, parlé raison. Faites mieux : soyez raisonnable, et ne raisonnez point avec votre élève, surtout pour lui faire approuver ce qui lui déplaît ; car amener ainsi toujours la raison dans les choses désagréables, ce n'est que la lui rendre ennuyeuse, et la décréditer[6] de bonne heure[7] dans un esprit qui n'est pas encore en état de l'entendre. Exercez son corps, ses organes, ses sens, ses forces, mais tenez son âme oisive aussi longtemps qu'il se pourra. Redoutez tous les sentiments antérieurs au jugement qui les apprécie. Retenez, arrêtez les impressions étrangères et, pour empêcher le mal de naître, ne vous pressez point de faire le bien ; car il n'est jamais tel que quand la raison l'éclaire. Regardez tous les délais[8] comme des avantages : c'est gagner beaucoup que d'avancer vers le terme[9] sans rien perdre ; laissez mûrir l'enfance dans les enfants. Enfin, quelque leçon leur devient-elle nécessaire ? gardez-vous de la donner aujourd'hui, si vous pouvez différer jusqu'à demain sans danger.

Une autre considération qui confirme l'utilité de cette méthode, est celle du génie particulier de l'enfant, qu'il faut bien connaître pour savoir quel régime moral lui convient. Chaque esprit a sa forme propre, selon laquelle il a besoin d'être gouverné ; et il importe au succès des soins qu'on prend qu'il soit gouverné par cette forme et non par une autre. Homme prudent, épiez longtemps la nature, observez bien votre élève avant de lui dire le premier mot ; laissez d'abord le germe de son caractère en pleine liberté de se montrer, ne le contraignez en quoi que ce puisse être, afin de le mieux voir tout entier.

Jean-Jacques Rousseau, Émile ou De l'éducation, extrait du livre II, 1762.

1. négative : qui se définit par l'absence de ce qui est refusé. **2. préjugés :** croyances ou opinions antérieures à toute réflexion, souvent conditionnées par le milieu, l'époque ou l'éducation. **3. prodige :** événement, acte, action ou personnage extraordinaire. **4. n'ont jamais assez tôt :** commencent trop tôt à. **5. tancé :** grondé sévèrement. **6. décréditer :** discréditer, enlever sa valeur à. **7. de bonne heure :** à un âge très jeune. **8. délais :** retards. **9. terme :** but final, dernière étape d'un processus.

Texte 3 Victor Hugo, *Les Contemplations*

Les œuvres de Victor Hugo (1802-1885) sont célèbres et relèvent de tous les genres : poésie, roman, essai, théâtre. Chef de file du mouvement romantique, Hugo fut aussi une figure républicaine : il eut des funérailles nationales et son tombeau repose au Panthéon. Le sort des enfants figure parmi ses nombreux combats. En 1856, il compose le recueil des *Contemplations*. Les vers ci-dessous sont extraits d'un poème dans lequel Hugo commence par crier sa haine des maîtres pédants et méchants, ces « êtres noirs ». En opposition à cet enseignement stérile dont il a pâti, Hugo rêve d'une éducation idéale.

[…]
Un jour, quand l'homme sera sage,

Lorsqu'on n'instruira plus les oiseaux par la cage,
Quand les sociétés difformes[1] sentiront
Dans l'enfant mieux compris se redresser leur front,
Que, des libres essors[2] ayant sondé les règles[3],
On connaîtra la loi de croissance des aigles,
Et que le plein midi rayonnera pour tous,
Savoir étant sublime, apprendre sera doux.
Alors, tout en laissant au sommet des études
Les grands livres latins et grecs, ces solitudes
Où l'éclair gronde, où luit la mer, où l'astre rit,
Et qu'emplissent les vents immenses de l'esprit,
C'est en les pénétrant d'explication tendre,
En les faisant aimer, qu'on les fera comprendre.
Homère[4] emportera dans son vaste reflux[5]
L'écolier ébloui ; l'enfant ne sera plus
Une bête de somme[6] attelée à Virgile[7] ;
Et l'on ne verra plus ce vif esprit agile
Devenir, sous le fouet d'un cuistre[8] ou d'un abbé,
Le lourd cheval poussif du pensum[9] embourbé.
Chaque village aura, dans un temple rustique[10],
Dans la lumière, au lieu du magister[11] antique,
Trop noir pour que jamais le jour y pénétrât,
L'instituteur lucide[12] et grave, magistrat
Du progrès[13], médecin de l'ignorance, et prêtre
De l'idée ; et dans l'ombre on verra disparaître
L'éternel écolier et l'éternel pédant.
L'aube vient en chantant, et non pas en grondant.
Nos fils riront de nous dans cette blanche sphère ;
Ils se demanderont ce que nous pouvions faire
Enseigner au moineau par le hibou hagard[14].
Alors, le jeune esprit et le jeune regard
Se lèveront avec une clarté sereine
Vers la science auguste[15], aimable et souveraine ;
Alors, plus de grimoire[16] obscur, fade, étouffant ;
Le maître, doux apôtre[17] incliné sur l'enfant,
Fera, lui versant Dieu, l'azur et l'harmonie,
Boire la petite âme à la coupe infinie.
Alors, tout sera vrai, lois, dogmes, droits, devoirs.
Tu laisseras passer dans tes jambages[18] noirs

GROUPEMENT DE TEXTES

> Une pure lueur, de jour en jour moins sombre,
> Ô nature, alphabet des grandes lettres d'ombre !

Victor Hugo, extrait de « À propos d'Horace »,
Les Contemplations, livre I, 1856.

1. difformes : déformées par rapport à l'état naturel, monstrueuses. **2. essors** : élans d'un oiseau qui s'envole. **3. ayant sondé les règles** : ayant pénétré et compris le fonctionnement des libres essors. **4. Homère** : poète grec de la fin du VIIIe siècle av. J.-C., auteur de l'*Iliade* et de l'*Odyssée*. **5. reflux** : mouvement de la mer qui descend, mouvement en arrière. **6. bête de somme** : bête qui porte les fardeaux. **7. Virgile** : poète latin du Ier siècle av. J.-C., auteur de l'*Énéide*. **8. cuistre** : personne vaniteuse et ridicule qui étale un faux savoir. **9. pensum** : travail supplémentaire donné en punition à un élève. **10. rustique** : de la campagne, des champs. **11. magister** : maître d'école de village, cuistre. **12. lucide** : doué d'une vision, d'un jugement clair. **13. magistrat / Du progrès** : image pour désigner un fonctionnaire dont la mission serait d'apporter le progrès. **14. hibou hagard** : image péjorative qui désigne le maître ancien dénoncé par Hugo. **15. auguste** : noble, respectable, sacrée. **16. grimoire** : livre de sorcellerie indéchiffrable par un non-initié. **17. apôtre** : disciple de Jésus-Christ, qui propage une foi, une opinion, une doctrine. **18. jambages** : éléments verticaux des lettres.

Texte 4 ▸ Michel Serres, « Éduquer au XXIe siècle »

Michel Serres (1930-2019) est un philosophe français spécialiste de l'histoire des sciences. En 2011, il prononce un discours à l'Académie française intitulé « Petite Poucette », en référence à l'aisance avec laquelle les jeunes nés avec le numérique pianotent sur leur portable avec leurs pouces. Il explique, en effet, que le numérique amène une mutation en profondeur de l'être humain, et en particulier de ses facultés de connaissance. Dans ce passage extrait de ce discours, il interroge les conséquences de la révolution numérique sur l'enseignement.

> Avant d'enseigner quoi que ce soit à qui que ce soit, au moins faut-il le connaître. Qui se présente, aujourd'hui, à l'école, au collège, au lycée, à l'université ? […]
> Sans que nous nous en apercevions, un nouvel humain est né, pendant un intervalle bref, celui qui nous sépare des années soixante-dix. Il ou elle n'a plus le même corps, la même espérance de vie[1], ne communique plus de la même façon, ne perçoit plus le même monde, ne vit plus dans la même nature, n'habite plus le même espace. Né sous péridurale[2] et de naissance programmée, ne redoute plus, sous soins palliatifs[3], la même mort. N'ayant plus la même tête que celle de ses parents, il ou elle *connaît autrement*. […]
> *Trois questions, par exemple : que transmettre ? à qui le transmettre ? comment le transmettre ?*

Que transmettre ? Le savoir !

Jadis[4] et naguère[5], le savoir avait pour support le corps du savant, aède[6] ou griot[7]. Une bibliothèque vivante… voilà le corps enseignant du pédagogue. Peu à peu, le savoir s'objectiva[8] : d'abord dans des rouleaux, sur des vélins ou parchemins[9], support d'écriture ; puis, dès la Renaissance, dans les livres de papier, supports d'imprimerie ; enfin, aujourd'hui, sur la Toile[10], support de messages et d'information. L'évolution historique du couple support-message est *une bonne variable de la fonction d'enseignement*. Du coup, la pédagogie changea au moins trois fois : avec l'écriture, les Grecs inventèrent la *Paideia*[11] ; à la suite de l'imprimerie, les traités de pédagogie pullulèrent. Aujourd'hui ?

Je répète. *Que transmettre ? Le savoir ? Le voilà, partout sur la Toile, disponible, objectivé. Le transmettre à tous ? Désormais, tout le savoir est accessible à tous. Comment le transmettre ? Voilà, c'est fait.* Avec l'accès aux personnes, par le téléphone cellulaire, avec l'accès en tous lieux, par le GPS, l'accès au savoir est désormais ouvert. D'une certaine manière, *il est toujours et partout déjà transmis.*

Objectivé, certes, mais, de plus, distribué[12]. *Non concentré.* Nous vivions dans un espace métrique[13], dis-je, référé à des centres, à des concentrations. Une école, une classe, un campus, un amphi, voilà des concentrations de personnes, étudiants et professeurs, de livres en bibliothèques, d'instruments dans les laboratoires… ce savoir, ces références, ces textes, ces dictionnaires… les voilà distribués partout et, en particulier, chez vous – même les observatoires ! mieux, en tous les lieux où vous vous déplacez ; de là étant, vous pouvez toucher vos collègues, vos élèves, où qu'ils passent ; ils vous répondent aisément. L'ancien espace des concentrations – celui-là même où je parle et où vous m'écoutez, que faisons-nous ici ? – se dilue, se répand ; nous vivons, je viens de le dire, dans un espace de voisinages immédiats, mais, de plus, distributif. Je pourrais vous parler de chez moi ou d'ailleurs, et vous m'entendriez ailleurs ou chez vous, que faisons-nous donc ici ?

Ne dites surtout pas que l'élève manque des fonctions cognitives[14] qui permettent d'assimiler le savoir ainsi distribué, puisque, justement, ces fonctions se transforment avec le support et par lui. Par l'écriture et l'imprimerie, la mémoire, par exemple, muta[15] au point que Montaigne voulut une tête bien faite plutôt qu'une tête bien pleine. Cette tête vient de muter encore une fois. De même donc que la pédagogie fut inventée (*paideia*) par les Grecs, au moment de l'invention et de la propagation de l'écriture ; de même qu'elle se transforma quand émergea l'imprimerie, à la

Renaissance ; de même, la pédagogie change totalement avec les nouvelles technologies. Et, je le répète, elles ne sont qu'une variable quelconque parmi la dizaine ou la vingtaine que j'ai citée ou pourrais énumérer.

Ce changement si décisif de l'enseignement – changement répercuté sur l'espace entier de la société mondiale et l'ensemble de ses institutions[16] désuètes[17], changement qui ne touche pas, et de loin, l'enseignement seulement, mais aussi le travail, les entreprises, la santé, le droit et la politique, bref, l'ensemble de nos institutions – nous sentons en avoir un besoin urgent, mais nous en sommes encore loin.

Probablement, parce que ceux qui traînent dans la transition entre les derniers états, n'ont pas encore pris leur retraite, alors qu'ils diligentent[18] les réformes, selon des modèles depuis longtemps effacés. Enseignant pendant un demi-siècle sous à peu près toutes les latitudes du monde, où cette crevasse s'ouvre aussi largement que dans mon propre pays, j'ai subi, j'ai souffert ces réformes-là comme des emplâtres sur des jambes de bois[19], des rapetassages[20] ; or les emplâtres endommagent le tibia, même artificiel : les rapetassages déchirent encore plus le tissu qu'ils cherchent à consolider.

Oui, depuis quelques décennies je vois que nous vivons une période comparable à l'aurore de la *Paideia*, après que les Grecs apprirent à écrire et démontrer ; semblable à la Renaissance qui vit naître l'impression et le règne du livre apparaître ; période incomparable pourtant, puisqu'en même temps que ces techniques mutent, le corps se métamorphose, changent la naissance et la mort, la souffrance et la guérison, les métiers, l'espace, l'habitat, l'être-au-monde[21].

Envoi[22]

Face à ces mutations, sans doute convient-il d'inventer d'inimaginables nouveautés, hors[23] les cadres désuets qui formatent encore nos conduites, nos médias, nos projets adaptés à la société du spectacle. Je vois nos institutions luire d'un éclat semblable à celui des constellations dont les astronomes nous apprirent qu'elles étaient mortes depuis longtemps déjà.

Pourquoi ces nouveautés ne sont-elles point advenues[24] ? Je crains d'en accuser les philosophes, dont je suis, gens qui ont pour métier d'anticiper le savoir et les pratiques à venir, et qui ont, ce me semble, failli à leur tâche. Engagés dans la politique au jour le jour, ils n'entendirent pas venir le contemporain. Si j'avais eu à croquer le portrait des adultes, dont je suis, ce profil eût été moins flatteur.

Je voudrais avoir dix-huit ans, l'âge de Petite Poucette et de Petit Poucet[25], puisque tout est à refaire, puisque tout reste à inventer. Je souhaite que la vie me laisse assez de temps pour y travailler encore, en compagnie de ces Petits, auxquels j'ai voué ma vie, parce que je les ai toujours respectueusement aimés.

Michel Serres, de l'Académie française,
extrait de l'article «Éduquer au XXIe siècle», 5 mars 2011, Le Monde.

1. espérance de vie : durée moyenne de la vie humaine dans une société donnée. **2. péridurale** : anesthésie locale du bas du dos et du bassin qui permet d'accoucher sans douleur. **3. soins palliatifs** : soins donnés à des personnes en fin de vie. **4. Jadis** : il y a longtemps. **5. naguère** : récemment. **6. aède** : dans la Grèce antique, poète épique récitant à voix haute ses poèmes. **7. griot** : en Afrique, poète musicien récitant à voix haute les poèmes traditionnels. **8. s'objectiva** : se transforma en réalité objective et étudiable. **9. vélins ou parchemins** : papiers obtenus à partir de peaux d'animaux. **10. la Toile** : Internet. **11.** *Paideia* : dans la Grèce antique, désigne l'ensemble du système d'instruction qui devait aboutir à la formation d'un homme citoyen excellent. **12. distribué** : partagé, réparti. **13. métrique** : que l'on peut mesurer en mètres. **14. fonctions cognitives** : processus mentaux en œuvre dans l'apprentissage, comme l'attention, la perception, la mémoire, le raisonnement, etc. **15. muta** : se transforma. **16. institutions** : ensemble des structures sociales établies par la loi et relevant du droit public, comme le gouvernement, le Parlement, la justice, etc. **17. désuètes** : démodées. **18. diligentent** : se dépêchent de faire. **19. emplâtres sur des jambes de bois** : remèdes inadaptés, mesures inefficaces. **20. rapetassages** : raccommodages grossiers et mal faits. **21. être-au-monde** : notion créée par le philosophe allemand Martin Heidegger et qui désigne la manière dont l'être humain interagit avec le monde et comprend le sens de l'existence à partir de cette interaction. **22. Envoi** : dans la poésie médiévale, dernière strophe qui contient un hommage au destinataire du poème. **23. hors** : en dehors de. **24. advenues** : arrivées, parvenues. **25.** Petite Poucette et Petit Poucet sont des personnages fictifs du discours de Michel Serres dont les noms évoquent l'aisance des jeunes d'aujourd'hui à taper sur leur portable avec leurs pouces. *Petite Poucette* est un conte de Hans Christian Andersen (1835); *Petit Poucet* est un conte de Charles Perrault (1697).

Comment Gargantua fut instruit par Ponocrate en telle discipline qu'il ne perdait une heure du jour.
D'après une illustration de Gustave Doré.

✔ L'épreuve écrite

Voie générale
Méthode du commentaire de texte 314
› Sujet de commentaire corrigé 315
Méthode de la dissertation 317
› Sujet de dissertation 1 corrigé 318
› Sujet de dissertation 2 corrigé 320

Voie technologique
Méthode du commentaire de texte 322
› Sujet de commentaire corrigé 323
Méthode de la contraction de texte 325
› Sujet de contraction corrigé 326
Méthode de l'essai 327
› Sujet d'essai corrigé 328

☑ L'épreuve orale
Méthode de l'épreuve 330
› Sujet corrigé 331

L'épreuve écrite
Commentaire de texte

VOIE GÉNÉRALE

LA MÉTHODE DU COMMENTAIRE

Le commentaire a pour but de présenter, de manière organisée, ce que l'on a retenu d'une lecture et de justifier, par des analyses précises, une interprétation cohérente et personnelle.

› Lire le texte et faire un brouillon
- Posez-vous des questions : Quel thème est traité ? Quelles sont les intentions de l'auteur ? Quelles émotions ai-je ressenties ? Quelles connaissances (contexte, parcours...) dois-je mobiliser ?
- Notez vos impressions de lecture et soulignez les figures de style.

› Bâtir son plan
- Le commentaire ne suit pas l'ordre du texte mais propose une analyse construite, centrée sur 2 ou 3 enjeux (les axes d'étude) importants. Il répond à une problématique qui cherche à expliquer les intentions de l'auteur : « En quoi ce texte est-il... ? »
- 2 méthodes sont généralement proposées, et sans doute la démarche la plus efficace se situe-t-elle à mi-chemin :
  › Méthode 1 : lisez ligne à ligne le texte et notez, au fil de votre lecture linéaire, tout ce que vous observez et comprenez. Puis regroupez ces notes autour de 2 ou 3 axes de lecture (idées principales) qui constitueront les grandes parties de votre plan.
  › Méthode 2 : lisez plusieurs fois le texte et notez vos impressions d'ensemble. Posez 2 ou 3 définitions du texte (« Ce texte, c'est... ») qui pourront être les axes de votre étude. Puis recherchez, dans le texte, tout ce qui peut nourrir ces axes.
- Un plan en 2 parties équilibrées est souvent préférable à une progression artificielle en 3 axes.
- Au brouillon, écrivez les titres de vos parties sous la forme d'une phrase avec un verbe : cela vous obligera à cerner clairement ce que vous voulez montrer.
- Ne séparez jamais le fond et la forme. Si vous identifiez une figure de style, expliquez pourquoi l'auteur l'a utilisée.
- Et, pour éviter de paraphraser le texte, commentez vos citations.

› Rédiger l'introduction et la conclusion
Les 3 étapes de l'introduction
❶ Introduisez le texte en le plaçant dans un contexte plus large. Citez le titre de l'œuvre (en le soulignant), le nom de l'auteur et la date. Ne commencez pas votre introduction par « Ce texte... », car le déterminant démonstratif ne renvoie à rien qui précède.

❷ Présentez le texte et ses enjeux : son genre, sa tonalité, son thème, ce qui s'y passe, les intentions de l'auteur... Ne résumez pas l'extrait mais exposez la problématique de votre étude, c'est-à-dire la question à laquelle votre plan se propose de répondre.

❸ Annoncez clairement les grandes parties de votre plan.

Les 2 étapes de la conclusion
❶ Dressez un rapide bilan de votre analyse sans apporter de nouvelles idées.

❷ Placez l'extrait dans une perspective plus large (genre, mouvement littéraire, auteur...).

L'ÉPREUVE ÉCRITE

COMMENTAIRE CORRIGÉ

SUJET

Vous ferez le commentaire littéraire de l'extrait de *Micromégas* de Voltaire (texte 3, p. 295).

TRAVAIL PRÉPARATOIRE

> **Au brouillon**
> - Faites le plan de l'extrait afin d'en dégager la progression.
> - Relevez les différents éléments qui en font un récit vivant.
> - Analysez les procédés satiriques en précisant soigneusement ce que critique Voltaire.
> - Interrogez-vous sur la manière dont s'achève le conte.
> - Pour construire votre plan, allez du plus évident (en quoi ce texte joue-t-il son rôle de dénouement ?) au plus philosophique (que critique l'auteur ? que prône-t-il ?).

CORRIGÉ : PLAN DÉTAILLÉ

Introduction rédigée

En 1752, Voltaire publie *Micromégas*, dont cet extrait constitue la fin. Le personnage éponyme est un géant très intelligent qui habite une planète proche de Sirius, mais qui, pour avoir écrit un livre très savant, est exilé. Il entreprend un voyage de planète en planète. Sur Saturne, il se lie d'amitié avec le secrétaire de l'Académie et poursuit son voyage en sa compagnie. Arrivés sur Terre, ils rencontrent un vaisseau microscopique rempli de philosophes dont la conversation permet à Voltaire de critiquer certains travers humains. Comment cette fin de conte permet-elle à l'auteur de *Candide* de faire l'éloge du gai savoir ? Nous verrons d'abord en quoi ce dénouement obéit aux caractéristiques du conte, dont il constitue cependant une parodie. Puis nous montrerons qu'il s'agit aussi d'une critique de la prétention humaine à tout connaître. Enfin, nous analyserons la philosophie joyeuse et optimiste que propose Voltaire dans ce dénouement.

I. Un dénouement de conte parodique

A. Un récit dynamique et amusant

- Alternance des temps du récit qui apporte du dynamisme à la narration.
- Présence de dialogues aux discours direct et indirect.
- Évolution de l'action et effet comique.
- Changements dans le traitement de la durée.

B. La présence d'éléments merveilleux

- Présence de personnages extraterrestres, référence à l'astronomie et aux étoiles.
- Animalisation des humains et des extraterrestres.

Objectif BAC | 315

- Gigantisme des extraterrestres et petitesse extrême des humains.

C. Une fin ouverte et parodique
- Suspense créé par la promesse finale d'un *« beau livre de philosophie »*.
- Chute finale, effet de surprise qui amuse et intrigue le lecteur.
- Parodie des fins de contes qui apportent des solutions convenues.

II. La critique de la prétention humaine à tout connaître

A. La satire des philosophes
- Ironie quant à la sagesse et à la mesure de ces prétendus philosophes.
- Procédés satiriques pour montrer que les philosophes s'occupent de choses inutiles ou évidentes (gradation descendante et discours rapportés).
- Critique finale de l'*« orgueil presque infiniment grand »* des humains.

B. La critique des autorités
- Incapacité des philosophes à s'affranchir de l'argument d'autorité.
- Critique contre l'apprentissage par cœur de choses inutiles, mais attestées par la tradition.
- Satire des autorités de la Sorbonne.

C. La critique d'un faux savoir
- Incapacité des philosophes à répondre à la question de Micromégas.
- Satire de l'ignorance des philosophes (hyperbole et parallélisme moqueurs : *« deux ou trois points que nous entendons […] deux ou trois mille que nous n'entendons pas »* ; citations en grec, langue inconnue des savants).

III. Une philosophie joyeuse et optimiste

A. Une leçon d'humanité
- Tendresse, politesse et maturité de Micromégas.
- Capacité d'étonnement de Micromégas, l'étonnement étant considéré, depuis l'Antiquité, comme le fondement de la philosophie.

B. Une leçon de relativisme
- Insistance sur la petitesse physique des humains.
- Éloge de la philosophie de Locke, philosophe empiriste.

C. Un éloge du plaisir et du rire
- Scène du dernier paragraphe consacrée au rire défini comme puissant et divin.
- Goût des extraterrestres pour le plaisir.
- Plaisir du lecteur avec la chute du conte et l'énigme du livre blanc.

Conclusion rédigée

Voltaire achève *Micromégas* en respectant et en parodiant les caractéristiques du conte merveilleux. Il délivre aussi une leçon critique : il remet à leur place les philosophes dogmatiques et montre les limites de la raison humaine lorsqu'elle se laisse aller à l'orgueil. À travers les extraterrestres et le partisan de Locke, il rend hommage aux qualités d'humanité et à la raison bien tempérée. En achevant son conte sur un mystérieux livre tout blanc, Voltaire met en avant la liberté humaine : liberté d'action de l'homme qui ne doit pas se contenter de vérités toutes révélées ; liberté d'imagination du lecteur qui a le champ libre pour écrire le *« bout des choses »*.

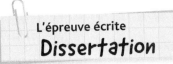

L'épreuve écrite
Dissertation

VOIE GÉNÉRALE

LA MÉTHODE DE LA DISSERTATION

La dissertation consiste à répondre, de manière argumentée, à une question qui porte sur une œuvre au programme et son parcours associé.

› Au brouillon : analyser la question et chercher des arguments
- Notez toutes les idées qui vous viennent en rapport avec la question posée.
- Notez des citations et des références tirées de l'œuvre et du parcours associé, qui illustrent et justifient vos idées.
- Élaborez un plan (parties et sous-parties) organisant vos idées les plus pertinentes.

› Bâtir un plan
Le plan à adopter dépend de la question posée.

Le plan dialectique
- Ce plan s'impose lorsque la question suggère les réponses « Oui » ou « Non » (interrogation totale).
- Dans une 1re partie (thèse), vous donnez des arguments qui vont dans le sens du sujet. Dans une 2e partie (antithèse), vous nuancez ou montrez les limites des arguments de la 1re partie.
- Dans l'idéal, une 3e partie (synthèse) dépasse la contradiction entre la thèse et l'antithèse, mais méfiez-vous du hors-sujet ou de la répétition.

Le plan analytique
- Ce plan s'impose lorsque la question commence par un mot interrogatif (*En quoi, Pourquoi*...) et induit une infinité de réponses (interrogation partielle).
- Il consiste à répondre en classant ses idées par thèmes ou par grands domaines d'idées.

› Rédiger la dissertation
Les 3 étapes de l'introduction

❶ Amenez le sujet en partant de l'œuvre que vous présenterez brièvement.

❷ Formulez la question posée en présentant ses principaux enjeux. Si le sujet contient une citation, vous devez la reproduire dans son intégralité.

❸ Annoncez les grandes parties de votre plan.

Le développement
- La dissertation se divise en 2 ou 3 parties (composées chacune d'une ou deux phrases d'ouverture, de 2 ou 3 sous-parties) et d'une conclusion.
- Chaque sous-partie développe un argument s'appuyant toujours sur des éléments et des citations de l'œuvre et du parcours associé.

Les 2 étapes de la conclusion

❶ Rappelez la problématique (la question que vous vous êtes posée) énoncée dans l'introduction et votre réponse à celle-ci.

❷ Une ouverture vers une perspective plus large est toujours la bienvenue. Mais il est préférable de ne pas en proposer plutôt que de risquer un hors-sujet.

Objectif BAC

DISSERTATIONS

DISSERTATIONS CORRIGÉES

SUJET DE DISSERTATION 1

Dans *Le Gai Savoir* (1882), le philosophe Nietzsche s'attaque au préjugé selon lequel *« partout où il y a rires et joies, la pensée ne vaut rien »*. Votre lecture de *Gargantua* confirme-t-elle cette critique de Nietzsche ?

VOIR THÈME 1, P. 288.

Vous répondrez à cette question dans un développement organisé en vous appuyant sur l'œuvre de Rabelais, sur les textes que vous avez étudiés dans le cadre du parcours associé et sur votre culture personnelle.

TRAVAIL PRÉPARATOIRE

> **Au brouillon**
>
> - Analysez le sujet en vous demandant ce que signifie le mot « préjugé », s'il est positif ou négatif, et quel type de plan (dialectique ou analytique) appelle le sujet.
> - Demandez-vous comment Rabelais représente ce préjugé, notamment quels personnages l'incarnent.
> - Appliquez cette question aux textes du groupement.
> - Notez les procédés par lesquels Rabelais démolit ce préjugé.
> - Pour établir votre plan, appliquez-vous à répondre aux deux parties de la question du sujet : Gargantua confirme-t-il que la tradition oppose rire et pensée et, si oui, comment ? Rabelais est-il d'accord avec cette conviction traditionnelle ou la considère-t-il comme un préjugé ?

CORRIGÉ : PLAN DÉTAILLÉ

Introduction rédigée

L'Église a longtemps condamné le rire comme une émanation du Diable conduisant au péché. Ainsi dénigré, le rire a été jugé incompatible avec la pensée et l'esprit, siège de la grandeur de l'homme. C'est ce que constate Nietzsche dans *Le Gai Savoir* quand il s'attaque au préjugé selon lequel *« partout où il y a rires et joies, la pensée ne vaut rien »*. Cependant, dès l'humanisme de la Renaissance, le rire a été réhabilité par plusieurs auteurs soucieux du bonheur de l'homme. On peut donc se demander si *Gargantua* de Rabelais confirme cette critique de Nietzsche. Nous verrons d'abord comment le roman de Rabelais met en scène ce préjugé dénoncé par le philosophe allemand. Puis nous montrerons que *Gargantua*, comme Nietzsche, démolit ce préjugé et affirme son contraire.

L'ÉPREUVE ÉCRITE

I. Une tradition oppose le rire au savoir et à la pensée

A. Parce que le rire est lié au corps
• Le rire est de l'ordre du réflexe, donc involontaire et non conscient.
• Il se manifeste par des réactions physiques difficiles à contrôler (chap. 20 ; texte 5, p. 299).
• Il est associé à des plaisirs corporels et charnels dévalorisés (prologue ; chap. 3 ; texte 5, p. 299).
• Il est associé à la scatologie (chap. 13, 17 ; citation 1, p. 291).

B. Parce que le rire a été associé à la folie
• Le rire s'opposerait à la raison et à la sagesse (texte 1, p. 292).
• Le rire va souvent avec l'excès (fou rire du chap. 20).
• Le rire s'est longtemps incarné dans la figure du « fou du roi » (doc. 5, p. 286).

C. Parce que le rire renverse les valeurs traditionnelles
• Le rire se moque des figures d'autorité établies : c'est le propre du rire carnavalesque (texte 5, p. 299).
• Le rire parodie les héros traditionnels (chap. 27, 35 et 44).
• Le rire applaudit souvent les personnages qui incarnent des valeurs non morales (texte 4, p. 297).

II. Nietzsche s'inscrit dans un mouvement qui, depuis l'humanisme, remet en cause cette opposition

A. La remise en cause de ce préjugé au nom de la nature
• Le rire est une caractéristique humaine (« Aux lecteurs », p. 13).
• Le rire est bon pour la santé physique et mentale (chap. 3 et 14 ; citation 2, p. 289 ; texte 1, p. 292 ; texte 5, p. 299).
• Les enfants ont besoin du rire pour bien apprendre (chap. 14 et 15 ; texte 1, p. 292).

B. La remise en cause de ce préjugé au nom de la sagesse
• Le rire est l'apanage des dieux depuis l'Antiquité (texte 3, p. 295).
• Le rire et la philosophie sont liés (texte 1, p. 292).

C. La remise en cause de ce préjugé au nom de la puissance émancipatrice du rire
• Le rire libère l'homme de ses croyances et de ses peurs (texte 5, p. 299).
• Le rire élève l'homme au statut de dieu (texte 3, p. 295 ; texte 5, p. 299).

Conclusion rédigée
La lecture de *Gargantua* de Rabelais confirme l'existence du préjugé que Nietzsche critique dans *Le Gai Savoir* : une tradition, incarnée par les deux premiers maîtres de Gargantua, oppose le rire et la joie à la pensée et à la connaissance. Cette opposition repose sur le lien entre le rire et le corps. Elle s'appuie aussi sur l'association fréquente entre le rire et la folie. Enfin, ce rejet du rire s'explique par son irrespect supposé à l'égard de valeurs traditionnelles établies. *Gargantua* donne raison à l'attaque de Nietzsche : cette opposition entre le rire et la connaissance est un préjugé que le roman ne cesse de démolir. Le rire et la pensée ont, au contraire, partie liée : le rire est proprement humain ; il va de pair avec la sagesse et ouvre la voie à la liberté. Dans *Le Quart Livre*, Rabelais invente un mot, « *agélastes* », pour désigner ceux qui ne rient jamais et définit le « *pantagruélisme* » comme une « *certaine gaieté d'esprit pleine de mépris pour les coups du sort* ».

DISSERTATIONS

SUJET DE DISSERTATION 2

En quoi le rire, dans *Gargantua* de Rabelais, est-il source de connaissance ?

VOIR THÈME 2, P. 290.

Vous répondrez à cette question dans un développement organisé en vous appuyant sur l'œuvre de Rabelais, sur les textes que vous avez étudiés dans le cadre du parcours associé et sur votre culture personnelle.

TRAVAIL PRÉPARATOIRE

Au brouillon

- Analysez la question du sujet : appelle-t-elle un plan dialectique ou analytique ?
- Notez les propos généraux de Rabelais sur le rire.
- Identifiez les situations dans lesquelles les personnages rient et analysez-les : qui sont ces personnages ? de quoi rient-ils ? aux dépens de qui ?
- Rappelez-vous les moments qui sont comiques pour le lecteur et analysez-les aussi.
- Classez vos notes précédentes selon que le rire y est un moyen de connaissance ou non et selon le type de savoir qu'il permet. Analysez les textes du groupement selon ces critères.
- Pour faire votre plan, allez du plus simple (en quoi le rire prépare-t-il à la connaissance ?) au plus philosophique (à quoi permet-il d'accéder ?).

CORRIGÉ : PLAN DÉTAILLÉ

Introduction rédigée

Traditionnellement, le rire et la connaissance sont deux notions antithétiques : le rire relève de la plaisanterie tandis que la connaissance exige du sérieux. Pourtant, Rabelais réhabilite le rire tout au long de son œuvre. Nous pouvons donc nous demander en quoi le rire, dans *Gargantua*, est source de connaissance, et à quel type de connaissance il nous donne accès. Nous verrons tout d'abord que le rire est source de connaissance car il rend l'esprit disponible pour l'acquisition du savoir. Il l'est aussi car il installe la distance nécessaire à toute opération intellectuelle. Enfin, nous nous demanderons si le rire n'est pas la voie d'accès privilégiée à la connaissance la plus essentielle.

I. Le rire rend l'esprit disponible pour le savoir

A. Le rire est un remède

- Le rire est le meilleur des médicaments.
- Le rire comme remède au deuil (*Gargantua*, « Aux lecteurs » et prologue).

- L'absence de rire comme cause de mauvaise santé (ex. : les premiers maîtres de Gargantua).

B. Le rire aide à apprendre, car il procure du plaisir
- Principes du classicisme : *placere et docere* («plaire et instruire») et *castigat ridendo* («réformer les mœurs en riant»).
- Nécessité du plaisir pour rendre les enfants attentifs (*Gargantua*, chap. 14 et 15).

C. Le rire libère de la peur qui sclérose l'esprit
- Le rire anéantit la peur du Diable et la peur en général (texte 5, p. 299).

II. Le rire installe la distance nécessaire au savoir

A. Le rire s'oppose à l'esprit de sérieux et à la vanité
- Renversement de l'opposition traditionnelle entre rire et sérieux (*Gargantua*, chap. 18 à 20).
- Puissance du rire contre la vanité (texte 2, p. 293 ; texte 3, p. 295).

B. Le rire permet de démasquer le faux savoir
- Satire contre les pédants de la Sorbonne : *Gargantua* (chap. 14, 15, 18, 20 et 22) ; texte 2, p. 293).
- Satire ironique contre la philosophie inutile (texte 3, p. 295).

C. Le rire donne une leçon de relativisme
- Rire scatologique qui rappelle que l'être humain est un corps avec ses besoins et ses nécessités.
- Rire carnavalesque qui rappelle que les hiérarchies relèvent de conventions (*Gargantua*, chap. 18 ; texte 5, p. 299).
- Rire lié à la disproportion (*Gargantua*, chap. 16 et 17 ; texte 3, p. 295).

III. Le rire ne permet-il pas d'accéder à la «*substantifique moelle*» ?

A. Le rire, opération intellectuelle suprême
- Lien entre rire et philosophie (*Gargantua*, prologue ; texte 1, p. 292).
- Lien entre rire et divinité : le «*rire inextinguible des dieux*» (texte 3, p. 295).
- Le rire comme «*opération de l'intellect*» et «*but*» de l'homme (texte 5, p. 299).

B. Le rire permet d'accéder à l'essence des choses
- Le rire comme accès à la «*substantifique moelle*» (*Gargantua*, prologue).
- Le rire, voie d'accès à la science (texte 3, p. 295).

C. Le rire permet à l'homme d'accepter sa finitude
- Finitude devant la mort (*Gargantua*, prologue ; texte 1, p. 292).
- Finitude de sa capacité à connaître (*Gargantua*, chap. 58 ; texte 3, p. 295).

Conclusion rédigée
Le rire est donc, dans *Gargantua*, une source de connaissance : il assure la santé et la disponibilité nécessaires au savoir, car il soulage le corps, génère du plaisir et libère de la peur. Il installe la distance nécessaire au savoir et discrédite l'esprit de sérieux, démasque les faux savoirs et oblige au relativisme. Le rire ouvre et élève l'esprit humain à ce qui est difficile à atteindre. C'est pourquoi le grand écrivain européen Milan Kundera, dans *L'Art du roman* (1986), prenant comme exemple l'œuvre de Rabelais, définit le roman comme un «*écho du rire des dieux*».

L'épreuve écrite
Commentaire de texte

VOIE TECHNOLOGIQUE

LA MÉTHODE DU COMMENTAIRE

Le commentaire a pour but de présenter, de manière organisée, ce que l'on a retenu d'une lecture et de justifier, par des analyses précises, une interprétation cohérente et personnelle.

› Lire le texte et faire un brouillon
- Posez-vous des questions : Quel thème est traité ? Quelles sont les intentions de l'auteur ? Quelles émotions ai-je ressenties ? Quelles connaissances (contexte, parcours…) dois-je mobiliser ?
- Notez vos impressions de lecture et soulignez les figures de style.

› Bâtir son plan
- Le commentaire ne suit pas l'ordre du texte mais propose une analyse construite, centrée sur 2 ou 3 enjeux (les pistes indiquées dans la consigne) importants. Il répond à une problématique qui cherche à expliquer les intentions de l'auteur.
- Vous avez le choix entre deux méthodes :
  › <u>Méthode 1</u> : reprenez les pistes indiquées dans la consigne. Elles constitueront les grandes parties de votre plan. Puis, pour chaque grande partie, définissez 2 ou 3 sous-parties en analysant l'intitulé de chacune des pistes. Lisez ensuite le texte ligne à ligne en notant au fur et à mesure tout ce que vous observez et en classant vos remarques dans les parties et les sous-parties de votre plan.
  › <u>Méthode 2</u> : vous avez la possibilité de ne pas suivre les pistes indiquées dans la consigne et d'élaborer votre propre plan.
- Évitez de séparer le fond et la forme. Si vous identifiez une figure de style ou un procédé, expliquez pourquoi l'auteur les a utilisés.
- Et, pour ne pas paraphraser le texte, commentez vos citations.

› Rédiger l'introduction et la conclusion
Les 3 étapes de l'introduction

❶ Introduisez le texte en le plaçant dans un contexte plus large. Citez le titre de l'œuvre (en le soulignant), le nom de l'auteur et la date. Ne commencez pas votre introduction par « Ce texte… », car le déterminant démonstratif ne renvoie à rien qui précède.

❷ Présentez le texte et ses enjeux : son genre, sa tonalité, son thème, ce qui s'y passe, les intentions de l'auteur… Ne résumez pas l'extrait mais exposez la problématique de votre étude, c'est-à-dire la question à laquelle votre plan se propose de répondre.

❸ Annoncez clairement les grandes parties de votre plan.

Les 2 étapes de la conclusion

❶ Dressez un rapide bilan de votre analyse sans apporter de nouvelles idées.

❷ Placez l'extrait dans une perspective plus large (genre, mouvement littéraire, auteur…).

› Présentation et rédaction au propre
- Veillez à bien présenter votre copie :
  › Sautez 1 ou 2 lignes entre l'introduction et le développement, le développement et la conclusion, et entre chaque grande partie.
  › Allez à la ligne pour chaque sous-partie.
- Relisez-vous après la rédaction de chaque sous-partie.

L'ÉPREUVE ÉCRITE

COMMENTAIRE CORRIGÉ

SUJET DE COMMENTAIRE

Vous ferez le commentaire littéraire de l'extrait du poème de Victor Hugo (texte 3, page 306) en vous aidant des pistes suivantes :

1. Un poème visionnaire au ton prophétique.

2. Un texte argumentatif qui constitue une critique de l'école de l'époque de Victor Hugo.

3. Un poème utopique qui présente une école idéale.

TRAVAIL PRÉPARATOIRE

> **Au brouillon**
> - Faites le plan du poème en donnant un titre aux trois parties suivantes : vers 1 à 8, vers 9 à 20, vers 21 à la fin.
> - Relevez le temps des verbes et les différents connecteurs temporels.
> - Analysez les différentes images et métaphores.
> - Relevez, en les classant, les éléments qui constituent une critique de l'école de l'époque.
> - Relevez, en les classant, les caractéristiques de la bonne éducation selon Victor Hugo.

CORRIGÉ : PLAN DÉTAILLÉ

Introduction

Le sort des enfants figure parmi les nombreux combats de Victor Hugo. En 1856, il compose le recueil des *Contemplations* dont ce texte est extrait. Il s'agit d'un poème en alexandrins, aux rimes plates, consacré au thème de l'éducation. Comment Victor Hugo, dans ce poème qui à la fois critique l'éducation de son temps et appelle à une nouvelle instruction, développe-t-il une conception de l'homme ? Nous montrerons tout d'abord que ce poème se présente comme une vision prophétique. Puis nous analyserons ce qui en fait un texte argumentatif contre une école dont Victor Hugo semble avoir souffert. Enfin, nous verrons que le poète lui oppose une éducation idéale qui permettrait à l'homme de renouer avec ses valeurs essentielles.

I. Un poème visionnaire au ton prophétique

A. Une vision prophétique

- Emploi du futur catégorique du vers 1 au vers 40 portant une vision prophétique.
- Poème scandé par plusieurs marqueurs temporels, dont l'anaphore de *« Alors »*.
- Négation *« ne... plus »* marquant une rupture temporelle.

Objectif BAC | 323

- Structure de la première phrase (accumulation de subordonnées circonstancielles de temps et principale).
- Mouvement du poème.

B. Des procédés lyriques frappants
- Nombreuses images et métaphores : oiseau, *« bête de somme »*, *« lourd cheval »*, personnification de la société et des éléments naturels.
- Rythme ternaire des vers 11, 34 et 35 et nombreuses répétitions.

C. L'appel à une nouvelle religion
- Importance du champ lexical religieux, ton du vers 12.
- Rapprochement de l'école et du temple, du savoir et de la foi.
- Appel à la pitié du lecteur.
- Procédé emphatique au vers 13, ainsi que l'interjection et l'exclamation du vers final.

II. Un texte argumentatif qui constitue une critique de l'école de l'époque de Victor Hugo

A. La critique des maîtres
- Ignorance, vanité et cruauté des maîtres (*« fouet »* et *« cuistre »*, vers 19).
- Incapacité à élever l'enfant (vers 4 et 33).

B. La critique des méthodes
- Absence de liberté et de plaisir pour les élèves (vers 2, 8 et 14).
- Absence de pédagogie (vers 30 et 31).
- Confusion entre la vraie *« science »* et la croyance (vers 34 et 35).

C. La critique des résultats
- Absence de progrès (vers 20).
- Dénaturation et malheur des enfants (vers 4).

III. Un poème utopique qui présente une éducation idéale

A. Une éducation adaptée à l'enfant
- Respect de la nature (vers 42).
- Respect de la spécificité de l'enfance (vers 4).

B. Une éducation fondée sur l'amour et le bonheur
- Thème de la lumière (vers 7).
- Thèmes de la tendresse et de la joie (vers 8, 13 et 14).

C. Une éducation qui libère l'homme
- Hommage à la puissance de « l'esprit » et à la liberté (vers 5, 6, 15 et 33).
- Hommage à la nature de l'homme, réconciliation avec l'univers (vers 37 et 38).

Conclusion
Dans ce poème au ton prophétique et religieux, Victor Hugo annonce un temps heureux qui verra disparaître l'école de son époque – dont il dresse un sombre tableau – et apparaître une éducation idéale. Adaptée à l'enfant, fondée sur la tendresse et l'amour, cette dernière lui permettra de devenir un homme libre et détenteur d'un vrai savoir. Ainsi, avec ce poème, Hugo s'inscrit dans la tradition humaniste à laquelle il apporte son souffle épique et la puissance de ses convictions.

L'épreuve écrite
Contraction de texte

VOIE TECHNOLOGIQUE

LA MÉTHODE DE LA CONTRACTION DE TEXTE

Une contraction consiste à réduire un texte en le reformulant tout en respectant son énonciation, sa thèse, sa composition et son mouvement.

› Analyser le texte
- Examinez le paratexte. Cela peut vous aider à mieux comprendre le texte : repérez le genre, l'époque, l'auteur, la tonalité (ironique, polémique, didactique…).
- Lisez le texte plusieurs fois et assurez-vous d'en avoir compris le sens global.
- Identifiez le thème (le sujet) et la thèse du texte, c'est-à-dire l'idée principale, autrement dit le point de vue, l'opinion défendus par l'auteur sur le thème. Cette idée devra absolument se retrouver dans la contraction.
- Identifiez l'énonciation du texte : qui parle ? Vous devrez la conserver dans la contraction.

› Préparer la contraction
- Identifiez les connecteurs logiques et temporels qui déterminent les étapes logiques du texte.
- Faites le plan du texte pour en déterminer les mouvements. Appuyez-vous sur les sous-titres, les différents connecteurs et les paragraphes qui sont des unités de sens. Identifiez les mots et expressions-clés.
- Supprimez les exemples qui ne font, en général, qu'illustrer une idée déjà énoncée. Un exemple ne doit être conservé et résumé que s'il apporte une information nouvelle importante.

› Rédiger la contraction
- Reformulez les idées principales et condensez les informations de façon à respecter impérativement le nombre de mots fixé par la consigne. Réutilisez les mots et expressions-clés identifiés lors de votre préparation.
- L'énonciation (celui qui « parle » dans le texte) et la modalisation (temps verbaux, subjectivité de l'opinion) du texte doivent être respectées. Vous devez vous mettre à la place de son auteur et condenser sa pensée. Il faut rester objectif : aucune information ne doit être ajoutée ou transformée.
- Attention aux résumés qui réduisent les phrases les unes après les autres sans restituer le sens global ! Un résumé n'est pas une compilation de phrases, mais un ensemble logique qui respecte les mouvements du texte.

› Relire la contraction
- Assurez-vous que le sens global de votre résumé est identique au texte original et qu'il en reprend les idées essentielles. Une contraction doit s'efforcer d'être la plus complète possible.
- Vérifiez que votre contraction ne contient pas de fautes d'orthographe ou de syntaxe.
- Indiquez précisément le nombre de mots utilisés.

CONTRACTION DE TEXTE

CONTRACTION DE TEXTE CORRIGÉE

SUJET DE CONTRACTION

Vous résumerez le texte 4 page 308 en 250 mots. Une tolérance de +/− 10 % est admise : votre travail comptera au moins 225 mots et au plus 275 mots. Vous placerez un repère dans votre travail tous les 50 mots.

TRAVAIL PRÉPARATOIRE

> **Au brouillon**
> - Repérez la situation d'énonciation (qui parle à qui ?) afin de la respecter dans votre contraction.
> - Paragraphe par paragraphe, demandez-vous quelle est l'idée forte et comment elle est justifiée.
> - Distinguez à chaque fois thèse, arguments et exemples, et éliminez les exemples de votre contraction.

CORRIGÉ

Il s'agit de connaître l'élève et l'étudiant d'aujourd'hui puisque, en quarante ans, l'être humain, de sa naissance à sa mort, a complètement changé. La première question qui se pose est celle du contenu de l'enseignement. Celui-ci est toujours le savoir, mais, après s'être incarné dans le corps de l'enseignant, puis dans l'écrit et les livres, il se réalise aujourd'hui sur ce nouveau support qu'est la Toile. Cette dernière contient en elle les réponses aux deux autres questions, celles du destinataire et des modes de la transmission : la Toile rend le savoir omniprésent et accessible à tous en permanence. En effet, la Toile a fait exploser les cadres traditionnels des lieux de savoir, car le savoir peut émettre de *et* vers partout. Les technologies, impliquant toujours au cours de leur évolution une modification des fonctions cognitives, imposent donc dans le même temps un changement radical de la pédagogie. Ce bouleversement, qui concerne toutes les institutions, nous paraît indispensable et urgent, mais nous ne savons pas encore l'intégrer. En effet, les réformes, inefficaces, car pensées sur l'ancien modèle humain et technologique, s'accumulent alors que le changement que nous vivons est aussi important que l'invention de l'écriture et la découverte de l'imprimerie. Il nous faut inventer un neuf encore difficile à concevoir, ce que nous n'avons pas réussi à faire jusque-là, car nous n'avons pas su nous dégager du jour le jour. Avoir dix-huit ans aujourd'hui me paraît enviable, car il y a tout à créer.

(243 mots)

L'épreuve écrite
Essai

VOIE TECHNOLOGIQUE

LA MÉTHODE DE L'ESSAI

L'essai est une réponse construite et argumentée à une question liée à l'une des 3 œuvres au programme de l'objet d'étude « La littérature d'idées du XVIe au XVIIIe siècle ».

> Analyser la question
- Identifiez les mots-clés et assurez-vous de leur(s) sens. Cette démarche permet aussi de commencer à trouver des arguments.
- Cernez le problème que pose le sujet : reformulez ce dernier en utilisant des synonymes et posez les questions qu'il induit.

> Chercher des arguments
- Mobilisez vos connaissances : textes étudiés pendant l'année, culture personnelle (œuvres littéraires, films, séries, tableaux, etc.), actualité…
- Appuyez-vous sur le texte à contracter.
- Pensez à des exemples concrets qui illustrent la question et notez tous vos arguments au brouillon.

> Construire un plan en fonction de la question posée
La question fermée, à laquelle on répond par « Oui » ou « Non »
- Vous pouvez faire un plan dialectique.
- Vous pouvez faire un plan concessif. La 1re partie est une concession *(Certes…)* faite au point de vue opposé à celui que vous allez défendre *(mais…)* dans la 2de partie.
- Ne réduisez pas ce plan à une opposition entre deux opinions contradictoires ! Le plan doit progresser et apporter une solution que la conclusion énoncera clairement.

La question ouverte, à laquelle on ne peut pas répondre par « Oui » ou « Non »
Cette question amène un plan analytique.

> Rédiger l'essai
Les 3 étapes de l'introduction

❶ L'amorce amène la question posée par le sujet. Elle fait le lien entre le texte qui a servi pour la contraction et la question posée pour l'essai.
❷ La question (ou problématique) est celle posée par le sujet. Elle doit figurer clairement ici.
❸ L'annonce du plan présente les grandes parties de votre raisonnement.

Le développement
- Il est divisé en 2 ou 3 parties. Chacune d'elles est composée d'un certain nombre d'arguments qui forment un raisonnement répondant à la question posée.
- Un argument est composé d'une idée qui répond à la question, d'une explication de cette idée et d'un exemple commenté. Des connecteurs logiques doivent lier les arguments entre eux.

La conclusion
Elle résume votre démonstration en apportant une réponse claire à la question posée.

ESSAI

ESSAI CORRIGÉ

SUJET D'ESSAI

L'éducation est-elle intemporelle ou doit-elle tenir compte de l'époque ?

Vous développerez de manière organisée votre réponse à cette question en prenant appui sur les chapitres 11 à 24 de *Gargantua* de Rabelais, sur le texte 4 (p. 308) et sur ceux que vous avez étudiés dans le cadre de l'objet d'étude « La littérature d'idées du XVIe au XVIIIe siècle ». Vous pourrez aussi faire appel à vos lectures et à votre culture personnelle.

TRAVAIL PRÉPARATOIRE

> **Au brouillon**
> - Commencez par définir la notion d'éducation.
> - Analysez si la question posée est totale ou partielle et interrogez-vous sur le type de plan qu'elle appelle.
> - Demandez-vous pourquoi la question du sujet est posée.

CORRIGÉ : PLAN DÉTAILLÉ

Introduction

L'éducation peut être définie comme la mise en œuvre des moyens de formation et de développement d'un être humain. Comme le rappelle Michel Serres, toute réflexion sur l'éducation s'interroge sur son contenu, sur ses modalités et sur ses destinataires. Dans un monde en perpétuelle évolution, l'éducation doit-elle s'adapter à ce changement ou, au contraire, doit-elle y résister ? L'éducation est-elle intemporelle ou doit-elle tenir compte de l'époque ? Après avoir montré que l'éducation relève en partie de l'intemporel, nous verrons qu'elle doit s'adapter à son époque, au risque, sinon, de ne pas atteindre sa finalité. Dans un dernier temps, nous essaierons de définir une éducation tournée vers l'avenir, mais orientée par ses valeurs universelles.

I. L'éducation a une part d'intemporel et relève de l'universel

A. L'éducation doit s'appuyer sur la spécificité naturelle de l'enfant
- Rabelais, *Gargantua* : Ponocrate s'adapte aux besoins de son élève (chap. 23 et 24).
- Montaigne, *Essais* (texte 1, p. 304) : « *savoir descendre au niveau de l'enfant* ».
- Rousseau, *Émile ou De l'éducation* (texte 2, p. 305) : « *laisser mûrir l'enfance dans les enfants* ».

B. L'éducation doit enseigner des connaissances et des savoir-faire universels
- Apprendre à lire, à écrire et à s'exprimer : Rabelais, *Gargantua* (programme de Ponocrate) ; Victor Hugo, *Les Contemplations* (texte 3, p. 306 ; référence à Homère et Virgile).
- Apprendre à compter et à raisonner : Michel Serres, « Éduquer au XXIe siècle » (texte 4, p. 308)
- Apprendre à apprendre : Montaigne, *Essais* (texte 1, p. 304 ; amener l'enfant à « *apprécier, choisir et discerner les choses de lui-même* »).

L'ÉPREUVE ÉCRITE

C. L'éducation a une finalité universelle
• Former des adultes les plus épanouis possible et capables de mener leur vie dans la société (*Gargantua*, chap. 23 et 24).

II. Mais elle ne peut atteindre cette finalité universelle qu'en s'adaptant à son époque

A. L'éducation doit s'adapter aux évolutions technologiques
• Rabelais, *Gargantua* : satire de Thubal Holopherne qui ignore l'imprimerie.
• Michel Serres, « Éduquer au XXIe siècle » (texte 4, p. 308) : changement radical induit par l'invention du numérique.

B. L'éducation doit s'adapter aux évolutions économiques
• L'éducation doit s'adapter à l'évolution du marché du travail : certains métiers disparaissent tandis que d'autres apparaissent.
• L'école doit s'ajuster aux besoins du marché du travail : apprentissage des langues vivantes et de l'ordinateur dès l'école primaire.

C. L'éducation doit s'adapter aux évolutions sociétales
• Exemple des programmes scolaires qui ont intégré les problématiques du développement durable et celles de la bioéthique.

III. L'éducation s'inscrit dans son époque tout en respectant des valeurs universelles

A. L'éducation doit s'appuyer sur une conception dynamique de la nature humaine et de l'enfant
• Michel Serres, « Éduquer au XXIe siècle » (texte 4, p. 308) : depuis les années 1970, *« un nouvel humain est né »*. Les *« fonctions cognitives »* de ce nouvel élève se sont transformées.

B. L'éducation doit être humaniste et viser l'épanouissement de chacun dans sa société
• Érasme, *De l'éducation des enfants*, 1529 : « *On ne naît pas homme, on le devient.* » Cet adage pose la liberté humaine (l'homme se fait lui-même et tout au long de sa vie) et la nécessité de l'éducation pour développer sa propre grandeur.

C. L'éducation doit regarder vers l'avenir, mais en s'inscrivant dans la tradition
• Victor Hugo, *Les Contemplations* (texte 3, p. 306) : l'écolier continuera à viser la lecture des *« grands livres latins et grecs »*, d'Homère et de Virgile, mais y parviendra par une instruction joyeuse et apaisée.

Conclusion
Ainsi, une bonne éducation s'appuie sur des fondamentaux qui relèvent de l'intemporel : un enfant est partout et toujours un enfant ; il doit apprendre à lire, compter, raisonner et s'exprimer ; l'éducation vise à former des adultes autonomes et relativement épanouis. Cependant, ces fondamentaux eux-mêmes dépendent de l'époque et changent avec le temps : l'éducation doit donc s'adapter à ces évolutions et se transformer avec elles. Mais elle ne saurait se réduire à n'être qu'une girouette qui tournerait au gré des vents successifs et variables. C'est là toute sa grandeur : constituer dans le présent un pont solide mais souple entre le passé et l'avenir.

L'épreuve orale

LA MÉTHODE DE L'ÉPREUVE ORALE

❶ Première partie portant sur un des textes du descriptif (12 pts)

L'extrait doit avoir comme longueur l'équivalent d'une vingtaine de lignes de prose : c'est l'examinateur(trice) qui sélectionne le passage en cas de texte plus long. Vous devez donc adapter votre explication à l'extrait sélectionné, mais vous pouvez faire de brèves allusions au reste du texte.

Introduction et lecture à voix haute (2 pts – 2 min)
- L'introduction doit être brève : présentation de l'œuvre en 1 phrase, situation du texte dans l'œuvre (s'il est extrait d'une œuvre intégrale) ou dans le parcours, thématique et caractéristique générale du texte.
- La lecture, très importante, constitue la majorité des 2 points. Elle doit être pertinente et expressive. En poésie, elle doit respecter les règles de diction (nombre de syllabes dans les vers, règle du e muet...).

Explication linéaire (8 pts – 8 min)
- Ne vous perdez pas dans un catalogue de remarques sans lien entre elles. Faites ressortir l'essentiel du sens du texte et de ses enjeux : à quoi « sert-il » dans l'œuvre ? Quels effets l'auteur veut-il provoquer chez le lecteur/spectateur ?
- Présentez la forme générale du texte, sa place stratégique dans l'œuvre, les personnages en présence...
- Commentez le mouvement du texte, sa progression, soit avant de commencer l'explication de détail, soit au fur et à mesure.
- N'oubliez pas de commenter le titre d'un poème (ou de tout autre type d'extrait).
- Votre explication doit s'appuyer sur des ensembles signifiants (phrase, paragraphe, strophe, réplique) dans lesquels vous dégagerez 1 ou 2 points de commentaire qui vous paraissent essentiels. L'étude du début du texte, très importante, permet de poser des jalons pour l'ensemble en montrant comment s'y mettent en œuvre la (ou les) tonalité(s) dominante(s), la thématique...
- La fin d'un texte est aussi un moment stratégique : montrez en quoi ce moment est l'aboutissement de ce texte ou du passage concerné, sur quelle impression il laisse le lecteur ou, s'il s'agit d'un extrait, ce qu'il laisse présager.
- Terminez votre explication par une courte conclusion qui reprend les enjeux du texte et en souligne l'importance et l'originalité.

Question de grammaire (2 pts)
Elle porte sur une courte phrase ou une partie de phrase du texte. L'examinateur(trice) peut vous demander d'identifier des formes grammaticales correspondant au programme (2de et 1re) ou de transformer la phrase en modifiant, remplaçant ou supprimant certaines structures.

L'ÉPREUVE ORALE

❷ Seconde partie : entretien sur une œuvre choisie (8 pts)

Cette 2de partie (8 minutes), contrairement à la 1re, repose essentiellement sur un dialogue avec l'examinateur(trice) autour de l'œuvre intégrale que vous avez choisi de présenter.

Présentation de l'œuvre
- Dans un 1er temps, l'examinateur(trice) vous invite à présenter l'œuvre que vous avez choisie. Résumez-la brièvement et exposez ses enjeux.
- Expliquez pourquoi vous avez choisi cette œuvre et rendez compte de votre parcours de lecteur(trice) : difficultés éventuelles, découvertes, impressions de lecture…
- Cette présentation ne doit pas dépasser 3 minutes.

Dialogue avec l'examinateur(trice)
- L'examinateur(trice) vous questionne ensuite afin d'évaluer vos capacités à dialoguer, à nuancer et à étoffer votre réflexion, à défendre votre point de vue sur la base de la connaissance de l'œuvre.
- Les questions ne portent pas sur une étude du texte mais sur vos propres jugements et impressions que vous devez toujours justifier.

EXEMPLE DE PRÉSENTATION À L'ORAL

❶ Première partie de l'épreuve

Texte étudié : extrait de *Gargantua* (pages 121-122)

Introduction

Dans le chapitre 14, Grandgousier, ayant constaté les grandes capacités intellectuelles de son fils, décide de le confier à des maîtres. Mais ceux-ci, représentants de l'ancienne éducation scolastique, n'apprennent rien à son fils et le rendent *« fou »* (chap. 15). Grandgousier confie alors l'éducation de Gargantua au pédagogue Ponocrate, dont cet extrait du chapitre 23 présente la méthode.

Lecture à voix haute

Rabelais, dans ce passage, insiste sur la nécessité de bien prononcer et de bien lire : entraînez-vous en vous enregistrant (cela vous aidera à vous corriger) afin de lire aussi bien qu'Anagnoste ! Aux lignes 9, 11 et 19, mettez en valeur le déterminant/pronom indéfini *« tout »*.

Explication linéaire

> Dans les 2 premiers paragraphes du texte, Ponocrate commence par constater la nécessité de changer radicalement de méthode d'éducation et entreprend d'effacer les effets, sur son élève, de l'éducation sophiste.

- Jugement négatif de Ponocrate sur la première éducation : *« vicieuse »*, soit contraire à la nature et propice aux mauvais penchants.
- Décision de Ponocrate d'agir en douceur : respect de la nature (personnification), souci du bien-être de son élève mis en valeur par le chiasme (*« mutations* [substantif] *soudaines* [adjectif] *sans grande* [adjectif] *violence* [substantif] »).

L'ÉPREUVE ORALE

- Recours à une métaphore médicale qui n'est pas qu'une image : image valorisante de la médecine (« *savant* », « *Théodore* », « *considérer* », « *meilleure* », « *purgea* », « *canoniquement* », « *nettoya* »). Jugement sur le mode de vie de Gargantua, néfaste pour la santé. Passage illustrant l'importance de l'éducation qui façonne entièrement la personne.

> **Les deux paragraphes suivants montrent comment Ponocrate prépare Gargantua à recevoir une nouvelle éducation.**

- Importance, dans l'éducation, des fréquentations et des modèles.
- Recours à « *l'émulation* », qui fait de l'amour-propre un aiguillon positif.
- Illustration de l'appétit de connaissance du géant humaniste par son côté hyperbolique : « *il ne perdait une heure quelconque du jour* », « *tout son temps* ».
- Idéal humaniste de connaissance et de compréhension du monde.
- Efficacité de cette méthode qui contraste avec l'inefficacité de l'ancienne éducation : en une seule journée avec Ponocrate, notre géant apprend plus qu'en plus de cinquante ans avec les sophistes.
- Tout au long du texte, importance des indicateurs de temps (« *quand* » l.1, « *pour mieux commencer* » l. 5, « *après* » l. 18, « *puis* » l. 29, « *cela fait* » l. 42) qui montrent que Ponocrate a réfléchi et ordonné son programme.

> **Dans les deux paragraphes 5 à 8, le texte décrit l'éducation humaniste que reçoit Gargantua lors d'une journée type.**

- **§ 5 : Réveil et début de la journée**
- Lever à 4 heures, avec le soleil et selon les recommandations d'Érasme, et non pas vers 8-9 heures comme avec ses anciens précepteurs.
- Lecture des Saintes Écritures. Souci humaniste de retrouver le texte initial des textes sacrés, sans les commentaires des moines copistes du Moyen Âge. Importance de la qualité de la lecture à voix haute et de la prononciation (les vieux théologiens marmonnaient souvent le texte de manière inintelligible). Valorisation d'une piété fondée sur la connaissance et la compréhension des textes.

- **§ 6 : Développement de la pédagogie de Ponocrate**
- Respect des besoins naturels du corps, de la pudeur et de l'hygiène : périphrase « *lieux secrets* ».
- Pédagogie fondée sur la répétition et dont le but est la véritable intelligence et compréhension de son élève.
- Programme éducatif complet avec l'astronomie, l'une des quatre branches de la mathématique, discipline du *quadrivium*, seconde partie du programme des arts libéraux. Méthode fondée sur l'observation, le raisonnement, la mémoire (mais pas le par cœur absurde des sophistes) et l'entraînement sur des « cas pratiques ».

- **§7 et 8 : Éducation physique et corporelle**
- Soin apporté à la toilette : première énumération (« *habillé, peigné, coiffé, accoutré et parfumé* »).
- Importance accordée à l'activité physique : seconde énumération (« *à la balle, à la paume, à la balle en triangle* »).
- Importance accordée à la conversation (« *conférant* »).

Gargantua

L'ÉPREUVE ORALE

• Impression de sérénité se dégageant de la nouvelle vie de Gargantua : union des *« âmes »* et des *« corps »* dans un programme éducatif qui respecte la nature humaine. Mise en avant du plaisir avec le champ lexical de l'amusement (*« divertissaient »*, *« jouaient »*).

Conclusion
Ce passage présente le programme éducatif de Ponocrate. Après avoir éradiqué les mauvaises habitudes et séquelles des instructions antérieures, le pédagogue propose à son élève un programme complet, qui s'adresse aussi bien au corps qu'à l'esprit et qui repose sur les valeurs fondamentales de l'humanisme. Cette éducation rend Gargantua heureux. Avec la figure de Ponocrate, Rabelais s'inscrit ainsi dans la lignée des auteurs intéressés par la question de l'éducation, comme Montaigne, Rousseau ou Hugo.

Question de grammaire
Ce texte contient 4 subordonnées circonstancielles :
– *« Quand Ponocrate connut la vicieuse manière de vivre de Gargantua »* : proposition subordonnée circonstancielle de temps ;
– *« comme faisait Timothée à ses disciples qui avaient été instruits sous d'autres musiciens »* : proposition subordonnée circonstancielle de comparaison (qui contient une relative) ;
– *« Pendant qu'on le frottait »* : proposition subordonnée circonstancielle de temps ;
– *« comme ils avaient auparavant exercé leurs âmes »* : proposition subordonnée circonstancielle de comparaison.

❷ Seconde partie de l'épreuve

Œuvre présentée : *Gargantua* de Rabelais

Présentation de l'œuvre
En 1534 ou 1535, avec *Gargantua*, Rabelais donne un père à Pantagruel, héros éponyme de son premier roman paru en 1532. Gargantua est un géant que le roman suit, de sa conception et de sa naissance à son âge adulte. D'abord très mal éduqué par des maîtres sophistes archaïques, Gargantua reçoit ensuite une éducation parfaitement humaniste. Mais il doit quitter Paris avec ses compagnons, car le belliqueux Picrochole s'est emparé d'un ridicule prétexte pour déclarer la guerre au père de Gargantua. Ses compagnons se signalent par leur prouesse et leur courage extraordinaires, tandis que les soldats de Picrochole se révèlent à la fois cruels et lâches. Le père de Gargantua gagne la guerre et se montre clément envers les vaincus et reconnaissant envers ses alliés. En cadeau, frère Jean, modèle de moine aux antipodes des religieux traditionnels, peut faire construire une abbaye utopique fondée sur la liberté et le savoir. Tout au long du roman, Rabelais associe le rire et la joie aux considérations ou illustrations philosophiques, et son héros Gargantua représente ainsi l'homme nouveau de l'humanisme.

J'ai choisi de présenter ce roman, car : *(développez deux ou trois arguments qui vous ont amené[e] à choisir cette œuvre intégrale)*.

Dialogue avec l'examinateur(trice)
Voici quelques exemples de questions qu'un examinateur peut être amené à vous poser sur *Gargantua* de Rabelais :

– La langue de Rabelais a-t-elle été difficile pour vous ?
– A-t-il été nécessaire pour vous de bien connaître le contexte historique pour lire *Gargantua* ?
– Avez-vous été sensible au comique farcesque du roman ?
– D'une manière générale, avez-vous été sensible au comique de *Gargantua* ? Pensez-vous qu'il fonctionne encore pour les lecteurs d'aujourd'hui ?
– Que pensez-vous de l'éducation que reçoit Gargantua ?
– La critique par Rabelais des anciens maîtres vous paraît-elle encore pertinente aujourd'hui ?
– Quelle(s) partie(s) du roman avez-vous préférée(s) ? Pourquoi ?

Questionnaires sur des extraits de l'œuvre

Préparez aussi votre oral du Bac grâce aux 5 questionnaires guidés que nous vous avons proposés au fil de l'œuvre :
- analyse de l'extrait 1 (pp. 78-79) ;
- analyse de l'extrait 2 (pp. 92-93) ;
- analyse de l'extrait 3 (pp. 121-122) ;
- analyse de l'extrait 4 (pp. 204-205) ;
- analyse de l'extrait 5 (pp. 254-255).

▶ Crédits photographiques

Couverture :
Le château : Istockphoto Terriana ; les étoiles : Istockphoto DaryaGribovskaya ; la fenêtre : Istockphoto Rixipix ; le parchemin : Istockphoto SimoneN ; les guerriers : Istockphoto AdrianHillman ; la fourchette : Istockphoto AndreyGorulko ; la gravure de Gustave Doré: Christophe Coat / Alamy Banque D'Images.
Rabats et plats II et III de couverture :
Documents 1 et 5 : Photos © Bridgeman Images. **Document 2 :** Photo © akg-images / Erich Lessing. **Document 3 :** Photo © akg-images / Album / Prisma.
Document 4 : Photo © Gusman / Bridgeman Images.
Intérieur :
p. 6 : © Shutterstock. p. 12 : © Stefano Bianchetti / Bridgeman Images.
pp. 8, 10, 11, 30, 46, 85, 86, 110, 134, 144, 148, 203, 221, 230, 243, 246, 253, 256, 266, 280, 312 : © Photothèque Hachette Livre.

Méthodes
Les encadrés de méthodologie publiés dans la partie « Objectif BAC » ont été rédigés par Isabelle de Lisle (commentaire) et Véronique Brémond (dissertation et épreuve orale).

Couverture : Primo&Primo.
Maquette intérieure : GRAPH'in-folio et Stéphanie Benoît.
Mise en pages : APS-ie.
Édition : J. Massel / E. Sanchez

Achevé d'imprimer en août 2022 en Espagne par CPI Black Print
Dépôt légal : août 2022 – Édition : 01
29/5734/2

Dans la même collection :

Collectif
Nouvelles naturalistes des *Soirées de Médan* (Zola, Maupassant, Huysmans) (40)

APOLLINAIRE
Alcools (60) **BAC**

BALZAC
Le Colonel Chabert (78)
Mémoires de deux jeunes mariées (86) **BAC**
La Peau de chagrin (26) **BAC**
Le Père Goriot (56)

BARBUSSE
Le Feu – Bac pro (66)

BAUDELAIRE
Les Fleurs du Mal (10) **BAC**

BEAUMARCHAIS
Le Barbier de Séville (17)
Le Mariage de Figaro (5)

CHATEAUBRIAND
Atala – René (42)

CORNEILLE
Le Cid (36)
L'Illusion comique (19)

ECHENOZ
14 – Bac pro (67)
14 (69)

FLAUBERT
Madame Bovary (52)
Trois Contes (20)

GAUTIER
Contes et Récit fantastiques (43)

GOUGES
Déclaration des droits de la femme et de la citoyenne (83) **BAC**

HUGO
Claude Gueux (38)
Pauca meæ (livre IV des *Contemplations*) (73)
Le Dernier Jour d'un condamné (31)
Le Dernier Jour d'un condamné – Bac pro (62)
Hernani (44)
Les Misérables (28)
Ruy Blas (6)

JARRY
Ubu Roi (45)

LA BRUYÈRE
Les Caractères (29)
Les Caractères (livres V à XI) (84) **BAC**

LACLOS
Les Liaisons dangereuses (51)

LAFAYETTE (MME DE)
La Princesse de Clèves (49) **BAC**
La Princesse de Montpensier (74)

LA FONTAINE
Fables (livres VII à IX) – Séries technologiques (76)
Fables (livres VII à XI) – Séries générales (77)

MARIVAUX
La Colonie – Bac pro (68)
La Double Inconstance (46)
Les Fausses Confidences (79) **BAC**
L'Île des esclaves (13) **BAC**
Le Jeu de l'amour et du hasard (16)

MAUPASSANT
Bel-Ami (47)
Boule-de-suif/Mademoiselle Fifi – Bac pro (72)
Contes parisiens, normands et fantastiques (34)
Pierre et Jean (11)
Une vie (53)

MOLIÈRE
Dom Juan (2)
L'École des femmes (64)
Les Femmes savantes (33)
Le Malade imaginaire (80) **BAC**
Le Misanthrope (27)
Les Précieuses ridicules (30)
Le Tartuffe (4)

MONTAIGNE
Essais (sélection de chapitres) (22)
Essais (*Des cannibales* et *Des coches*) (82)

MONTESQUIEU
Lettres persanes (61)

MUSSET
Les Caprices de Marianne (41)
Lorenzaccio (23)
On ne badine pas avec l'amour (14)

OLMI
Numéro Six – Bac pro (70)

Abbé PRÉVOST
Manon Lescaut (58) **BAC**

RABELAIS
Pantagruel/Gargantua (7)
Gargantua (85) **BAC**

RACINE
Andromaque (35)
Bérénice (15)
Britannicus (18)
Phèdre (8)

RADIGUET
Le Diable au corps (21)

RIMBAUD
Une saison en enfer et autres poèmes (37)
Poésies (75)

ROSTAND
Cyrano de Bergerac (50)

ROUSSEAU
Les Confessions (livres I à IV) (3)

SAGAN
Bonjour tristesse – Bac pro (71)

SHAKESPEARE
Hamlet (9)

STENDHAL
Le Rouge et le Noir (54) **BAC**

VERLAINE
Poèmes saturniens/Fêtes galantes/Romances sans paroles (81)

VOLTAIRE
Candide ou l'Optimisme (1)
Candide ou l'Optimisme – Bac pro (59)
L'Ingénu (39)
La Princesse de Babylone/Micromégas (48)
Zadig ou la Destinée (25)

ZOLA
Celle qui m'aime et autres nouvelles (57)
L'Assommoir (55)
Thérèse Raquin (63)